I0086421

به نام خدا

جانستان کابلستان

رضا امیرخانی

جانستان کابلستان

روایت سفر به افغانستان

سرشناسنامه:	امیرخانی، رضا، ۱۳۵۲ -
عنوان و نام پدیدآور:	جانستان کابلستان/ رضا امیرخانی.
مشخصات نشر:	تهران: افق، ۱۳۹۰.
مشخصات ظاهری:	۳۵۲ ص. مصور.
فروست:	سیاست امروز / ۵
شابک:	978-964-369-737-2
وضعیت فهرست‌نویسی:	فیپا
موضوع:	امیرخانی، رضا، ۱۳۵۲ -- خاطرات
موضوع:	داستان‌های کوتاه فارسی-- قرن ۱۴
رده‌بندی کنگره:	PIR۷۹۵۳/ م ۸۳۴۵ج۲ ۱۳۸۹
رده‌بندی دیویی:	۸ فا۶۲/ ۳/
شماره کتابشناسی ملی:	۸۲۱۵۵۲۲

جانستان کابلستان

سیاست امروز / ۵

نویسنده: رضا امیرخانی

مدیر هنری و طراح جلد: کیانوش غریب‌پور

صفحه‌آرایی: محمد مهدوی‌اشرف

عکاسان: الیاس پیراسته و احسان عباسی

شابک: ۲-۷۳۷-۳۶۹-۹۶۴-۹۷۸

چاپ اول: ۱۳۹۰، ۳۰۰۰ نسخه

لیتوگرافی: سیب ● چاپخانه: طیف‌نگار، تهران

۶۵۰۰ تومان

نشر افق

تهران، ص.پ. ۱۱۳۵ - ۱۳۱۴۵

تلفن ۶۶۴۱۳۳۶۷

www.ofoqco.com

info@ofoqco.com

اگر نبود محبتِ آقایان الیاس پیراسته و احسان
عباسی، این کتاب بدونِ عکس منتشر می‌شد؛ دو دوستی که
حسبِ اتفاق در هرات با ایشان آشنا شدم. (ر.ک به همین کتاب!)
ر.ا.

آنچه در این کتاب می‌آید، از وقایع و امکنه، از اشخاص
و ازمنه، از اشربه و اطعمه، همه را خیالی فرض کنید و
بدانید آن چه از خیال بیرون است عرضِ ارادتی
است شکسته و ناسَخته به هم زبانانِ هم تبار.
ر.ا.

اشاره:
رسم‌الخط این کتاب منطبق با دیدگاه مؤلف است.

Fine

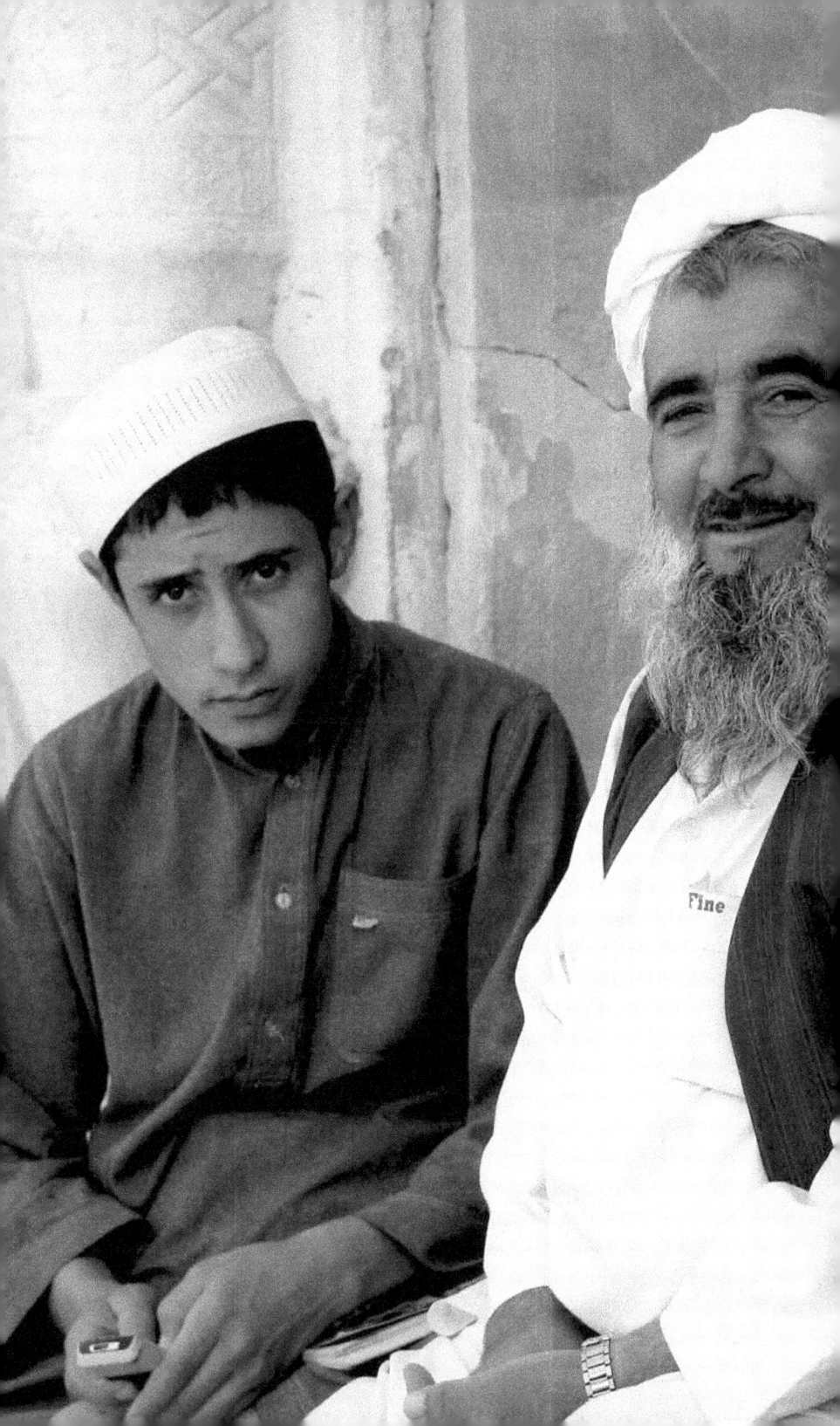

تاجیکستان

ترکمنستان

بلخ
مزارشریف

لان

مشهد
کوشک

کابل

تربت‌جام

هرات

افغانستان

غزنی

ایران

قندهار

زاهدان

پاکستان

مور و تیمور

|پیش درآمد|

بیست‌ویکم تا بیست‌وسومِ مرداد ۸۸

...

حکماً حکایت را شنیده‌اید، حکایتِ امیر تیمور گورکانی را؛ آن‌گاه که از دلیلِ ظفرمندیِ آن خون‌ریز پرسیدند، جواب داد:

وقتی از دشـمن فرار کرده بودم، به ویرانه‌ای پناه بردم و ناامید در عاقبت کار خویش اندیشــه کـردم؛ ناگاه نظرم بر موری ضعیف افتاد که دانه‌ای غله، بزرگ‌تر از خود را برداشته از دیوار بالا می‌برد. چون دقیق نظر کردم و شــمارش نمودم، دیدم آن دانه شــصت و هفت مرتبه بر زمین افتاد و مورچه عاقبت آن دانه را بر ســر دیوار برد. از دیدارِ این کردارِ مورچه چنان قدرتی در من پدیدار گشــت که هیـــچ‌گاه آن را فراموش نمی‌کنم. با خود گفتم ای تیمور! تو از

مور کم‌تر نیستی، برخیز و در پی کار خود باش. سپس برخاستم و همت گماشتم تا به این پایه از سلطنت رسیدم...

***

در این روزها البته میانِ نوشته‌جاتِ اهلِ سیاست مرسوم است که در هم‌چه حکایتی، خود را امیرتیمور بدانند و جناحِ روبه‌رو را کم از مور! برای همین بایستی به جِدّ متذکر شد که در حکایتِ مذکور، من، امیر تیمور نیستم... من همان مورم!

هیچ اهلِ مجامله و مداهنه هم نیستم. از این تواضعات کشکی هم که هزار برابرِ تکبراتِ بسته‌بندی‌شده، پروتئین دارند، بیزارم. من به جدّ همان مورم!

شصت و هفت بار نه، اما از دوره‌ی جاهلی و جوانی به این سو، چندین بار تصمیم به فتحِ دماوند گرفتم؛ و به قله نرسیدم. یعنی هر بار جایی نرسیده به قله فرو می‌افتادم و ناکام به تهران برمی‌گشتم. دقیقا مانند‌ه‌ی همان مور! یک‌بار در بارگاهِ سومِ جبهه‌ی جنوبی (پناه‌گاهِ بینِ راه) حال‌م خراب می‌شد، باری دیگر نرسیده به آب‌شارِ یخی (میانه‌ی راهِ قله و پناه‌گاه) خوابِ مرگ می‌گرفت‌م و آخر بار هم گنبدنمای قله، یعنی وسطِ تپه‌ی گوگردی، به دلیلِ استنشاقِ بخاراتِ گوگردی دهانه‌ی آتش‌فشانِ نیمه‌فعالِ دماوند، نفس‌م می‌گرفت و فرو می‌افتادم... عینِ همان مورچه‌ی تیموری!

دماوند را از تهران که می‌بینی، مخروطی است در کمالِ وقار و زیبایی، پای کوه، پلور که می‌رسی، همین حس و حال را داری.

کمی بالاتر می‌روی، می‌رسی به گوسفندسرا، باز هم همان مخروط زیبا را می‌بینی با تاجی از برف. نصفِ روز جان می‌کنی تا برسی به بارگاهِ سوم و پناه‌گاه، باز هم همان مخروطِ مغرور را می‌بینی! بی‌آن که ذره‌ای کوچک و بزرگ شده باشد. انگار نه انگار که این‌قدر بالا آمده‌ای. همین کافی است تا بالکل مشکلِ روحی-روانی پیدا کنی از دیدنِ این مخروطِ ثابت که به قاعده‌ای بلند است که بعدِ هشت ساعت کوه‌پیمایی می‌بینی باز هم همان شکلی است که بود!

بارِ اول، اوایلِ دهه‌ی هفتاد بود به گمانم. با دو-سه رفیق هم‌دانش‌گاهی هوسِ دماوند کردیم. سرگروه، نشست و برنامه‌ای توجیهی گذاشت، قبل از سفر؛ سه هفته‌ی متوالی زدنِ قله‌ی توچال و بعد حرکت به سمتِ دماوند در هفته‌ی چهارم. هر سه هفته گرفتارِ کار بودم و توچال نرفتم. هفته‌ی چهارم هم، شبی که قرار بود فردایش برنامه‌ی صعود داشته باشیم، با رفقا نشسته بودیم در زاویه‌ی مقدسه‌ی کافه‌ی هما به گپ و گعده تا نزدیکِ سحر!

آن سفر نتوانستم قله را بزنم. خوب یادم هست. جوان بودم و سرِ حال. برنامه گذاشته بودیم برای صعود شبانه. قرار بود هیچ‌کدام بارِ اضافه‌ای نبریم. بینِ ما، فقط پسرعمه‌ی کیا بود که کوله‌ای هم‌راه خود می‌آورد. در استراحتِ نیم‌ساعته‌ی اول که همه بریده بودیم، از محتویاتِ کوله‌اش پرسیدیم. باز کرد و دوربین و سه‌پایه‌ای نشان‌مان داد، هم‌راه با پارچه‌نوشته‌ای بزرگ که روی آن نوشته

بود، قله‌ی دماوند و زیرش هم اسمِ مبارک‌ش به خطِ نستعلیق! راست‌ش را بخواهید این اعتماد به نفسِ او، کیا را از پا انداخت. کیا همان‌جا سر و ته کرد و برگشت به سمت پناه‌گاه. اما من باز هم ادامه دادم! در سکوتِ شب راه می‌پیمودیم. بدونِ حتا یک گرم بارِ اضافی؛ حتاتر به توصیه‌ی سرگروه بدونِ یک کلام حرفِ اضافی؛ مبادا که نفس کم بیاوریم!

یک‌هو دیدم سر و صدایی می‌آید. انگار بزن-برقصی در کار بود! اول خیال کردم توی تاریکی دچار وهم شده‌ام، اما بعد دیدم باقی هم همین حس را دارند. زودتر از وقت ایستادیم به استراحت. یادِ حمامِ جنیان افتاده بودیم. فقط نمی‌دانستیم وقتِ عزاست یا عروسی. نفس‌هامان گرفته بود و حتا نمی‌توانستیم راجع به این اتفاق چند کلمه‌ای اختلاط کنیم. عاقبت صدا نزدیک‌تر شد!

یک گروه بودند از کردهای مهاباد. در حالی که ما به خاطرِ خسته‌گی و فشارِ پایینِ هوا، حتا نای حرف زدن نداشتیم، یکی دو تا دف گرفته بودند دست‌شان و می‌زدند و باقی هم می‌خواندند. در حالی که ما حتا یک گرم بارِ اضافه از پناه‌گاه بالا نیاورده بودیم و فقط توی قمقمه‌های فوقِ تخصصی کمی شربتِ آب‌لیموی شیرین داشتیم، چند تایی پیتِ پنیر را سر دست گرفته بودند و بالا می‌بردند. دیگری هم نصفه گونی سیب زمینی روی دوش انداخته بود. ما لباس‌های کوه داشتیم، اما دوستان‌مان با همان لباس‌های کردی معمولی بودند... بعد هم شروع کردند با ما به حال و احوال

و این که دارید برمی‌گردید که این‌قدر بی‌حال‌ید یا...

من که حتا از آن پارچه‌نوشته کم نیاورده بودم، از دیدنِ این گروه چنان حال‌م خراب شـد، که همان‌جا از خیرِ قله زدن گذشـتم و برگشـتم و تا صبح پیشِ کیـا خوابیدم! با خدا گلایه می‌کردم که اگر آدمی این است که تو آفریدی و می‌تواند در ارتفاعِ بالای چهار هزار متر، پیتِ حلبی روی دوش بگذارد و با صدای بلند چه‌چهه‌ی بلبلی بزند، پس ما را برای چه خلقت فرمودی؟!

بارِ دومی که خواسـتم دماوند را بزنم، با دو-سـه نفرِ دیگر از رفقا رفتـه بودیم. به‌روز بود و یکی-دو دوسـتِ دیگر. به‌روز، پیش‌ترها یک بار زیرِ کولِ ما را گرفته بود و جوان‌مردی کرده بود، در مسیرِ برگشت از قله‌ی سبلان، برای بارِ دوم با من، هم‌پا شده بود و قله را دو نفری زده بودیم. دکترِ داروسـاز بود و به عوضِ این که چند حب اسـتازولامید تجویز کند برای مشـکلِ فشـار و یکی دو ورق بروفـن با خودش بیاورد، مدام روضـه می‌خواند که در کوه قرص نباید خورد! نتیجه هم همان شد که باید می‌شد.

از گروه عقب افتاده بودم، سریع‌تر می‌رفتم که به آن‌ها برسم. توی راه، یک گروهِ پیرمرد و پیرزنِ شـمالی بودند که جوان‌ترین‌شـان شیرین بالای شصت سال داشت! آرام، آرام کوه می‌پیمودند. در هر گام می‌ایسـتادند. نفس می‌گرفتند. بعد گامی دیگر برمی‌داشتند. من به دو از کنارشان رد شدم. بعد ادب کردم و «خسته نباشید»ی پراندم. سرگروه، به جای جواب، به من لب‌خندی زد و گروه را به

اشـــاره‌ی دســـت نگه داشت. بعد کانه استاد دانش‌گاه باشد، به‌شان گفت:

این جوان را دیدید؟ این طرزِ کوه‌پیمایی نیست... این خط، این نشان! یک ربعِ بعد روی زمین افتاده است!

چنان به‌م برخورد که نگو و نپرس. گازش را گرفتم. در دل، هر چه طیبات بلد بودم، نثارشان کردم و نثارِ خودم که دیگر به هر کس و ناکســـی «خســـته نباشید» نگویم. از آن سو، تندترش هم کردم، که پوزشان حسابی بخورد... نشان به همان نشان که یک ربع بعد، وقتی من روی زمین افتاده بودم و داشتم هن هن می‌کردم، همین گروهِ مورچه‌سوار، آهسته و پی‌وسته رسیدند کنارِ من. بعد دوباره، سرگروه، نگه‌شان داشت.

عرض نکردم؟! کوه‌پیمایی این‌جوری نیست!

باید صادق باشم و بنویسم که این اتفاق چندین بارِ دیگر هم تکرار شد تا جایی که رسما از نفس افتادم!

ایـــن بـــار یادم هســـت که تلفنِ هـــم‌راه هم همه‌گانی شـــده بود و داشتیم، اما در ارتفاع نمی‌گرفت. چندتایی رفیقِ-به خیال خودمان دل‌سوز- هم داشتیم که مدام تماس می‌گرفتند تا خبرِ سلامتی ما را بگیرند و در دست‌رس نبودنِ ما و آنتن ندادنِ تلفن، باعثِ کلی خیالات شده بود برای‌شان. در مسیرِ پایین آمدن، فقط به‌روز قله را زده بود و البته ســـرِ حال بود، اما ما دمغ بودیم و پریشـــان که یک‌هـــو تلفنِ هم‌راه زنگ خورد. مهندس بود، از آشـــنایان قدیمی

که حسابی دل‌واپس شده بود. اول با به‌روز صحبت کرد که قله را زده بود و بعد خواست که گوشی را به من بدهند. گفت:

باید به جناب‌عالی تبریک بگوییم، رضا...

پکر جواب دادم که تبریک چه؟ کشکِ چه؟ من که قله را نزده‌ام!

جواب داد:

باید به تو تبریک بگوییم سمتِ جدیدت را...

خیال کردم وقتی بالا بوده‌ایم واقعاً دری به تخته‌ای خورده است. با تعجب گفتم:

کدام سمتِ جدید؟!

مگـر خبر نـداری؟ برایـت حکم زده‌ایم از طـرفِ بر و بچه‌های فدراسـیونِ کوه‌نوردی، کـه حالا که قله را نـزده‌ای، اجرت ضایع نشود. بالاخره بچه‌ها با گاری تو آمده‌اند پای کوه...

حکمم چه هست حالا؟!

راننده‌ی گروه‌های کوه‌نوردی!!

همـه‌ی بارِ نزدنِ قله یک طرف، این راننده‌ی گروه‌های کوه‌نوردی شـدن، هزار برابر سـهم‌ناک‌تر بود. و اصلا همین حکم بود که هر سال، وقتی هوای تهران خوب می‌شد، باعث می‌شد چهار تا فحش آب‌نکشیده نثارِ قله‌ی دماوند بکنم! همان مخروطِ لایتغیر که شاعرِ مشروطه‌خواهِ بالانرفته، از آن پایین هوایی شده بود و برایش مدح گفته بود که ای دیوِ سپیدِ پای دربند... ای گنبدِ گیتی ای دماوند...

❊ ❊ ❊

و حالا سالِ هشتاد و هشت بود. مرداد ماه... دو ماهی بعد از وقعه‌ی انتخاباتِ دهم، علیه ما علیه! دماوند، هنوز همان شکلی، مخروطی و بی‌اعتنا، آن بالا ایستاده بود و بی‌خیالِ همه‌ی وقایعِ پایین، برای خودش عشــق می‌کرد و صبح به صبح هم یک‌بار برای چشمِ من، وقتی از خانه در می‌آمدم، پیامک می‌فرستاد که:

هی!! راننده‌ی گروه‌های کوه‌نوردی! صبح به خیر!

حالا ســالِ هشــتاد و هشــت بود، و دماوند همان شــکلی بود، اما من بعد از گذشــتِ هجده سال از اولین صعودِ ناموفقم به دماوند، کلی اضافه وزن داشــتم و جفتِ زانوهام -یکی مینیسک و دیگری رباطِ صلیبی‌ش- آسیب‌دیده بود. دیگر حتا خوابِ زدنِ قله را هم نمی‌دیدم و مطمئن بودم این آرزو هم می‌رود لا دستِ ناکامی‌های دیگرِ جوانی!

حالا ســالِ هشتاد و هشت بود و دماوند همان شکلی بود، اما من کلی پیرتر شــده بودم. کار و بارم بیش‌تر شــده بود و دیگر فراغتِ کافی نداشــتم تا مثلا دو-ســه روز خالی کنم و یکه و یالغوز بروم برای زدنِ دماوند.

خواهرزاده‌ی بیســت ساله‌ام که حــالا همان دانش‌گاهِ ســابقِ ما می‌رفت، سه‌شنبه‌ای زنگ زد و به قولِ ما شروع کرد به سوز دادن کــه با رفقایم گــروهِ کوه‌نوردی داریم و قرار اســت برویم دماوند، آخرِ هفته و... بعضی‌شان کتاب‌هات را خوانده‌اند و یکی-دو تا هم گفته‌اند اگر پیر نشده بود، هم‌سفرِ خوبی بود و...

انتخابات، بدجور حوصله‌ام را سر برده بود. هر روز باید جوابِ سربالا می‌دادم به چند خبرنگار که از دست‌شان در بروم. از آن‌طرف هر چه‌قدر از دستِ خبرنگار می‌شد در رفت، از دستِ مخاطب نمی‌شد در رفت. روزی دستِ کم سه-چهار تماس داشتم از چپ و راست و هر دو هم گله‌مند که چرا چیزی نمی‌نویسی. گپ می‌زدم باشان که کارم سیاست نیست و آن‌چه راهِ مفر است برای نظام، ارتباطِ غیرِدولتی مردم با ولایتِ فقیه است و...

خواهرزاده افسوس می‌خورد که سنِ دایی بالا رفته است و زانوش تاب و توانِ کوه‌پیمایی ندارد والا طبقِ پیش‌بینی‌های سایت‌ها عجب هوایی است و چه حالی می‌دهد و اگر می‌شد بیایی چه می‌شد و چه نمی‌شد...

سوز دادنِ خواهرزاده تمام نشده بود که به‌ش گفتم:

حسام! برای زدنِ دماوند می‌آیم...

بدبختانه بچه‌های گروه هم استقبالِ پرشکوهی کردند و برای‌م ای‌میل زدند که چه چیزهایی با خود بیاورم. چیزهای خصوصی مثلِ کیسه خواب و پوتین و قمقمه و چیزهای عمومی مثلِ سیر و زغال و چندتایی کنسرو که به من افتاده بود. زغال را از همان پایین می‌ساییدیم تا مثلِ خاکه زغال شود و سیر را بالا، نزدیکِ تپه گوگردی خرد می‌کردیم. مخلوطی از این دو را در دست‌مالی مثلِ صافی و فیلتر روی بینی و دهان می‌بستیم تا بخاراتِ گوگردی دست‌گاه تنفسی را آزار ندهد. قسمتی از رطوبت

جذبِ زغال می‌شد و سیر هم گویا مانعِ تاثیراتِ گوگرد می‌شد... با کلی خنده، سیر را داخلِ کوله‌ی بیست لیتری‌م جاسازی کردم و به حسام گفتم:

یادت باشد، پناه‌گاه این‌ها را از من بگیری... چون من اصولا برای زدنِ قله نمی‌آیم. فقط برای استراحت به کوه می‌زنم آخرِ هفته را...

هنوز نیامده کم آوردید!

راست می‌گفت. هنوز نیامده کم آورده بودم و نفس‌م هم گرفته بود! حدودِ ساعتِ سه‌ی بعد از ظهر به پلور رسیدیم و اتومبیل‌هامان را در پارکینگِ فدراسیونِ پارک کردیم و ناهارِ سبکی خوردیم و وانتی کرایه کردیم برای پای کوه. در راه، از کنارِ روستایی ییلاقی رد شدیم که می‌دانستم آیه‌الله حسن‌زاده‌ی آملی، تابستان‌ها را آن‌جا می‌گذراند. چندان تجربه‌ی نامطبوع از صعودهای گذشته داشتم، که اگر حکایتِ مورِ تیمور نبود، همان‌جا پایین پریده بودم و رفته بودم برای دست‌بوسی حضرت‌ش در آن روزگارِ نه چندان شیرین!

ساعتِ چهار و ربع، پای کوه بودیم. همان‌جایی که چوپانان می‌گفتند گوسفندسرا... گروهِ هفت-هشت نفری مشغولِ هم‌وزن کردنِ کوله‌ها بودند و یکی-دو تا از بچه‌ها هم سرِ قیمتِ بالابردنِ کوله با قاطرچی چانه می‌زدند؛ معامله‌ای که معلوم بود عاقبت کسی از آن سودی نمی‌کند و مالِ بد بیخِ ریشِ صاحب‌ش که ما باشیم، خواهد ماند و مجبوریم کوله‌ها را خودمان کول کنیم و بالا ببریم.

قاطرچی، یک‌هو ما را و معامله را رها کرد و با بی‌سیم‌ش چیزی گفت و دوید پای کوه. قاطری با باری غیر از کوله و چادر، پایین می‌آمد. چند نفری هم دور و برش داد و بی‌داد می‌کردند. به‌دو دویدم کنارِ قاطر و دیدم جنازه‌ای را بسته‌اند به قاطر. دست‌هایش را ضرب‌دری طناب‌پیچ کرده بودند، و با دو چوب‌دست، بدن را آتل بسته بودند. البته معلوم بود که جنازه چنان خشک شده بود و سیخ که دیگر چوب‌دست‌ها غیرضرور بودند. میت، عاقل‌مردی بود چهل ساله به گمان‌م. می‌گفتند در بارگاهِ سوم سکته کرده بود و اِدم شده بود و... هم‌راهان‌ش داشتند سرِ مظنه‌ی کرایه‌ی قاطر دعوا می‌کردند. قاطرچی بالا به قاطرچی پایین توضیح می‌داد که هیچ چیز بدبارتر از جنازه‌ی سیخ‌شده نیست. اگر تازه مرده بود و تا می‌خورد، همان پنجاه هزار تومان را که طی کرده بودیم، می‌گرفتیم، اما الان کم‌تر از شصت تومان نمی‌گیرم...

به رئیسِ گروه‌مان سپردم که بچه‌ها را دور کند از قاطر. هر چه باشد من هم رئیسِ سنی بودم! کمک کردیم و با هم‌پاهاش، جنازه را گذاشتیم روی وانت. چه‌قدر هم تلاش کردم که مسِ میتی در کار نباشد، که توی آن گرفتاری، غسل بر گردن‌مان نیافتد.

به قولِ ما داستانی‌ها، افتتاحیه‌ی افتضاحی بود!

به نرفتن‌ش زیاد فکر کرده بودم، اما به این جور برگشتن‌ش هرگز فکر نکرده بودم! توی راه، همه سعی می‌کردیم از فکر و خیال در بیاییم. البته در همان نیم ساعتِ اول همه چیز ختمِ به خیر شد

و موضوع فراموش شـــد. توی همان نیم ساعت، وقتی کمی خسته شـــده بودم، به رئیسِ گروه گفتم که یک لحظه گروه را نگه دارد تا من دو موضوع را که برای‌م بســـیار مهم اســـت، به باقی بگویم. رئیس به احترامِ ســـنِ من اســـتراحت داد و من هم از خداخواسته نفســـی چاق کردم. وقتی همه حســـابی مشتاقِ شنیدنِ دو نکته‌ی من شدند، برای‌شان گفتم:

نکته‌ی اول این که دســـت‌هایم را ضـــرب‌دری نبندید و نکته‌ی دوم هم این که بالای پنجاه تومان اگر به قاطرچی دادید، از جیبِ خودتان رفته است!

یخِ فاصله‌ی سنی شکست و با گروه حسابی رفیق شدیم! جوری که گروه که فهمیده بودند من در نرفتن از همه مجرب‌ترم، هم‌قســـم شدند که مرا به قله ببرند و از آن‌طرف من هم متعهد شدم که اگر قله را بزنم، گروه را به یک ناهارِ مردافکن دعوت کنم!

بگذریم. پنج ساعتِ بعد، حدودِ ساعت نه و نیمِ شب، بعد از ۱۸۳۰۰ قدم رسیدیم به ارتفاعِ ۴۲۰۰ متری پناه‌گاهِ جبهه‌ی جنوبی یا بارگاهِ سوم. این ۱۸۳۰۰ قدم را به مددِ امکانِ قدم‌شماری تلفنِ هم‌راه‌م دارم! من دوباره حال‌م خیلی بد شـــده بود. ســـردردِ وحشـــت‌ناکی داشـــتم. تا چادر را بزنند گوشـــه‌ای نشسته بودم و لرز کرده بودم. بعـــد هم ولو شـــدم. تا صبح فقط یک قـــورت آب خوردم مجموعا. حتا چای هم نتوانستم بنوشم. حتاتر بزاق هم نداشتم. گه‌گاه آبی قرقره می‌کردم. نمازِ مغرب و عشا و صبح را هم به گمان‌م نشسته

توی چادر خواندم. تازه صبح را با تیمم.

بعد از خواب، اما سرحال بودم. به قولِ هم‌پاها، هم‌هوا شده بودم با کوه. با این همه پرهیز کردم و صبحانه نخوردم. در کوه، بدن باید از مایه بخورد نه از دستی... یعنی باید از ذخایرش استفاده کند، نه از خوردنی‌های چند ساعتِ قبل‌ش. این را راننده‌ی وانتی می‌گفت که از پلور کرایه کرده بودیم!

صبح ساعتِ ده، بعد از یک خوابِ حسابی، راه افتادیم به سمتِ قله. قله همان شکلی بود که از تهران می‌دیدیم‌ش. وقتی بعد از سه-چهار ساعت رسیدیم به آب‌شارِ یخی، یعنی تقریبا به ارتفاعِ ۵۱۰۰ متری باز هم همان مخروطی بود که در شرقِ تهران می‌دیدیم‌ش. همان شکلی! حتا وقتی روی تپه‌ی گوگردی، یک نفر که تک افتاده بود و پایین می‌آمد، با آن حالِ خراب، مثلِ ما، به زبانِ ایما و اشاره می‌گفت که تا قله فقط بیست دقیقه راه است، ما باز هم همان مخروط را می‌دیدیم که از پایین، کفِ میدانِ هفتِ تیرِ تهران می‌دیدیم!

سرگروه، خیلی خوب گروه را بالا برد. جلودار یک قدم دم می‌گرفت و یک قدم بازدم. و بالاتر در هر گام یک توقف می‌کرد و دم و بازدم می‌گرفت و بعد یک گامِ دیگر بر می‌داشت... آهسته و پی‌وسته. دقیقا مثلِ همان گروهِ پیرمردان و پیرزنانِ شمالی!

عاقبت حدودِ چهار و نیمِ بعد از ظهر یعنی هشت ساعت بعد از راه افتادنِ صبح، به قله رسیدیم و ارتفاعِ ۵۶۷۰ متری. این‌گونه

بود که فاتح شدم، خود را به ثبت رساندم...

بچه‌ها خوش‌حال و مسرور بودند از رسیدنِ به قله در صعودِ اول و من خوش‌حال‌تر از آن‌ها، بعد از آن همه صعودِ ناموفق. خوش‌حالی دیگری هم داشتم و آن هم فرار از شرایط بدِ بعد از انتخابات بود. ولو برای چند روز.

همه صورت‌هامان را برای محافظت از آفتاب و انعکاس ناجورترش از روی برف، حسـابی کرم مالیده بودیم و شـال گردن‌های کلفت پیچیـده بودیـم و کلاه‌های بافتنی سـرمان بود. عینـکِ آفتابی زده بودیـم و روی بینی هم به جز حسـام کـه عقلش به گوگرد

نمی‌رسید، همه صافی‌های خودساخته‌ای داشتیم از زغال و سیر... بیش‌تر شبیهِ فضانوردها بودیم تا کوه‌نوردها!

ایستادیم برای عکس گرفتن و مدرکِ دیجیتال ساختن، که گروه دیگری هم بالا رسیدند. آن‌ها هم مثلِ ما خوش‌حال بودند و هم را در آغوش می‌گرفتند و...

یک‌هو یکی از آن‌ها از گروه‌ش جدا شد و آمد سمتِ ما. جوان بود و او هم مثلِ ما سر و صورت‌ش را بسته بود. عینِ فضانوردها با همان قدم‌های سنگین جلو آمد و بچه‌های گروهِ ما را کنار زد و روبه‌روی من ایستاد. دو دستِ مرا گرفت و با صدایی که از تهِ

چاه در می‌آمد، گفت:

تو رضا امیرخانی نیستی؟!

بریـده بودم که با آن شـمایل چه‌گونه مرا شـناخته اسـت؟ نای حرف زدن هم نداشـتم توی آن ارتفاع. فقط سر تکان دادم. کمی صورت‌ش را جلو آورد و بعد شروع کرد با صدای خش‌دار و گرفته، به داد و فریاد بر سرِ من، راجع به مسائلِ انتخابات!

تصورش را بکنید! از تهران و از عالم و آدم بکنید که چند روزی از فضای سیاسـی دور باشـید. مشهد و قم و متل قو و کیش و دوبی و اسـتانبول هم نروید که پر از آدمی‌زادِ فارسـی‌زبان است. بیایید بـه آرام‌ترین و بلندترین نقطه‌ی ایران. نوکِ قله‌ی دماوند. سـر و صورت‌تان را هم حسـابی پوشانده باشـید، عینک هم زده باشید، بعد یک‌هو کسی این‌جوری گیر بدهد به شما!

من را یادت هسـت؟ پیش از انتخابات، دانش‌گاهِ فلان، جلسه‌ی نقـدِ کتاب‌ت، برای ما حرف زدی و من بعدِ جلسـه به‌ت گفتم که دلایلِ مخالفت‌ت با سـبز را بگو که گفتی خیلی‌ش اقتصادی است و بعد هم گفتی که به مهرورزها هم رای نمی‌دهی و بعد هم...

مـن در عجـب بودم که در چنین حوادثی کـه اصالتاً برای لعلکم تعقلـون و لعلهم یتفکرون طراحی شـده بودنـد، چه‌گونه گرفتارِ یتجادلون! شـده بودیم. خوش‌بختانه نفس‌م در نمی‌آمد که جواب دهـم. اما همین دیالوگ برای من یک‌جور برهانِ اثباتِ خدا بود... جدی‌تـر از علیـت و فطرت و... این که بفهمی بالای قله‌ی دماوند

هم راهِ فراری نداری! حتا اگر آن بالا هیچ دیارالبشری نبود، دستِ کم سیاست هم‌چنان بود و نفس می‌کشید!!

من البته حالِ بچه‌هایی را که از من موضع می‌خواستند، می‌فهمیدم... چپ و راست، دنبالِ رفعِ ابهام بودند. ایرادشان این بود که همه تاییدِ عقلانی می‌خواستند، نه حرف‌های تکراری اهلِ سیاست. وظیفه‌ی من هماره بیانِ حقیقتِ مکتوم بود؛ نه حتا بیانِ حقیقت. و این البته یک شرط داشت؛ رسیدنِ به حقیقت. گروهِ دومی هم بودند که جنسِ دیگری داشتند؛ جنسِ آدمِ سیاسی و خبرنگار دنبالِ موضع بودند و یارگیری؛ این یکی را قطعا جواب نمی‌دادم. من نمی‌خواستم مثلِ بسیاری از متظاهران در تنورِ داغ بچسبانم نانِ خود را. از آن طرف هم هیچ‌گاه از ترسِ تکفیر، شهادتین نمی‌گویم! تکفیر شیرین‌تر است از تلخی شهادتینی که از سرِ ترس گفته شود.

❋ ❋ ❋

این مقدمه‌ی طولانی نوشته شد تا بفهمیم می‌توان رفت در بالاترین جای مملکت و باز هم به پایین‌ترینِ چیزها مشغول بود. می‌توان رفت به جایی که کم‌ترین دگرگونی را در چشمِ ایرانیان داشته است و به گذراترینِ چیزها چشم دوخت...

پس در آن‌چه از پی می‌آید، به دنبالِ عظمتِ قسمتی دیگر از فارسی‌زبانانِ حوزه‌ی مشترکِ تمدنی باشیم و حتا اگر این قلم سهو کرد و از پاره‌ای روزانه‌ها نوشت، خطاپوشی کنیم... بدانیم در یک

ســفرِ چند روزه، نویســنده چاره‌ای ندارد، الا این که پنداشت‌های خود را واگو کند، نه او به دنبالِ ضبطِ صحیحِ کلمات اســت و نه پی‌جوی تحلیلِ صحیحِ تام و تمام. و اصلا بگذار به همان ســیاقِ پیشانی‌نوشتِ مرسوم، بنگارم که آن چه در پی می‌آید، از وقایع و امکنه، از اشخاص و ازمنه، از اشربه و اطعمه، از پلیسِ راهِ تایباد تا میــدانِ هوایی کابل، از ژنرال پترائوس تا قوماندانِ محافظ، همه را خیالی فرض کنید، و بدانید آن‌چه از وهم و خیال بیرون اســت و حقیقتی است انکارناپذیر، پاره‌ای دیگر از جانِ ماست که آن سوی مرز جدا افتاده است...

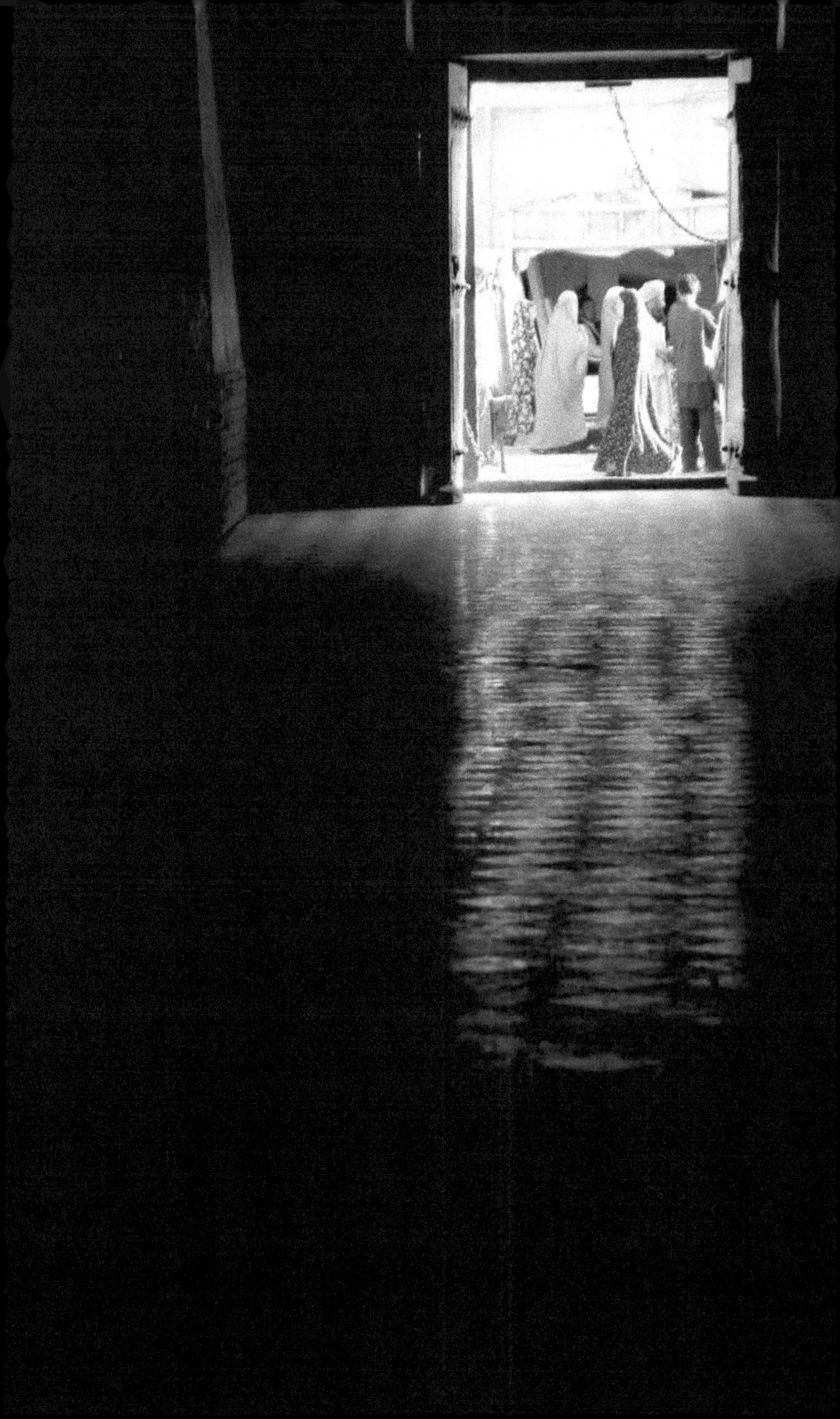

مشهورات هرات

دوم تا پنجمِ مهر ۸۸

■■■

تهِ کمدی در خانه‌مان، مثلِ بسیاری از ایرانیان، یک پاکتِ خیلی باارزش داریم که همه‌ی اسنادمان را توی آن می‌گذاریم. گواهی‌نامه و شناس‌نامه و کارتِ ملی و خدمت و پاسپورت و سندِ ازدواج و اسنادِ اتومبیل و بیمه و معاینه‌ی فنی و... از همه‌ی این‌ها هم یکی یک عکسِ رنگی انداخته‌ایم و توی جیب می‌گذاریم که اگر گم شد، چند ماه درگیرِ المثنا نشویم.

اما سفر، قصه‌ی دیگری دارد. اگر گرفتارِ هر کدام از این اسناد بشویم، حساب‌مان با کِرام‌الکاتبین خواهد بود. بنابراین معمولا پاکتِ اسناد را کلاً هم‌راه می‌بریم!

اولِ مهر دعوت شـــده بودم برای سخن‌رانی در اردوی دانش‌جویانِ تازه‌واردِ دانش‌گاهِ صنعتی شـــریف. اولِ دوره‌ای می‌برندشان زیارت مشهد. معمولا همه‌ی دعوت‌های این‌چنینی را رد می‌کنم. اما این یکی هم مشـــهد بود و هم بعدِ ماهِ مبارک و هم از ســـوی دانش‌گاهِ قدیمی خودم، پس جای رد کردن نداشـــت. زمانِ ما که کســـی تا امام‌زاده داوود هم نبردمان. به نظرم می‌رسد، جلساتِ معارفه برای دانش‌جویانِ ورودی از کارهای کاملا درستِ امروزی‌ها باشد.

از آن‌طرف هم تصمیم گرفته بودیم تا با اهل و عیال تنی ســـبک کنیم. اثاث‌ها را ریختیم پشتِ گاری و خواستیم بزنیم به جاده که یک‌هو یادِ همان پاکتِ خیلی باارزش افتادم که سرجهازی همه‌ی سفرهامان بود...

اول خواستم فقط گواهی‌نامه‌ها را بیاورم. بعد با خودم گفتم احوط آن اســـت کـــه کلِ پاکـــت را بیاوریم... غروب بود و تا شـــب که به شـــاهرود برسیم برای استراحت، کلی با مغزم کلنجار می‌رفتم که چرا هم‌راه داشتنِ این اسناد در سفر برای هر ایرانی لازم است؟

گواهی‌نامه و اســـنادِ ماشـــین با این رانندهگـــی، قبول... اما مثلا شناس‌نامه به چه درد می‌خورد وقتی کارتِ ملی داریم؟

به دردِ شب‌مانی در هتل... اگر مدرکی بخواهند...

گواهی‌نامه و اســـنادِ ماشـــین و شـــناس‌نامه و ســـندِ ازدواج و... همه‌ی این‌ها قبـــول... گذرنامه را برای چه باید هم‌راه برد، در یک سفرِ داخلی که برای زیارت می‌رویم مشهد؟

این‌جا بود که خودم از خودم رسما کم آورد... از کلِ اسنادِ این پاکت، برای گذرنامه جوابی پیدا نکردم! گاهی وقت‌ها قصه‌ی رفتنِ به افغانستان را برای باقی این‌جور تعریف می‌کنم که خواستم کم نیاورم و فقط برای استفاده از گذرنامه‌ها رفتیم افغانستان! (ببین که چه‌قدر افاضات است که حالا بیایم و حین نوشتنِ متن، فرمایشات فرمایم که خواستم بروم به جایی دور از دست‌رس، در فضای بعدِ انتخابات...)

همان شبِ اول، یعنی چهارشنبه اولِ مهرماه، سخن‌رانی داشتم برای دانش‌جوهای ورودی. فردا از تماسِ تلفنی دوستی صاحب‌نفس، متوجه شدم که یکی از رفقای ادیبِ افغانی به مشهد آمده است؛ ادیبی افغانی که در جامه‌ی گم‌نامی می‌زید و جان عالمی با اوست... تماسی گرفتم و حال و احوالی کردم و «زیارت قبول» گفتم. فهمیدم که فقط برای چند روز به مشهد آمده بوده است. در ذهن‌م بود که شاید چیزکی از کشورهای هم‌سایه حالی‌ش باشد و راجع به وضعیتِ ترکمنستان که می‌دانستم دمِ مرز ویزا می‌دهند، از او پرس و جویی کنم که زبان‌م خوب نچرخید و گفتم:

ان‌شاءالله شاید به همین‌زودی‌ها افغانستان مشرف شویم...

قدم بر چشم! اگر تشریف آوردید حتما با بنده تماس بگیرید تا در دانش‌گاهِ هرات هم از وجودِ شما استفاده کنند...

رفیقِ ادیب، زیاد تحویل نگرفت و دعوتِ گرمی نکرد. یعنی واقعیت آن است وقتی ارتجالی به جای ترکمنستان، گفتم افغانستان انتظار

داشتم، طرف خیلی تحویل بگیرد و خیلی خوش‌حال شود و... زهی خیالِ باطل!

یکی دو روزی به زیارت گذشت و دیدنِ رفقا و پرسش و پاسخ‌های اتفاقی با زائرانِ حرم. همه، حول و حوش انتخابات و چیزی که آن روزها تازه مد شده بود، به نامِ اعلامِ موضع! من در هیچ انتخاباتی از هیچ کسی حمایت نکرده‌ام تا به امروز. دلیل‌ش هم روشن است. کارِ من سیاسی نیست. چه این بیاید، چه آن، منفعتِ سیاسی ندارم. و در تعریفِ جهانی، سیاسی کسی است که منفعتِ سیاسی داشته باشد؛ اما گوشِ کسی بده‌کارِ این‌جور حرف‌ها نبود. برای کسی می‌خواستم برهان بیاورم که چرا سیاسی نیستم. خندیدم و گفتم‌ش:

از وقتی عقل‌رس شدم و در انتخابات شرکت کردم، یعنی بالای هجده سال، در هیچ انتخاباتی پیروز نشده‌ام! همیشه قاپ‌م بد نشسته است. اول که هیچ، حتا در انتخابات‌های مهم‌تر دوم هم نشده‌ام. آدمی تا این حد بدبیار در سیاست، خیلی به کارِ حمایتِ سیاسی نمی‌آید! بالاخره قمارباز ولو که هر چه بودش را هم بباخته باشد، در سابقه‌اش باید یکی-دو دست بازی برده داشته باشد دیگر!

جوانی می‌گفت عده‌ای گفته‌اند که شما را دیده‌اند در حینِ سخن‌رانی برای زنجیره‌ی سبز خیابانِ ولی‌عصرِ تهران. خندیدم که نامزد من اگر می‌خواست زنجیره‌ی انسانی درست کند، طولِ خیابانِ ولی‌عصر مناسب نبود، عرض‌ش مناسب‌تر بود!!

کســـی از این حرف‌ها قانع نمی‌شد. دو طرف تایید می‌خواستند ناجور.

برای‌شان توضیح می‌دادم که اهلِ فرهنگ یک وظیفه دارند و بس؛ به شدت انقلابی بودن و به شدت غیرِدولتی بودن. خودِ ولایتِ فقیه هم -جوری که ما می‌فهمیدیم- در رابطه با مردم تعریف می‌شـــد، نه در رابطه با دولت...

جماعت رسما موضع می‌خواهند و کوتاه نمی‌آیند. می‌گویم:

ایـــن روزها در فروش‌گاه‌هـــای زنجیره‌ای رفاهِ شـــهروند، موضعِ بسته‌بندی‌شـــده‌ی وکیـــوم، با لفافِ مهرورزی یا ســـبز هســـت، از همان‌ها استفاده کنید!

پس رنگین‌کمانی هستی؟

نـــه... همـــان بی‌رنـــگِ بی‌رنگ‌م... فرهنگ بالادســـتِ سیاســـت می‌نشیند...

برای‌شان توضیح می‌دادم که علی پروین، محمدرضای شجریان، مســـعود کیمیایی، حتا حاج منصورِ ارضی، شخصیت‌های سیاسی نیستند. اگر موضعِ سیاســـی گرفتند، موضعی دارند غیرِتخصصی. ایـــن موضع‌شـــان اصالتا قابلِ نقد نیســـت. در عینِ حـــال این جور شـــخصیت‌ها، به نشانِ محبوبیت‌شـــان و به دلیلِ تخصص‌شان، به شـــدت مردمی هستند. قســـمتی از حرفِ ایشان، حرفِ مردم است و شـــنیدنی. شنیدنی‌تر از حرفِ هر مســـوول و وکیل و وزیری. اما قسمتِ سیاسی حرف‌شان اصالتا غیرتخصصی است.

کســی گوش‌ش بده‌کارِ شــرحِ مثنوی ما نبود... حتا زیارت هم نمی‌شد رفت!

❋ ❋ ❋

قســمتی از پاکتِ اســناد، بی‌کار مانده بود. ترســیدم خمس به‌ش بخورد! برای همین صبحِ شنبه گذرنامه‌ها را برداشتم و رفتم دنبالِ گرفتنِ ویزا. دنبالِ کنســولِ ترکمنســتان بودم، که دفترِ کنسولی افغانستان را زودتر پیدا کردم. داخل رفتم و صفِ طولانی مراجعانِ افغانستانی را میان‌بر زدم. به کارمندِ سفارت که جوانِ خوش‌پوشی بود، گفتم:

از دوستانِ فلان ادیبِ افغانستانی هستم و قرار است در دانش‌گاهِ هرات صحبتی داشته باشم. می‌خواستم ببینم برای صدورِ ویزا چه مدارکی لازم است...

ماجرا را که شــنید گذرنامه‌ها را گرفت و فرم‌ها را داد دســتِ من. فقــط گرفتاری چند قطعه عکسِ ســه در چهار بود که معمولا تهِ کیفم پیدا می‌شــد. بخت یارم بود که طرف، زیاد پی‌گیرِ رابطه‌ی من و ادیب نشــد و خیلی هم دنبالِ دعوت‌نامه‌ی رسمیِ دانش‌گاهِ هرات نیافتاد!

خلاصه نشان به آن نشان، که ساعتِ یک بعد از ظهر، گذرنامه‌هامان ممهور بود به مهرِ روادیدِ افغانستان...

تیــری انداختــه بودم و بخت‌یارانه به هــدف خورده بود. به همین ساده‌گی... قسمتِ سخت، آن‌جا بود که اصلا نمی‌دانستم برای چه

دارم به این ســـفر می‌روم! اصلا چه وضع و حالی دارد افغانستان و چه تمهیداتی باید داشـــت برای این ســـفر. اوضاع امن است یا نه؟ کسی استقبال می‌کند یا نه؟ سفری تا به این حد، بی‌برنامه، ره‌آورد دارد یا نه؟ قسمتِ سخت‌تر جای دیگری بود... دنده‌ات نرم، هوسِ ســـفرِ ماجراجویانه کرده‌ای، یکه بلند شـــو برو دیگر! اهل و عیال را کجا می‌بری؟ بچه‌ی یک و نیم ساله چه گناهی کرده است غیر از همین اضافه‌ی ابوت و بنوت که شده است فرزندِ شخصِ شخیصِ جناب‌عالی؟!

شـــاید هـــم باید ماجرا را جورِ دیگری می‌دیـــدم از بیخ. گذرنامه‌ی بلااستفاده و اتومبیل به کنار، جاده مرا کشانده بود به این سفرِ دور و دراز... راه‌مان یکی شده بود... چنان‌که بلاقیاس حضرتِ زهیر به طاعنان گفته بود، روزِ عاشورا...

* * *

سخت نباید گرفت! همان ساعت بار و بندیل را ریختیم پشتِ گاری دوباره و راه افتادیم به ســـمتِ مرزِ زمینی دوغارون و اســـلام‌قلعه. چند کیلومتری تایباد.

چنـــان به ســـرعت راندم تا تایباد که نه تربـــتِ جام را دیدیم و نه فریمان را. هر دو جا را دوســـت‌تر می‌داشـــتم که بایســـتیم و ســـرِ فرصت ببینیم. فریمان را به خاطرِ شـــیخِ شـــهید، مرتضا مطهری و تربتِ جام را به خاطرِ ابنیه‌ی قدیمی و مقبره‌ی شیخ احمد جامی. از فرطِ تندروی یکی-دو بار گاری به ایستِ بازرسی هم گیر کرد!

یک بار که نیروی انتظامی کلی با تعجب ریختِ‌مان را چک کرد و البته بازرسی نکرد گاری را. دلیل‌ش هم روشن بود. همه‌ی آن‌هایی که با گاری پادراز این‌گونه تند راننده‌گی می‌کردند به دلایلی از طرفِ افغانستان به ایران می‌آمدند و نیاز به بازرسی داشتند، نه برعکس! آخرین بار، بنزِ پلیس، اما نگه‌مان داشت تا جریمه‌مان کند. همان‌جور که تمامِ پاکتِ اسناد را -که حالا همه‌اش به درد خورده بود- بیرون می‌ریختم، سرگردِ راه‌نمایی و راننده‌گی از من دلیلِ تند رفتن را پرسید. با مراتبِ بالای اعتمادِ به نفس و البته گوشه‌ی چشمی به جمله‌ی پایانی رفیقِ ادیب، جواب‌ش دادم:

دانش‌گاهِ هرات صحبتی دارم، باید زودتر به مرز برسم...

سرگرد، قبضِ جریمه را غلاف کرد و خیلی احترام گذاشت. گفت با سرعتِ بیش‌تر بروم، چون مرز را چهار و نیم می‌بندند. به‌م رساند که فقط یک دوربینِ دیگر در راه داریم. گرای دوربین را هم داد که کلی تشکرات کردم و راه افتادم... سرگردِ جوان‌مردی بود و احترام کرد به کسی که با خانواده‌اش برای رسیدن به سخن‌رانی در هرات، تند می‌راند...

چهارِ بعد از ظهر، تایباد بودیم. تا جایی برای پارک کردنِ گاری پیدا کنم، کمی طول کشید و با اتومبیلِ کرایه، حدودِ چهار و نیم به مرزِ زمینی رسیدیم. درِ مرز را زنجیر کرده بودند و قفلِ آویز هم زده بودند روش! به همین ساده‌گی. مرز تعطیل شده بود تا فردا صبح!

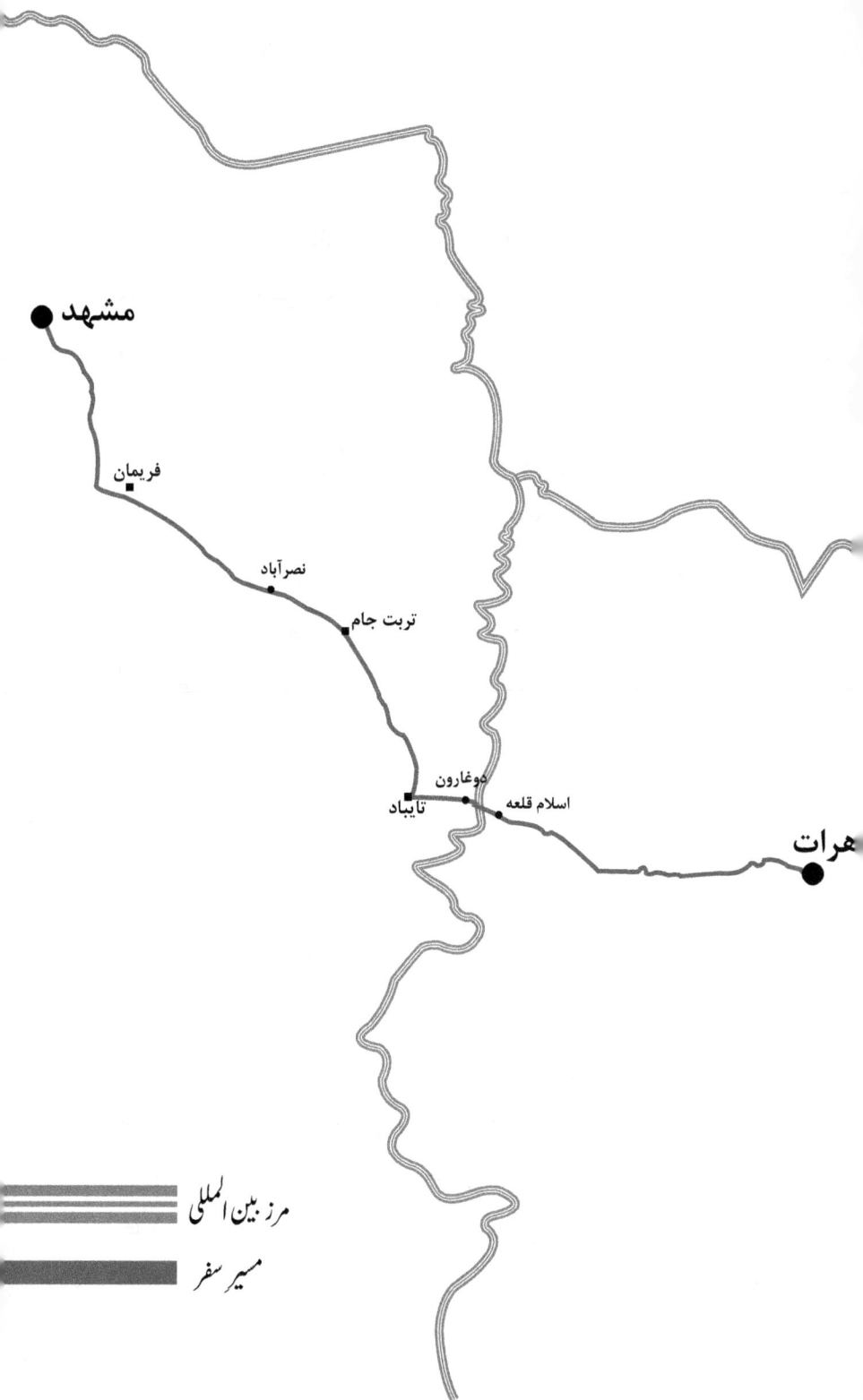

مشهد

فریمان

نصرآباد

تربت جام

دوغارون

تایباد

اسلام قلعه

هرات

مرز بین المللی

مسیر سفر

شـــب برگشـــتیم و در تنها مهمان‌ســـرای تایباد اطراق کردیم و از زورِ بی‌کاری کلی پیاده شـــهر را گز کردیم. مثلِ همه‌ی شـــهرهای مرزی، بازاری مرتب داشت و مقرهای فراوانِ نیروی انتظامی. شهر، مدام در حالِ تغییر بود و از دفعه‌ی پیش که آمده بودم، به شدت بزرگ‌تر شـــده بود. قیافه‌ی شـــهر را داشت، اما باطن‌ش باز هم به روستا می‌زد.

یـــک پیرمرد از برادرانِ اهلِ ســـنت را هم اتفاقی در حینِ گشـــت و گـــذار در خیابـــان دیدیم. مســـن بود و عمامه‌ی نحیفی به ســـر بســـته بود. چهره‌اش به معتمدانِ معمر می‌زد. او هم به کالسکه‌ی لی‌جـــی ما توجهاتی کـــرد و کمی با هم گپ زدیـــم. او از اتفاقاتِ اخیر می‌گفت و من هم از لزومِ وحدتِ ملی که شعبه‌ای از آن هم وحدتِ شـــیعه و ســـنی بود. پیرمرد توجیه‌تر بود از من! برگشت و صاف -شوخی و جدی- به من گفت که اگر محققی به من بگوید اختلافِ جنابِ عثمان و جناب علی رضی الله عنهما و جنگِ جمل را هم انگلیسی‌ها راه انداخته‌اند، باور می‌کنم!

فردا، هشتِ صبح، دمِ مرز بودیم.

* * *

مرز، یعنی یک ســـاخت‌مانِ نســـبتا مرتبِ نو نوار طرفِ ما و چند ساخت‌مانِ پراکنده‌ی قدیمی‌تر طرفِ افغانستان.

مـــرز، یعنی یـــک صفِ چند کیلومتـــری از کامیون‌ها و تریلی‌های حاملِ کالای صادراتی به افغانســـتان، مملو از سیمان و میل‌گرد و

تیرآهن تا موادِ غذایی. با ایست‌گاهِ پمپِ بنزینی سرِ راه که بیش‌تر به دردِ خالی کردنِ گازوئیل می‌خورد تا پر کردن! مسوولی داشت که حجمِ باکِ تریلی‌ها و کامیون‌های سنگین را اندازه می‌گرفت و از فقدانِ منبعِ ذخیره‌ی سوختِ پنهانی مطمئن می‌شد و بعد اجازه‌ی خروج از جای‌گاه می‌داد.

مرز، یعنی یک ردیف سیمِ خاردار که از چند کیلومتری شروع می‌شد و به ساخت‌مان‌های گمرک می‌رسید و باز چند کیلومتری ادامه پیدا می‌کرد و بعد تمام می‌شد... این چندمین بار است که از مرزِ زمینی ایران خارج می‌شوم؟ خوب به خاطر ندارم. همین‌قدر یادم هست که همه‌ی مرزهای قانونی که تا به حال دیده‌ام همین‌شکلی‌ها هستند. مرزِ سِرو در ارومیه را خوب به خاطر دارم که پانزده سالِ پیش پای پیاده از آن رد شدم، درست مثلِ همین حالا. دو ساخت‌مانِ گمرک بینِ دره‌ی میانِ دو کوه که مثلِ همین مرزِ دوغارون و اسلام‌قلعه، مردم لطف می‌کردند و از داخلِ ساخت‌مان‌ها رد می‌شدند. وگرنه عبورِ غیرقانونی از چند ده کیلومتر بالا و پایین، دور از چشمِ پاس‌گاه‌های مرزی کارِ خیلی سختی نبود. واقعیت آن است که تجربه‌ی خروجِ غیرقانونی از مرزِ زمینی را نیز دارم! از جایی بینِ مهران و چنگوله، برای زیارتِ عتبه‌ی مقدسه‌ی حضرتِ اباعبدالله(ع) به قافله‌سالاری چوپان حیدرِ ایلامی! این‌ها را می‌نویسم برای نقدِ تجاربِ مرزی در داستان‌ها و فیلم‌های دمِ دستی نویسنده‌گان و کارگردانانِ

بی‌تجربه که معمولا با یک گازانبر و سیم خاردار سعی می‌کنند مساله‌ی مرز را حل کنند!

عوارضِ خروج را همان دیروز در مشهد پرداخته‌ام و برای همین تقریبا بی‌هیچ مشکلی از ساخت‌مان گمرکِ ایران با مهرِ خروج، خارج می‌شویم. لی‌جی روی کالسکه نشسته است و چمدانِ بزرگ‌مان را نیز داده‌ایم به اطفالِ گاری‌کش که بیاورند برای‌مان. بینِ دو ساخت‌مانِ گمرکِ مرزی، چیزی حدودِ پانصد متر فاصله است. زمینی که متعلقِ به هیچ دولتی نیست. سرزمینِ هیچ‌کس... برمی‌گردیم و دوباره به پرچمِ جمهوری اسلامی ایران نگاه می‌کنیم... به کجا می‌رویم؟ با لی‌جی یک و نیم ساله که روی کالسکه مدام برای طفلِ گاری‌کش زبان در می‌آورد و «قان‌قان» او را طلب می‌کند... افغانستان چه‌گونه کشوری است؟ این اولین بار است که با اهل و عیال به کشوری می‌روم که تا به حال خودم به آن‌جا نرفته‌ام...

چند دقیقه‌ای بیش‌تر طول نمی‌کشد که این مسیرِ پانصد متری را می‌گذرانیم.

همان اولِ کاری، مهرِ ورود به خاکِ افغانستان، بی‌هیچ پرس و واپرسی روی گذرنامه‌هامان می‌نشیند. بعدتر از اتاقِ گمرکِ ورودی افغانستان خارج می‌شویم و در فضای باز، سربازی با لباسِ زیتونی نظامی و چهره‌ای آفتاب‌سوخته جلو می‌آید. سرش را کجکی طرفِ من می‌گیرد و اشاره می‌کند به هم‌سرِ هم‌سفر، با لحنی تند و

لهجه‌ای ناشناس:

این سیاه‌سـر را بفرست به آن اتاق تا پیرزال تلاشی کند. بَکسِ کَلان را هم بگذار پایین. بایستی تلاشی شود...

نـه معنای سیاه‌سـر را می‌دانـم، نه معنای تلاشـی را! بکس را با اشاره‌ی سرباز به چمدان و کلان و پیرزال را هم سرِ ضرب حدس می‌زنم و درسـت درمی‌آید. چمـدانِ بزرگ‌تر را می‌گذارم جلوش. اشاره می‌کند که بازش کنم و از آن‌سو هم به هم‌سفر دوباره اشاره می‌کنـد و تکرار می‌کند که به سیاه‌سـر بگو بـرود پیشِ پیرزال. من نگرانِ چمدان نیسـتم، نگرانِ هم‌سفر هستم که در آن فضای مخروبه‌ی منحوس می‌رود به سـمتِ اتاقکی کاه‌گلی. با کالسکه‌ی لی‌جی هم‌راهی می‌کنیم با او. در چوبی اتاقک باز می‌شود و پیرزنی هفتاد ساله با لباسِ گل‌دارِ محلی و چادری آبی که روی شانه‌اش افتاده است، هم‌سفر را فرا می‌خواند.

برمی‌گردیم به سمتِ سرباز که کنارِ گاری ایستاده است و دست به چمدان نزده است. جلوتر که می‌روم، بی‌توجه به کالسکه‌ی لی‌جی جلو می‌آید و مسلسـلِ کلاشینکف‌ش را به کالسکه تکیه می‌دهد. صورت‌ش را به صورت‌م نزدیک می‌کند. جوری که گرمای نفس‌ش به صورت‌م می‌خورد. دست‌ش را می‌گیرد زیرِ چانه‌ام.

ها؟! چی خیال کردی؟ افغانی غیور است، خودش خواهر و مادر دارد...

درست می‌گویی. افغانی غیرت دارد، بر منکرش...

پَ چرا رفتی دنبالِ سیاه‌سر؟ پشتون غیرت دارد. مَ که گفتم‌ت، پیرزال تلاشی می‌کند، کدام مردکی آن‌جا بود آخر؟

شروع می‌کنم به بهانه آوردن که مثلا معنای تلاشی را نمی‌دانستم و معنای پیرزال را و... بعد دولا می‌شوم که چمدانِ کلان را ببندم و برش دارم از روی میزِ فلزی خاک‌آلود که دوباره تشر می‌زند.

هنوز تلاشی نکردم... بکسِ کلان را بسته نکن!

بعد سرسری دستی می‌کشد داخلِ چمدان و با صدایی خشن که حالا به آن عادت کرده‌ام، می‌گوید:

این‌جی هیچ‌کس بی‌اجازه دست نمی‌زند به اثاثِ غریب... افغان حرمتِ غریب را دارد...

چنان با صدای بلند این جملات را می‌گوید که آدم خیال می‌کند مشغولِ متلک انداختن است به ما ایرانی‌ها. سعی می‌کنم به دل نگیرم و افتتاحیه‌ی داستان را خراب نکنم!

تا چند دقیقه‌ی بعد از ساخت‌مانِ گمرکِ مرزی خارج شده‌ایم و عملا واردِ خاکِ افغانستان شده‌ایم. کمی هول برم داشته است. در همین مدت البته سیم‌کارتی خریده‌ام از پسرکی دست‌فروش. سیمِ کارتِ «روشنِ» افغانی که او خود می‌گوید از سیم‌کارتِ «افغان بی‌سیم» به‌تر است. سیم‌کارتِ ایرانی هنوز آنتن می‌دهد. سعی می‌کنم به یکی از رفقا تلفن بزنم. هنوز به هیچ‌کس خبر نداده‌ایم. رفیق‌م، مهندس، که خود یک کودکِ هم‌سن و سالِ لی‌جی دارد،

مدام نصیحت می‌کند که:

خودتان به درک! آب معدنی برای بچه... پوشک و پمپرز... پودرِ تالک... کمی دوا و دارو...

از چیزهایی که مهندس توصیه کرده است، فقط پمپرز را به طورِ اتفاقی در جامه‌دانِ کلان داریم. الکی به او اطمینان می‌دهم که هیچ مشکلی نیست. صدا قطع و وصل می‌شود. فریاد می‌کشم: «مهندس! آنتن نمی‌دهد... آنتن نمی‌دهد...» همین‌جور که پیاده جلو می‌رویم، پسرکِ دست‌فروش جلو می‌آید و می‌گوید:

از این تیر به جلو، مبایلِ ایرانی رُخ نمی‌دهد، سیم‌کارتِ افغان‌ت را بیانداز به گوشی... اگر نه باید پس بروی.

«رخ نمی‌دهد» را به جای «آنتن نمی‌دهد» در گوشی ضبط می‌کنم. پارکینگی خاکی و دستِ کم چهل-پنجاه اتومبیل و دو-سه اتوبوس منتظرند تا ما سه نفر را سوار کنند! همه با لباس‌های افغانی جلو می‌پرند و به قیمت‌های مختلف می‌خواهند ما را سوار کنند. از ۱۲۰۰ افغانی برای یک سواری دربست تا نفری ۱۰۰ افغانی بلیتِ اتوبوس. هر افغانی ۲۰ تومان است و با سیاستِ اقتصادی شبیه به ما، سعی می‌کنند نوساناتِ نرخِ دلار را مهار کنند. برای همین نسبتِ پول‌شان با دلار، تقریبا مثلِ ما ثابت است. یعنی هر دلار ۵۰ افغانی است. از آن‌طرف پولِ ایرانی هم رایج است. بسیار رایج‌تر حتا از پولِ افغانی یا دلار. دلیل‌ش این‌بار مثلِ عراق و سوریه و عربستان، زوارِ پرشمارِ ایرانی نیستند. رواجِ

پولِ ایرانی، به خاطرِ کارگرانِ افغانی است که عمدتا غیرقانونی مرز را رد می‌کنند و از همین مسیر تردد می‌کنند.

دریغ از یک خانواده در میانِ این همه اتومبیل. فضا به شدت مردانه است. راننده‌های افغانی کم‌حرف جلو می‌آیند و اصرار می‌کنند که سوارِ اتومبیل‌شان شوم. یکی-دو تا اطمینان می‌دهند که برای مسافر صبر نمی‌کنند. بعضی دستم را می‌گیرند و می‌کشند به سمتِ سواری‌شان. یادم نیست در کدام مقاله خوانده‌ام که یکی از عددهای توسعه‌یافته‌گی جوامع، فاصله‌ی دو نفر آدم موقعِ مکالمه به سانتی‌متر است. هر چه فاصله بیش‌تر، توسعه‌یافته‌گی بالاتر. عدد، جوری که راننده دستم را می‌فشرد و جوری که سرباز چانه‌ام را گرفته بود، صفر که نه، زیرِ صفر است. یک‌هو دل‌م می‌گیرد، بدم نمی‌آید همین‌جا کالسکه‌ی لی‌جی را سر و ته کنم برگردم. ما داریم به کدام کشور وارد می‌شویم؟ ۱۲۰ کیلومتری داریم تا هرات.

به‌صَرفه آن است که دربست بگیریم. از آن‌طرف با تاجری افغانی آشنا شده‌ایم. توی گمرک در صف ایستاده بود که تا ما را دید، جای‌ش را به ما داد. نپذیرفتم. گفت: «به خاطرِ سیاه‌سر...» بعدتر هم در جابه‌جا کردنِ چمدانِ چرخ‌دار از روی گاری، کمک‌م کرد. به راه‌نمایی او دربست می‌گیریم. او اجازه می‌گیرد سهم‌ش را می‌دهد و جلو می‌نشیند. با هم‌سفری دیگر. جوان‌مرد مردمی هستند مردمِ این دیار...

مسیرِ مرز تا هرات را سرسبزتر می‌پنداشتم. اما بیابانی است و بی‌آب و علف. چند روستا بینِ راه هست. بسیار بی‌چیزتر از روستاهای معادلِ آن‌طرف مرز. مثلا روستاهای بینِ تایباد تا تربتِ جام. چیزی که عجیب و غریب است، یکی استفاده‌ی گاه و بی‌گاه از سلول‌های فتوولتاییکِ خورشیدی چینی است برای تولیدِ برق که دو چیز را نشان می‌دهد. هم قیمتِ واقعی برق را و هم هم‌مرز بودنِ افغانستان و چین را... دیگری هم دیش‌های ماه‌واره است... این هر دو نشان می‌دهد که نبودِ زیرساخت کمک کرده است به دوری از تمرکزگرایی بی‌هوده‌ی ما در شبکه‌ی برقِ سراسری و فرستنده‌های پرهزینه‌ی رادیویی و تله‌ویزیونی.

هیچ‌کسی در ایران حساب نمی‌کند این افتخارِ برق‌رسانی به روستاهای بیست خانواری چه‌قدر هزینه برمی‌دارد از سرمایه‌ی ملیِ ایرانی! برقِ سراسری که مثلا یک زیرساختِ جدی ایرانی است، با کلی تیر و کابل و افت، می‌رسد به روستایی که قطعا به دلیلِ مسیرِ صعب‌العبور، به بیست خانواری تبدیل شده است. حالا این بیست خانوار در دو ماه، چه‌قدر مصرف دارند. یارانه‌ای، دستِ بالا هزار تومان تا دو هزارتومان. غیریارانه‌ای می‌شود چیزی حدودِ بیست هزار تومان دستِ بالا و برای کلِ روستا می‌شود چهارصدهزار تومان و در سال می‌شود دستِ بالا دو میلیون و چهارصد هزار تومان. تقریبا می‌توان مطمئن بود که برگشتِ هزینه‌ی برق‌رسانی از شبکه سراسری، چیزی نزدیک به پنجاه سال زمان خواهد برد!!

همین را می‌شد به راحتی از طریقِ دو سه متر سلولِ فتوولتاییک روی هر پشـتِ بام، برای برقِ یخچال و تله‌ویزیون و لامپ، تامین کـرد... (بعدتر در بـازارِ هرات قیمت می‌گیرم، سـلولِ ۱۰۰ وات، ۶۰ سـانتی‌متر در ۱۵۰ سانتی‌متر، هندی، ۱۴۰۰۰ افغانی، چینی ۱۲۰۰۰ افغانـی، یا به عبارتی بیـنِ ۲۸۰۰۰۰ تومان تا ۲۴۰۰۰۰ تومان)

نامِ روسـتایی را هنوز به خاطر دارم. روسـتای «تقی‌نقی»... راننده توضیح می‌دهد:

این‌ها دو برادرِ دوگانه‌گی بوده‌اند که این روسـتا را دوصد سالِ پیش آباد می‌کنند...

دوگانه‌گی را به معنای دوقلو ضبط می‌کنم...

جاده آسفالتِ مرتبی دارد. راننده می‌گوید:

شـرکتِ ایرانی این جاده را قیر کرده اسـت... قبـلا این راه دو ساعته، نیم روز طول می‌کشـید... «صد فی صد» پنچری تایر هم داشتیم...

تاجر هم دیدنی‌های هرات را برای‌م برمی‌شمارد. ابنیه‌ای که پیش‌تر توصیف‌ش را هم از دوستِ شاعرم محمدکاظمِ کاظمی شنیده‌ام.

تاجر، راه را کوتاه می‌کند. به هوای ما، با لهجه‌ای ایرانی می‌گوید:

گه‌گاه امنیت نیست، اگر نه خوش می‌شد که تا مزارِ شریف هم می‌رفتیـد به زیارتِ حضرتِ علی کرم الله وجهه... البته بایسـتی با هواپیما بروید...

راننده تایید می‌کند.

ها... خاکِ مزار کَش دارد... یک بار که بروید، هر ساله می‌آیید برای زیارت...

«کش دارد» را ضبط می‌کنم...

به هرات نزدیک می‌شویم... نه... به «هری» وارد می‌شویم. نه از معاصرانِ اهلِ هرات و هراتیان که فی‌الواقع از «هِرویان» خوانده‌ایم که دروازه‌ی هراتِ تیموری را ستون‌های بزرگِ عیدگاه، مصلای نمازِ عید، نشان می‌دهد. پیش از ستون‌های بزرگ، موترفروشی‌های فراوان می‌بینیم. از بنگاه‌های خرید و فروشِ کامیون و تریلی بگیر تا نمایش‌گاه‌های روبازِ فروشِ اتومبیلِ سواری. به قدری پرمتاع که خیال می‌کنم به راحتی جواب‌گوی مصرفِ چند ساله‌ی استانِ هم‌جوارِ ایرانی‌ش باشد. هر نمایش‌گاه با دستِ کم صد اتومبیل، کنارِ نمایش‌گاهی دیگر به پا شده است. پرس و جو که می‌کنم معلوم می‌شود که قیمتِ اتومبیل، برابر است با قیمتِ جهانی. یعنی ورودِ اتومبیل و کامیون و تریلی بدونِ تعرفه انجام می‌شود. از آن‌طرف هیچ منعی هم برای ورودِ اتومبیل، چه به لحاظِ نوی و کهنه‌گی و چه به لحاظِ مارک و کشورِ سازنده وجود ندارد. برای همین یک تویوتای لنگ‌درازِ پرادو را که در ایران به شصت‌هزار دلار هم نمی‌دهند، در این‌جا می‌توانی به راحتی زیرِ پانزده هزار دلار بخری...

نزدیکِ شهر که می‌شویم، اولین پای‌گاهِ نیروهای ایساف -وابسته

به ناتـو- (International Security Assistance Force) را هم می‌بینیم. یعنی هیچ نشانه و تابلویی در کار نیست. پای‌گاه را از سـیم‌خاردارهای نونواری می‌شناسم که ساختِ شرکتی است در تگزاس. بن و ریشه‌ی این سیم‌خاردارها و سنگرهای لاستیکی را پیش‌تر در عراق پیدا کرده بودم که برمی‌گشـت به شـعبه‌ای از شـعبِ شرکتِ معظمِ «هالی‌برتون». تیزی این سیم‌خاردار و لبه‌ی برنده‌اش بدجوری توی چشـم فرو می‌رود. این‌جا هم مثلِ عراق، نیروهای خارجی، به ما نزدیک نمی‌شوند و نیروهای محلی ارتش اتومبیل را بازرسی می‌کنند. پرهیز از هر گونه تماس...

تاجـر را نگاه می‌کنم تا چیزی بپرسـم. غـم صورت‌ش را پر کرده است... اوایلِ راه نه با غم که حتا با شادی فقرِ مردمانِ کشورش را به منِ هم‌سایه نشان می‌داد و می‌گفت، برخی افغانی‌ها شاید فقیر باشـد، اما همه مهمان‌نوازند... مدام به من خوش‌آمد می‌گفت و از مهمان‌نوازی تجارِ هم‌ردیفِ ایرانی‌ش در مشهد تعریف می‌کرد. اما از کنارِ پای‌گاه که می‌گذریم، هیچ نمی‌گوید... راننده هم...

یخِ حرف را راننده می‌شکاند.

تلاشی نمی‌کردند سرِ این مانع... امروز این‌گونه می‌کنند. هرات، انفجار شده بود دیگر... سرِ راهِ امیرصاحب اسماعیل خان به میدانِ هوایی...

تاجر پرس و جو می‌کند، احوالِ اسماعیل خان را و از سلامتی‌ش مطمئن می‌شود. اسماعیل خان، والی سابقِ هرات است که این‌روزها

(۲۰۰۹ میــلادی، ۱۳۸۸ هجری شمســی) وزیــرِ کابینه‌ی کرزی اســت؛ متنفذترین فرد سیاسی در ولایتِ هرات که از جهادی‌های باسابقه است.

ورودی هرات، چشــمم به ســتون‌های نصفه و نیمه‌ی به جا مانده می‌خورد و دارم شــکاف‌های روی ســتون‌ها و کاشی‌های ریخته را برانداز می‌کنم که یک‌هو اتومبیل می‌زند روی ترمز... لی‌جی را با دست محکم می‌گیرم. وسطِ خیابان، دو تخته‌سنگ گذاشته‌اند که آینه‌های اتومبیل از بینِ آن‌ها مویی رد می‌شوند. تاجر آبروداری می‌کند.

این شهر روزگاری پای‌تخت بوده است و چشمه‌ی فرهنگ...

هنوز هم هست ان‌شاءالله...

نه... نه دیگر... این تخته‌ســنگ‌ها که دیــدی، به جای تابلوهای شماست... این یعنی ورودِ کامیون ممنوع...

راننده توضیح می‌دهد:

تابلو کــه بیخی نداریــم! قوماندان و عســکرها با کلاشــینکف می‌ایســتادند تا کامیون و تریلی داخلِ این ســرک نیاید... هر روز چندین و چند بــار صدای فیر می‌شــنیدی... هوایی می‌زدند جلوِ کامیون‌ها که نیایند به شهر...

ضبط را روشن می‌کنم و آرام تکرار می‌کنم... بیخی به جای بالکل، قوماندان به جای فرمانده، ســرک به جــای خیابان، فیر به جای صدای گلوله... کلاشینکفِ روسی اما در همه‌جای عالم کلاشینکف

است... مثلِ سیم‌خاردارهای امریکایی...

بیـنِ راننده و تاجر دعواسـت که ما را به کـدام هتل ببرند. تاجر می‌گوید، پنج سـتاره در شـمالِ شـهر، که راننده می‌گوید دستِ امریکایی‌هاسـت... مارکوپولو بسته اسـت. هتل آریانا و بهارستان خیلـی پاکیزه نیسـت... می‌ماند هتلِ تجـارت و هتلِ نظری... هر صرفِ میر خوانده‌ای می‌داند که تاجر به طورِ طبیعی، هتلِ تجارت را انتخاب می‌کند!

کنارِ هتلِ تجارت پیاده می‌شویم. با تاجر نمره‌ی تلفن‌هامان را رد و بدل می‌کنیم. قسم می‌دهد که هر امری داشتید زنگ بزنید...

ما از هم‌شهری‌های شما خوبی زیاد دیده‌ایم...

تشـکر می‌کنم و می گویم ما نیز از هم‌وطنانِ شـما نیکی فراوان دیده‌ایم. کالسکه‌ی لی‌جی و چمدان‌ها را پایین می‌گذاریم...

هتلِ تجارت هتلی سه ستاره است و طبقاتِ پایین‌ش در حقیقت اداری اسـت و اتاقِ تجارتِ شـهر. در طبقات یک سـالن هم دارد کـه بعضـی خانواده‌های متمولِ هرات، در آن عروسـی می‌گیرند. وارد می‌شـوم. کنارِ ورودی دو نفر با لباسِ افغانی و کلاشـینکف ایستاده‌اند. نمی‌دانم برای چه. به احترامِ خانواده راه را باز می‌کنند. آداب‌دان مردمـی هسـتند مردمِ این دیـار... از پذیرش که جوانی با لباس و شـلوارِ مرتب اسـت، قیمتِ اتاق را می‌پرسـم. دو نفره شـبی ۹۰ تا ۱۰۰ دلار. با صبحانه. انصافا نسـبت به ساخت‌مان و تجهیزاتی که در همین لابی به چشم می‌آید، گران نمی‌گوید. اما

به نسبتِ وضعِ شهر، تا آن‌جا که در همین ده دقیقه توانستیم ببینیم، رقمِ بالایی به نظر می‌رسد. یعنی قیمت، به داخلِ هتل می‌آید، اما به بیرونِ هتل نه...

نمی‌دانم چرا حسِ خارج بودن! می‌کنم یک‌هو!

الان که لو-سیزن است و های-سیزن نیست... همه‌جای دنیا ارزان‌تر حساب می‌کنند توی این فصول...

از این سر و صدای من، مدیرِ هتل، که دفترش پشتِ پیش‌خوانِ پذیرش است، بیرون می‌آید. نگاهی به ما می‌اندازد. کت و شلوار و کراوات دارد و شکمی بیرون‌زده. عاقل‌مردی است پنجاه ساله.

ایرانی هستید شما... به خیر... به خیر... خوش آمده‌اید به هرات... (به مسوولِ پذیرش اشاره می‌کند) شما اتاق بدهید به آقا، طفلِ خردشان اذیت نشود، چیزی هم ازشان نگیرید...

تعارف گرم‌ش را پاسخ می‌دهم و عاقبت او خود پیش‌نهاد می‌دهد:

چند روز می‌مانید؟ شبی ۶۰ دلار خوب است؟ به خیر... به خیر...

دویست دلار می‌گذارم روی پیش‌خوانِ پذیرش و جوان، فرمِ پذیرش را می‌دهد دست‌م و می‌گوید:

تمنا می‌کنم مشخصاتِ پاسپورت را وارد کنید...

گذرنامه‌ها را از همان پاکتِ کثیرالذکر! در می‌آورم. خودکاری هم از او می‌گیرم. مثلِ همه‌ی بارهایی که در گوشه گوشه‌ی این

عالم، خارج از ایران، گذرنامه برداشته‌ام تا فرمِ پذیرشِ هتلی را پر کنم، به خطِ لاتین می‌نویسم، رضا... آر...ئی...زی...اِی...

یک‌هو مدیرِ هتل، که بالا سرِ من و مسوولِ پذیرش ایستاده است و در همین مدت دستور داده است تا برای ما چای سبز بیاورند، خودکار را از دستِ من می‌گیرد.

انگلیسی چرا؟! شما به زبانِ خودمان بنویسید... زبانِ دری، خطِ فارسی...

خیلی دل‌نازک نیستم، اما اشک توی چشم‌هام جمع می‌شود. این‌جا تنها جای عالم، خارجِ ایران است که می‌توانی برگِ پذیرشِ هتل را به خط و زبانِ فارسی پر کنی...

به این می‌گویند یک افتتاحیه‌ی خوب!

* * *

رسیدی از پولِ پرداختی می‌گیرم که بالاش به فارسی نوشته است پنجمِ میزان... یا همان یک‌شنبه پنجمِ مهر ۸۸. هتلِ مرتبی است. اینترنتِ بی‌سیم‌ش هم به راه است. تا لی‌جی بخوابد، ور رفتنِ به شبکه‌های تله‌ویزیونی و جست‌وجو در اینترنت، یادم می‌اندازد مقاله‌ای از گادامر را که در آن گفته بود، مسافرِ دنیای مدرن وقتی به هتل می‌رسد، قابِ مانیتورِ تله‌ویزیون را مهم‌تر می‌داند از قابِ پنجره. معلوم می‌شود این جمله حتا در افغانستان هم کاربرد دارد. فقط برای جدلِ با گادامر تصمیم می‌گیریم که این دو-سه روزه را که حسبِ برنامه‌ریزی منظم‌مان قرار است در هرات باشیم، فقط

بگردیم و بی‌خیالِ امکاناتِ خوبِ هتل شویم!
همان اولِ کاری زنگ می‌زنم به رفیقِ ادیبِ افغانی که به نفسِ او راه افتادیم. شماره‌ی تلفنِ افغانِ مرا ندارد قطعا! به خنده می‌گویم:
بنده رضا امیرخانی هستم از هرات!
صدای‌ش می‌لرزد انگار. اما سعی می‌کند خیلی گرم برخورد کند.
رسیدن به خیر... من هیچ خیال نمی‌کردم، شما این‌قدر جسور باشید که به هرات بیایید... خاصه امروز که خبر رسیده است به امیرصاحب حمله‌ی انتحاری کرده‌اند...
خیلی راحت جواب می‌دهم:
دخترانِ مکش‌مرگ‌مای اروپایی به افغانستان سفر می‌کنند؛ سفرِ یک هم‌زبانِ هم‌تبار به وطنِ فرهنگی‌ش که جسارت نمی‌طلبد! سفرِ رستم می‌سازید از این هرات آمدنِ ما...
چیزی نمی‌گوید رفیقِ ادیب. بعدتر می‌گوید:
حالا اجازه بدهید تا چند دقیقه‌ی دیگر خانه‌ی یکی از خویشان برای شما تیار (آماده) کنم...
برای‌شان توضیح می‌دهم که در هتلِ تجارت هستیم و ایشان هم کوتاه می‌آید. صدای‌ش اما می‌لرزید...
چند دقیقه‌ی بعد مجدد تماس می‌گیرد و می‌گوید:
بنده شماره‌ی شما را به چند تن از دوستانم در هرات -اهلِ فضل و ادب- داده‌ام که ایشان پس از این با شما تماس خواهند

گرفت...

ایـــن تماس همان و قرارهای بعدی مـــن همان! خیال می‌کنم در تهران هم هیچ‌گاه این‌قدر سرم شلوغ نبود. بعد از یکی-دو ساعت از تعدادِ تماس‌ها می‌فهمم که بایستی وقت بدهم به دوستانِ اهلِ فضــل و ادب! صبح‌هــا را می‌گذاریم برای گشـــت و گذار و بعد از ظهرهـــا را برای جلســـات. عده‌ای هم به لابـــی طبقه‌ی ما در هتل می‌آیند که همین باعث می‌شود کلی مدیرِ هتل از من عذرخواهی کند که چرا وی.آی.پی. تحویل نگرفته است این مهمانِ مهمِ ادبی هرات را! (های‌سیزنِ مرا نیز جواب می‌دهد!!)

متواترات هرات

منار‌ه‌های خون‌آلود...

مهرِ ۸۸ نه... مهری از قرن‌ها پیش...

■

چشـــم‌هایی ســـرخ و مرطوب دارد. بر کناره‌ی کوه، بلندای تختِ صَفر ایستاده است و به هرات می‌نگرد. با چشمانی سرخ و مرطوب. چشمِ جنگ‌آور بیابان‌گرد، مانندهٔ‌ی چشمِ شتر، دو پلک ندارد که یکی مراقبی باشـــد مر طوفان و آفتاب را. پس ســـرخ می‌شـــود و مرطوب. تا بتواند از شـــرقِ عالم به راه بیافتد و تا غربِ عالم برود. ماوراءالنهر را پای‌تختِ حکومت کند و خراسانِ شرقی و طبرستانِ شـــمالی را فتح کند و در فارس و اصفهان خون بریزد و با عثمانی بجنگد و دمشـــق را زیرِ ســـمِ اسبان‌ش ببیند و بغداد را سرجهازی فتوحات‌ش کند و مسکوی امروزی را ییلاقِ تابستانه... خون بریزد

و خون بریزد و... چشم‌هایی سرخ و مرطوب دارد. بر کناره‌ی کوه، تخت‌گاهی ساخته‌اند که به آن تختِ صَفر می‌گویند. بر بلندای تختِ صَفر ایستاده است و به هرات می‌نگرد. قرنِ هشتمِ قمری می‌رود که غروب کند. صاحبِ چشمانِ سرخ و مرطوب، هنوز این همه راه را نرفته است. تازه فرزندش میران‌شاه را برای تسخیرِ هرات روانه کرده بود، اما دل‌نگرانی پدرانه‌ای او را وا داشت تا خود بیاید و شاهدِ فتحِ نمایانِ هرات باشد. مورخ نوشته است که در این فتح به سالِ ۷۸۲ ه.ق. از کله‌ی هرویان مناره‌ها ساختند در هری.. امیر تیمورِ گورکانی را می‌گویم؛ همان که این کتاب به اسم‌ش آغاز شد. همان که وقتی ته‌مانده‌ی خون‌ریزی بی‌مانندش در جهشی طبیعی به شجاعت بدل می‌شود و در پنج نسل آب می‌رود و آب می‌رود و به اندازه‌ی کوچکی ژنومی به ظهیر الدین محمد بابری از زمره‌ی گورکانیانِ هند می‌رسد، بریتانیای کبیر را چندان به خضوع وا می‌دارد که خود، طوقِ شکست را به گردن می‌آویزد! عجائب المقدور فی تاریخ تیمور که نمی‌نویسم. همان موری در حکایت مور و تیمور که نوشتم، ما را بس... از مناره‌های خون‌آلود می‌نویسم...

* * *

چشم‌هایی سرخ و مرطوب دارد. بر کناره‌ی کوه، بلندای تختِ صفر ایستاده است و به هرات می‌نگرد. با چشمانی سرخ و مرطوب. اشک، پرده‌درِ رازهای زنانه است. چشمِ زن، زودتر به اشک می‌رسد.

پس زودتر مرطوب می‌شـــود و زودتر ســـرخ. شاید تاریخِ فرداروز را می‌خواند که در آن آمده اســـت از ســـرِ هرویان منار ساختند... زن اما، به ستون‌هایی می‌نگرد که از میانِ سبزی ناژوها بیرون زده‌اند. هرات را شـــهرِ ناژوها خوانده‌اند، چنان‌که تهران را قرن‌ها بعد شهرِ چنارها. (زمانِ زن، ضبطی نیست که ضبط کنند ناژو را به معنای کاج) زن با چشـــمانی سرخ و مرطوب، به مناره‌های مصلا می‌نگرد کـــه از میـــانِ ناژوها، خرد خرد ســـربرآورده‌اند. ده منارِ مصلا و دو منارِ مســـجدِ جامع و دو منار از مدرســـه‌ای که بعدها به اسمِ خودِ زن می‌نامنـــدش. و البتـــه زن می‌نگرد به چهار منارِ دیگر که هنوز نیستند و چندده سالِ بعد نواده‌ی شوهرش، بایستی بیاید و بسازد آن چهار منارِ مســـجدِ میرزا را. زن، می‌نگرد به دوازده منارِ اصلی هرات که هستند، زن می‌نگرد به چهار مناری که نیستند و ساخته می‌شـــوند. زن می‌نگرد به نه منار از ده منار که باروتِ کج‌فهمی، چهـــار قرنِ بعد باید بـــه حیله‌ی بریتانیایی‌ها به ســـالِ ۱۳۰۰ ق. تخریب‌شـــان کند. زن می‌نگرد با چشـــمانی ســـرخ و مرطوب. زن می‌نگـــرد به اســـتاد عمادالدین معمار که بر روی داربســـت، معلق ایســـتاده است و کاشـــی به کاشـــی، مناره را بالا می‌برد. زن، نه... شـــیرزن، می‌نگرد به اســـتاد عمادالدین معمار که قرار است عِدلِ همین مسجد جامعی که الان در هِرات بنا می‌کند، بعدها مسجدی بسازد کنارِ مضجعِ شریفِ سلطانِ طوس.

شوهر، چشمانِ سرخ و مرطوبِ زن را که می‌بیند، درباریان را رها

می‌کند و به کنارِ هم‌سر می‌آید. مرد هنوز ته‌لهجه‌ای ترکی دارد، و دستی مردانه و بیابانی. پنجه‌ی بزرگ‌ش را سای‌بانِ چشمِ سرخ و مرطوبِ زن می‌کند.

نگاه کن! به محلِ غروبِ آفتاب نگاه کن... آن کاروانِ شتر را ببین. بارِ آن شتران که می‌بینی، همه‌گی به فرمان تو فراهم آمده است... اصل‌ترین پیروزه‌ی نشابور و سرخ‌ترین زرِ زرگرانِ بغداد برای رنگِ آبی و جگری که خواسته بودی...

گوهرشاد خاتون را می‌گویم. حالا البته دوصد سال است که ما نیز مشغولِ توسعه‌ی حرمِ رضوی (ع) به سبکِ خادم حرمین شریفین هستیم، و سنگ از ایتالیا می‌آوریم و رنگ از فرانسه، اما من یکی کم‌تر به خاطر دارم، که برای عَتَبه‌بوسی حرمِ مطهر، از صحنی غیر از صحنِ گوهرشاد وارد شده باشم. که هم رنگِ آبی کاشی‌هاش را می‌شناسم و هم رنگِ سرخِ بندهاش را. فاتحه از دور بسیار خوانده‌ام برای این زن. هرات فرصتی است تا کنارِ مناره‌های خون‌آلود، کلاهِ درویشی سبزی ببینی که تحتِ آن قبه، گوهرشاد خاتون و شوهرش شاه‌رخ میرزا و پسران‌شان آرمیده‌اند. فرصتی است تا فاتحه‌ای بخوانی از نزدیک و بدانی روضه‌ی خلد برین خلوتِ درویشان است...

* * *

چشم‌هایی سرخ و مرطوب دارد. بر کناره‌ی کوه، بلندای تختِ صفر ایستاده است و به هرات می‌نگرد. با چشمانی سرخ و مرطوب. به

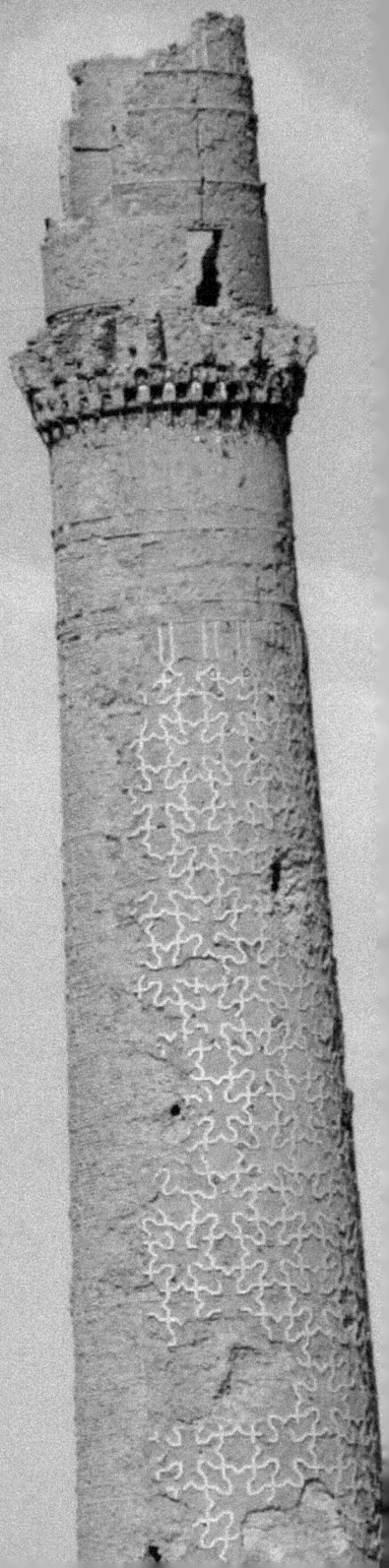

ده منـــاره‌ی باقی‌مانـــده می‌نگرد. شیشـــه‌ی ودکای تلخِ هفتاد فی صد را تکان می‌دهد و ســـربازش که او ســـالدات می‌خواندش نیک می‌فهمد که باید شیشه را با یکی جدیدتر جای‌گزین کند. سالدات به‌دو می‌رود ســـراغِ یخ‌دان و شیشه‌ی دیگری برمی‌دارد. به عادتِ کهنه‌سربازی می‌داند که نباید گیلاس در سینی بگذارد. به‌دو جلو می‌آید. جنرال، شیشـــه‌ی تازه را نگرفته، شیشـــه‌ی کهنه را پرتاب می‌کند به ســـمتِ لوله‌ی توپ. شیشـــه جرینگ می‌شکند. سالدات نیک می‌داند که یعنی باید برود و توپ را پر کند. به زحمت، با دو دست از میانِ جعبه‌ی چوبی، گلوله‌ای بیرون می‌کشد و داخلِ توپ می‌گذارد. هنوز گلوله جا نیافتاده اســـت که شیشـــه‌ی دوم پرتاب می‌شـــود روی خاک و این‌بار نمی‌شـــکند. سالدات نیک یاد گرفته اســـت که پرتابِ این شیشه‌ی دوم، یعنی به‌دو باید برود و بی‌سیمِ ســـنگین و بدقواره را برساند به دســـتِ جنرال. سالدات به صورتِ جنـــرال نگاه نمی‌کند. به خاطرِ چشـــمانِ جنـــرال که از هفتاد فی صد الکلِ خون، ســـرخ و مرطوب شـــده است. جنرال دوباره نگاهی می‌کند بـــه مناره‌ها. مناره‌هایی یادگارِ مصلای اول، از ملکانِ غور، هشت‌صد سالِ پیش، مناره‌هایی یادگارِ مصلای دوم، از امیرتیمورِ گورکانی، پنج‌صد ســـالِ پیش، مناره‌هایی یادگارِ مصلای سوم، از ســـلطان حســـینِ بایقرا، چهارصد ســـالِ پیش... گوشی بی‌سیم را نزدیک می‌کند به دهن‌ش.

تاواریش! رفیق! مالِ تو نخورد به مناره... این را شـــرط می‌بندیم

سرِ آن دخترکِ چشم‌آبی تاجیک... می‌گیرم‌ش ازت... قبول...

قبول، رفیقِ هم‌حزب...

داو بسته می‌شود. سالدات لوله‌ی توپ را به گرای جنرال می‌بندد و گلوله شلیک می‌شود. دخترکِ چشم‌آبی تاجیک دست به دست می‌شـــود و به نگرانی چشم می‌دوزد به چشم‌های سرخ و مرطوبِ جنرالِ مست.

راستی از ده مناره، امروز فقط نه مناره به جا مانده است.

جنرال را می‌گویم. اسم ندارد که... جنرالِ روسی، مثلِ کِلاشینکفِ روسی است. در همه‌ی زبان‌ها، همه‌ی سالدات‌ها همین‌جور صداش می‌زنند. زمان اما برمی‌گردد به دوره‌ی پس از کودتای ثورِ سیزده-پنجاه و هفت (ه.ش.). سالدات‌های روسی در جَدْی سیزده-پنجاه و هشت به افغانستان تجاوز نظامی کردند. و این واقعه، زدنِ مناره‌ها با گلوله‌ی توپ، باید برگردد به ســـالی بینِ سیزده-شصت و سه تا سیزده-شصت و هفت.

❊ ❊ ❊

ســـالداتِ اتحادِ جماهیرِ شوروی را نوشتم، تا کدامین روز، کدامین کس، تفنگ‌دارِ ایالاتِ متحده‌ی امریکا را بنویسد...

❊ ❊ ❊

چشم‌هاش نه سرخ‌اند، نه مرطوب. ما اما چشم‌هایی سرخ و مرطوب داریـــم. بر کناره‌ی کوه، بلندای تختِ صفر ایســـتاده‌ایم و به هرات می‌نگریم. با چشـــمانی ســـرخ و مرطوب. حالا فقط می‌شـــود به نه

مناره‌ی باقی‌مانده نگریست.

او ســرش به کارِ خودش گرم اســت. چشــم‌هاش نه ســرخ‌اند، نه مرطوب. تازه با طفلِ نوپای افغانی تختِ کناری ســر و ســری هم پیدا کرده اســت. ســعی می‌کند با او بازی کند. گفته‌اند کناره‌ی کوه، بالای تختِ صفر، رســتورانی اســت به نام هزار و یک‌شب که قرار می‌گذاریم و شــب را به آن‌جا می‌رویم. از میانه‌ی مناره‌ها رد می‌شویم تا به کناره‌ی کوه برسیم.

میانه‌ی مناره‌ها ســرک کشیده‌اند و خیابان ســاخته‌اند. اگر چه ایام‌الدین اجمل که من چندین بار به اشتباه او را جلال‌الدین اعلم صــدا زدم، با گروهی کاربلد و مشــاوره‌ی تیمی ایرانی از معمارانِ دانش‌گاهِ شــهید بهشتی، حسابی سـرگرم مرمتِ ابنیه است، اما بلایی که در حریمِ مناره‌ها این بار نه از آسمان که از زمین، نازل شــده است، مصیبتی نیست که با یک مجلس فاتحه و دو مجلس

ختم کارش به هم رسد! بعد از رفتنِ روس‌ها و شروعِ خانه‌جنگی (ضبط می‌کنم به جای جنگِ داخلی)، چه قبل، و چه بعد از طالب‌ها، بلایی که اهلِ شهر بر سرِ ابنیه‌ی تاریخی آوردند کم از جنایاتِ روس‌ها و عوارضِ جنگ نبود. چه برای کشیدنِ سرک و خانه‌سازی، چه برای انکشاف گنج و زیرخاکی. تا بفهمیم که فقدانِ قانون و امنیت چه به روزِ شهر می‌آورد. ایام‌الدین اجمل، آمرِ حفظِ آبداتِ تاریخی هرات است و در چیزی شبیه به میراثِ فرهنگی وزارتِ اطلاعات و فرهنگِ جمهوری اسلامی افغانستان، صاحب‌منصب. پیش از آمدنِ به رستوران، غروب را با او گذراندیم. از بالا به شهر نگاه می‌کنیم. باغِ والی را که مسکنِ اسماعیل خان است هنوز، حتا حالا که والی نیست. و البته با خاطره‌ای ناخوش‌آیند که همانا قتلِ فرزندش باشد در ورودی شرقی باغ. مسجدِ جامع را می‌نگریم با همان کاشی‌های فیروزه‌ای و نه مناره‌ی خون‌آلود را... حالا از بالا که نگاه می‌کنیم، چشم‌هامان که جلوِ ایام‌الدین آب‌روداری می‌کردند، سرخ می‌شوند و مرطوب. اگر این ابنیه آن‌چنان که بودند، می‌ماندند، هرات امروز، عِدلِ اصفهان بود. هِراتِ تیموری، معادلِ هم‌سانی می‌شد برای اصفهانِ صفوی. حیف. لی‌جی اما سرش به کارِ خودش گرم است. چشم‌هاش نه سرخ‌اند و نه مرطوب. کبابِ پشته را -که همان شیشلیک و دنده‌ی خودمان باشد- به نیش کشیده است و با طفلِ افغانی تختِ کناری به زبانِ بی‌زبانی حرف می‌زند. غذا بسیار ارزان است. در به‌ترین رستورانِ

هــرات، به پرســی ۴۰۰ افغانی یعنی ۸۰۰۰ تومــان می‌توان غذا خورد. (ایران البته یکی از گران‌ترین کشورهاست برای صرفِ غذا و خریـدِ مــوادِ اولیه‌ی خوراکی. حتا در لندن هم قیمتِ گوشــت پایین‌تر است از ایران. در افغانستان، در قصابی‌های شهری گوشت سه تا چهار هزار تومان بود کیلویی و می‌گفتند در روستاها تا دو هزار تومان یعنی ۱۰۰ افغانی هم پایین می‌آید. برویم سراغِ وارداتِ بره‌ی بادغیس!)

بیش‌تر حواس‌مان به تختِ کنارِ دســتی‌مان است و طفلِ هم‌بازی لی‌جی. از تختِ پشــتی اما ســر و صدایی می‌آید. زن و مردی به لهجــه‌ی جنوبی امریکا گپ می‌زنند. ناخودآگاه ســرک می‌کشــم که ببینم‌شــان. اشــتباه کرده‌ام انگار. یک مردِ افغان، روبه‌روی من نشسته است و زنی چادری با چادرِ مشکی، و مردی پشت به من. امــا همین‌ها انگلیســی حرف می‌زنند! بعدتــر می‌فهمم زن و مرد امریکایــی هســتند. زنــانِ امریکایی، ســعی می‌کننــد در مجامعِ عمومی، با پوشــشِ متعارفِ شــهر ظاهر شــوند. زنِ هراتی عادی، برقع می‌پوشــد. چادری آبی رنگ با روبنده. زنِ هراتی غیرِ سنتی، چادرِ رنگی می‌پوشد. چیزی شبیه به چادرِ نمازِ ما ایرانی‌ها. تقریبا هیچ نوع پوشــشِ زنانه‌ی دیگری در هرات وجود ندارد. (در کابل البتــه خانم‌هــا با مانتو و روســری هم به خیابــان می‌آیند.) چادرِ مشــکی، مالِ زنی اســت که بخواهد روشــن‌فکرانه ابراز کند که از ایران برگشــته است. زنِ امریکایی، در رستورانِ هزار و یک‌شب با

چادرِ مشکی می‌نشیند و کش هم می‌بندد به چادرش تا حالا که در کودکی روگیری نیاموخته اســت، خیلی گرفتار دست به چادر گرفتن نباشــد. چادر مشکی ســر می‌کند تا آن که قرار است بعد از داســتانِ سالداتِ روسی، داستانِ تفنگ‌دارِ امریکایی را بنویسد، بداند که کاری بســیار صعب دارد! بعدتر کنارِ رســتوران می‌بینیم که دو محافظِ امریکایی دیگر، از ترسِ عملیاتِ انتحاری بایســتی در اتومبیل باقی بمانند تا بدانیم پرخرج است تفریحی به ساده‌گی یک غذا خوردنِ معمولی در رستوران برای امریکایی‌ها.

لی‌جی اما کاری به کارِ ما و مناره‌های خون‌آلود ندارد... چشم‌هاش نه سرخ‌اند و نه مرطوب.

لی‌جــی را می‌گویــم. لی جی همان علی جی ماســت. کودکِ یک سال و نیمه‌ی ما. جی پس‌وندِ تحبیب هست، اما ربطی به پس‌وندِ تحبیــب و تعظیــمِ هندیان نــدارد که گانــدی را نیز گاندی‌جی می‌نامیدند و در همین هرات هم به‌ترین حکیمِ علفی را حکیم‌جی می‌نامیدند که به نســخِ هندی دست‌رسی داشت. جی برمی‌گردد به لقبِ پدربزرگِ من که نوه‌گان به او می‌گفته‌اند باباجی! دلیل‌ش هم به ساده‌گی برمی‌گشته است به درست نگشتنِ زبان، در دهانِ کودکانه‌ی نوه‌ی اول، که باباجون را باباجی گفته بوده اســت! حالا ما هم همان جی را احیا کرده‌ایم و داده‌ایم به فرزندمان، علی که بشود علی جی یا همان لی‌جی...

متواترات هرات

|درمحاصره‌ی حصار|

▪▪ قلعه‌ی اختیارالدین

این روزهای اولِ میزان(مهرماه)، هرویان می‌گویند هوا پکه پوستین است! ضبط می‌کنم و بعدتر می‌فهمم که باید بنویسم پنکه-پوستین! یعنی ظهرها پنکه می‌خواهد و شب‌ها پوستین! بعد از ظهری که هوا نه پنکه بخواهد، نه پوستین، به دعوت آمرصاحب، ایام‌الدین اجمل می‌رویم برای دیدنِ قلعه‌ی اختیارالدین یا همان ارگِ قدیمِ هرات. روایاتِ افسانوی فراوان دارند که بعد از طوفانِ نوح، قلعه اول بنایی بود که در خراسان ساختند. (این در روضات الجنات نیز آمده است.) اما دیوارهای قلعه به هر حال از چنگیز دیده‌اند تا تیمور تا نادر تا آغامحمد خانِ قاجار که این یکی قرار

بود برســد و به حمله‌ی روس مجبور شــد برگردد به شمالِ غربِ ایرانِ بزرگ و مقدر آن بود که نه در کنارِ برجِ قلعه‌ی هرات، که در قلعه‌ای دیگر، قلعه‌ی شوشی، اجل‌ش برسد. دیوارهای قلعه، البته شاه‌زاده عباس‌میرزا را نیز دیده‌اند و البته‌تر محمدشاهِ قاجار را...

ما اما با اختلاف فازی دویســت ســاله، دیوارها را مدام می‌نگریم و رد می‌کنیم باروها را، تا بعد از ظهری درِ قلعه را پیدا کنیم و وارد شویم! آقای اجمل -که ذکرش رفت- سپرده است تا اگر گرفتاری پیش آمد، او را خبر کنیم.

عاقبــت دروازه را پیــدا می‌کنیم. نرده‌ای فلزی هســت در ورودی قلعه که نیم باز اســت. کالسکه‌ی لی جی از آن رد نمی‌شود. برای همیــن کالســکه را کنارِ نرده می‌گذاریم و داخل می‌شــویم. کنارِ دروازه دکه‌ای هســت که روی آن نوشــته‌اند: «تِکت فروشی». که همان تیکتِ انگلیســی باشد! در می‌زنم. کسی نیست انگار. ما هم دوربین به دست، خیلی راحت و آسوده و بی‌معطلی، واردِ قلعه‌ای می‌شویم که چه بسیار پادشاهانِ جهان‌گشا را پشتِ در نگاه داشته بود. هم‌ســفرِ اول، مشــغولِ عکاسی است که یک‌هو یک قوماندانِ ســبیل از بناگوش در رفته، کلاش‌ش را از دوش‌فنگ، پیش‌فنگ می‌کند و فریاد می‌کشد:

هی! مرتک! کجا می‌شوی؟!

سلام! برای دیدنِ قلعه آمده‌ایم...

از کجا داخل شده‌ای؟ مگر در را بسته نکرده بودند؟

نه... باز بود...

دستی به سبیل‌هاش می‌کشد.

ایرانی هستید؟

بله... هم‌دین و هم‌زبانِ شما...

خوب اســت، خوب است... باید بروید بیرون... هم‌الان باید بروید بیرون... (ادای مرا در می‌آورد) هم‌دین و هم‌زبانِ شما!

می‌خواهم آرام‌ش کنم.

تکت می‌خریم قوماندان. ظهرها هوا گرم می‌شــود... طفلِ خرد داریم، الان آمده‌ایم...

ظهــر هم می‌آمدید، همین بود... تکت هــم می‌خریدید، همین بود... من نیت کرده‌ام دیگر ایرانی راه ندهم!

خنده‌ام می‌گیرد. پرس و واپرس می‌کنم که مشکل از کجاست. برای‌م دردِ دل می‌گوید:

دختری دارم که با دامادم در اوکراین هســتند. ســالی یک‌بار او می‌آید برای دیدنِ ما و ما هم دو ســالی یک‌بار، ســه سالی یک‌بار، (به جیب‌ش اشــاره می‌کند) می‌رویم به دیدنِ او. برای رفت و آمد هیچ گَپی هم نیســت. نه ما برای رفتن، نه او برای آمدن. اما دختر کلان‌ترم به ایران است. ده سال ندیدیم‌ش. یک بار هم من خواستم قاچاقــی بروم دیدن‌ش کــه دمِ مرز گرفتندم و بســیار برای کارم (اشــاره می‌کند به لباسِ زیتونی‌ش) بد شد. عاقبت بعدِ ده سال او آمد به هرات و به دیدنِ ما. اما وقتِ رفتن، کنســولِ شما به‌ش ویزا

نداد... مجبور شـــدم با خفت، با همین لباس بدهمش به قاچاق‌چی
تـا ردش کنند. بعد همان موقع می‌گفتند به واسطه‌های دمِ درِ
کنسول‌گری ایران، هزار تا، دو هزار تا اگر بدهی، مشکل نیست...
نرمه‌ی بینِ شست و انگشتِ سبابه را گاز می‌گیرم.
استغفرالله... بعید است... آخر هزار افغانی چیست که یک دیپلمات
بخواهد رشوه بگیرد....
نه... هزار دلار...
خلاصه نشـــان به آن نشـــان تا چند دقیقه‌ی بعد من و قوماندان
نشـــسته بودیـــم بـــه گل گفتن و گل شـــنیدن و نوشـــیدنِ گِلاس
گِلاس، چای ســـبز و هم‌سفرِ اول و لی‌جی، مشغولِ عکاسی بودند
در همه‌جای ارگ. حتا با راهنمایی قوماندان در مناطقِ ممنوعه!

* * *

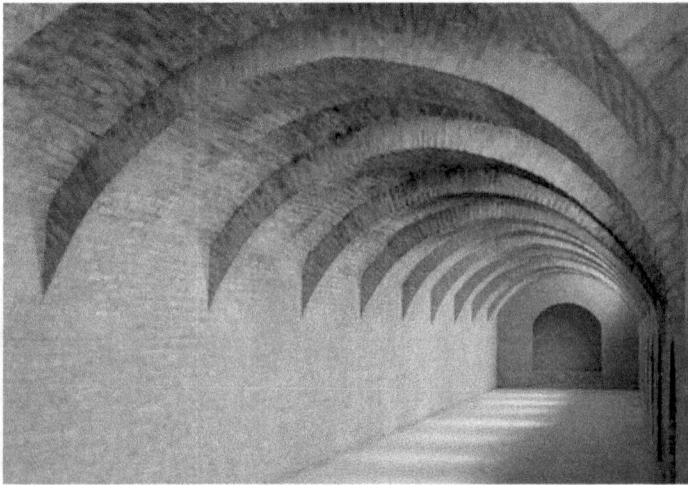

من و قوماندان چای سبز می‌نوشیم و گپ می‌زنیم. او می‌گوید شما هم قوماندان می‌گویید به پلیس... می‌گویم نه... می‌گوید پشتو است قوماندان... خیال می‌کنم با کوماندوی فرانسوی نسبت داشته باشد که بعدتر -حین نگارشِ همین خطوط، ماه‌ها بعد- می‌فهمم اصالتا کُماندان به روســی و فرانســوی یعنی همان فرمان‌ده... اما آن‌جا یک‌هــو ارتجالا به کله‌ام می‌زند که نکند قوماندان همان کمان‌دان باشــد، که در متونِ کهن، جا به جا عوضِ ترکشِ کمان‌دار به کار رفته اســت... صحبت‌مان با کمان‌دان گل انداخته اســت. در دل، خیال می‌کنم که ایرانیانِ پشتِ دروازه‌ی قلعه هم که پس از گذر از دروازه‌ی غوریان، به همین‌جا رسیده بودند، اگر داخل می‌شدند، هم‌چه روزگاری داشتند. یعنی اگر موش دواندنِ انگلیسی‌ها نبود، هیچ بعید نبود که کامران میرزا، والی هرات و عباس میرزای قاجار، یا حتا بعدتر محمد شاه، در هم‌چه جایی نشسته بودند و چای سبز می‌نوشــیدند. این دو اگر نه، ســپاهیان و مردمان قطعا به هم‌چه کاری مشغول بودند! اگر بی‌گانه می‌گذاشت...

یادِ ترانه‌ای می‌افتم سروده‌ی داکتر سمیع احمد که به گمان‌م اول بــار فرهاد دریا خوانده بود. «دو ره‌بر خفته در روی دو بســتر، دو عســگر خســته در بینِ دو سنگر... دو ره‌بر پشتِ میزِ صلح خندان، دو بیرق بر سرِ گورِ دو عسگر...»

کم‌تر جایی اســت در عالم که این‌جور تاریخ‌ش به جغرافیا نزدیک شــود. شــاید فقط بتوان میدانِ نقــشِ جهانِ اصفهان و مســجدِ

ایاصوفیای استانبول را مثال آورد. برای فرهنگ‌های دیگر شاید رم و آتن نیز چنین شکوهی داشته باشند. هرات برای من، جایی است که جغرافی‌ش با تاریخ پی‌وند می‌خورد. نمی‌دانم می‌شود مثلِ واژه‌ی ژئوپلیتک واژه‌ای جعل کرد برای این هم‌پوشانی یا نه. هر دیوارِ هرات، هر برجِ قلعه، هر مناره‌ی مسجد، راوی بخشی از تاریخِ مشترکِ ماست.

آخرین محاصره‌ی هرات، برمی‌گردد به سالِ ۱۸۳۸ میلادی. یعنی نزدیک به صد و هفتاد سالِ پیش. کلِ ماجرای این جنگ و محاصره و برادرکشی نیز بی‌تردید برمی‌گشت به اختلافِ میانِ انگلیس و روسیه و مسائلِ مربوط به هند. از دوره‌ی احمدخانِ ابدالی از فرمان‌دهانِ سپاهِ نادری که سعی نمود ولایتِ افغانستان را تا نواحی هند گسترش دهد، هیچ والی در این منطقه نبود که ولایت‌ش را مستقل از ایرانِ بزرگ فرض کند. والی یاغی هرات نیز، فاصله‌ای نداشت با الحاق و پذیرشِ خراج‌گزاری سالانه، که قشونِ انگلیس، بخشی از جنوبِ ایران را تصرف کردند تا ایران را وادارِ به عقب‌نشینی کنند.

یعنی بینِ ما و قوماندان فاصله‌ای است کم از صد و هفتاد سال. فاصله‌ای که نه پدرانِ من ساخته‌اند آن را و نه پدرانِ قوماندانِ افغانی. فاصله‌ای که فقط برمی‌گردد به حیله‌ی بیگانه‌گان.

حالا که وارثانِ همان جاعلانِ مرزهای سیاسی، به حذفِ مرزها روی آورده‌اند و مرزهای قدیمی خود را در اتحادیه‌ی اروپا در

هم می‌شکنند، و این سوی عالم نیز از همان اتحادیه‌ی اروپا به اتحادیه‌ی عرب رسیده‌ایم، تشکیک در مرزهای زیرِ دویست سال، آن هم در فرهنگ و میانِ اهلِ فرهنگ، نبایستی چندان موضوعِ جگرخراشی باشد.

بگذریم که حالا که راه‌های یکی-دو هزار دلاری هم برای حذفِ مرزهای اعتباری دستِ کم با اعتبارهای چندماهه پیدا می‌شود به روایتِ قوماندان...

اصلِ گرفتاری، فرهنگِ بی‌گانه‌ستیزی وارداتی ماست که به جای غریب‌نوازی سنتی ما نشسته است. بی‌گانه‌ستیزی اگر باید، برمی‌گردد به بی‌گانه‌ای که قصدِ چپاولِ سرزمین‌مان را داشته باشد، نه به هم‌سایه‌ی هم‌خونی که تازه دیوارِ بینِ خانه‌ی ما و او را همان بی‌گانه کشیده است. وقتی ما ایرانیان، در کتبِ درسی مدارسِ متوسطه‌ی خود، حمله‌ی محمودِ افغان به اصفهان و پادشاهی رو به اضمحلال صفوی را یورشِ افغان می‌نامیم، نبایستی از هم‌سایه‌گان‌مان انتظاری بیش‌تر داشته باشیم. حمله‌ی محمودِ افغان، به هیچ رو، یورش نبوده است، شورش بوده است. شورشی درونِ یک حکومتِ بزرگ. ما حتا تاریخِ هزاران ساله‌ی ایرانِ بزرگ را با مرزهای سیاسی زیرِ دویست ساله می‌نویسیم و بعد انتظار داریم فرهنگِ غریب‌نوازی داشته باشیم؟!

هنوز هم سخنِ نسنجیده‌ی آن وزیرِ کارِ خودمان که روحِ بی‌گانه‌ستیزی را درنیافته است، مرا می‌رنجاند. وقتی که در

گزارشِ مردمی‌ش می‌فرمود که حضور کارگر افغانی باعث بی‌کاری جوان ایرانی شـــده اســـت. انگار نمی‌فهمید که جوان ایرانی، بالای لیسانس و فوق‌لیسانس بی‌کار است. در حالی‌که کارگر افغانی دارد پایین‌ترین کار را در ایران انجام می‌دهد. بی‌کار کردن کارگر افغانی نمی‌تواند برای جوان لیسانســـه و بـــی‌کار ایرانی تولید کار کند. از آن سو ایران بازارهای کارِ ناگشوده، فراوان دارد که وظیفه‌ی وزیر، گشـــایشِ آن‌هاســـت؛ جوری که وادار شـــویم به احترام از هم‌سایه کمک بگیریم برای کار...

***

من و قوماندان چای سبز می‌نوشیم و گپ می‌زنیم.

می‌گویم اگر این اتفاق -حذفِ مرزها- می‌افتاد دستِ کم، دختر و دامادِ تو از سرگردانی نجات پیدا می‌کردند!

می‌خندد و ســـر تکان می‌دهد. بعد دســـت می‌کنم در جیب‌م و می‌خواهم پولِ بلیت را حساب کنم.

برای چه؟ برای تِکت؟! برو هم‌زبان! گَپی نیست...

جوان‌مرد مردمی هستند، مردمِ این دیار...

***

متواترات هرات

|آدابِ ورود|

▪▪▪ خواجه غلتان

هرات، نه شـــهر ناژوهاست، نه شهرِ مناره‌های خون‌آلود... نه شهرِ حصارها و دروازه‌هاست و نه شهرِ جنگ‌ها و غارت‌ها... نه آن‌چنان اســت که مستشرقانِ دی‌روزی دیده‌اند و نه این‌چنین که غربیان و شرقیانِ ام‌روزی می‌بینند...

بــرای رفتــنِ به هرات، یک قطعه عکسِ ســه در چهار، گذرنامه و مدتی معطلی در کنســول‌گری و مرزِ دوغارون، کفایت می‌کند. ما همین‌گونه به هرات رسیدیم...

بــرای بعضی دیگــر حتا همین مقــدار تمهید هم ضرور نیســت. پوشیدنِ لباس مزدوری و یک پروازِ نظامی دوربرد کفایت می‌کند.

امریکاییان همین‌گونه به هرات رسیدند.

روزگاری پیش، پیشینیانِ ما اما، به شهرها این‌گونه وارد نمی‌شدند، چرا که شهرها را آن‌گونه نمی‌دیدند. برای ایشان نه در عالمِ عین، ناژو و مناره‌ای بود و نه در عالمِ ذهن، مرزی و تذکره‌ای.

خواجه که به گم‌نامی بیش‌تر شهره بود تا به یحیی بن عمارِ سجستانی، با قافله‌ای هم‌راه شده بود تا از سجستان(همان سیستانِ امروزی) به هرات برسد. گفته‌اند از زرنجِ سجستان تا هرات، ده روز دستِ کم بایستی راه می‌پیمودند به مرکبِ راه‌وار. خواجه در راه، مدام به بزرگانی می‌اندیشید که در هرات بایستی دیدار کند. به دست‌بوسی عرفای خَلَف می‌رفت و عَتبه‌بوسی عرفای سَلَف. خراسانِ بزرگ که خود زیباترین خرقه‌ی استغنای عالمِ درویشی بود، نگینی داشت از فخر که سلطانی بود به طوس آرمیده، انیس‌النفوس، علی بن موسی الرضا المرتضا علیه آلاف التحیه و الثنا... و گوش‌واری داشت در غرب به بسطام و خرقان و گوش‌واری در شرق، به هرات. از اهلِ قافله مروی‌ست که چون کاروانِ شتران به شش فرسخی هری رسید، خواجه از خود بی‌خود شد و خود را از مرکب به زیر انداخت. گفت:

این بی‌ادبی از من نرساد که به خاکِ پای چنان بزرگانی پا بگذارم...

پس از شش فرسخی تا به هرات، غلت زد و غلت زد و غلت زد... تا خاکِ بیابانِ فقر، جای‌گزینِ آن‌چه از عجب شود و کبر که در

او به جای مانده بود...

مزارِ وی نیز در هرات، به سرکِ کهن، در شمالِ هرات و کناره‌ی دروازه‌ی ورودی است... مزارِ عجیبِ خواجه غلتان...

خواجه در سایه‌سارِ درختی آرمیده است. درختی به برگ‌هایی از پارچه‌ی سبز و ساقه‌هایی از فولاد. بس که دخیل گره زده‌اند و بس که میخ کوبیده‌اند برای گرفتنِ حاجت به این درخت. کنارِ گورِ خواجه، مولوی با عرق‌چین و دستار، خاک‌آلودِ خاک‌بادِ آن روزهای هری، رحلی پیشِ رو گذاشته است و با آمدنِ ما می‌گوید:

یَک دعای خیر برای زوارِ خواجه غلتان...

و همین صدا کافی‌ست تا پیرزالی از پسِ پستو به در آید و مرا راه‌نمایی کند به صحنِ خاکی زیرِ پای خواجه. ساحه‌ای کوچک به

قاعده‌ی بیست گام در بیست گام. با سنگی استوانه‌ای در میانه‌ی آن. که شنیده‌ایم بسترِ درویش، خاک است و روپوش‌ش آسمان و بالش‌ش سنگ... پیرزال مرا راه‌نمایی می‌کند که نیت کنم و سر به سنگ بگذارم و الحمدی نثار خواجه کنم. این سنتِ زیارتِ خواجه غلتان است.

روی خاک دراز می‌کشم و سر به سنگ می‌گذارم و چشم‌ها فرو می‌بندم و الحمدی نثار نیتِ صدقِ خواجه می‌کنم. پس بایستی آرزو کنی و مراد بطلبی. اگر خواجه مرادت دهد، به اول غلت که بزنی، خواجه خود غلت‌ت می‌دهد و می‌گرداندت تا جایی که به دیوارِ روبه‌رو برسی.

نیتی می‌کنم که بی‌ربط نیست به خدمتی از جنسِ نوشتن. غلتی می‌خورم و تلاش می‌کنم که نغلتم پس از آن... اما خواجه می‌غلتاندم، غلتاندنی...

همه فریاد می‌کشند. نزدیک است که به دیوارِ سنگی کنارِ مزار بکوباندم. بلند می‌شوم. سرم دوار برداشته است و گیج می‌خورد. هم‌سفرِ اول ناراضی است. باتری دوربین را عوض می‌کند و نیتی دوباره می‌طلبد. این بار با ذهنیتی علمی-پژوهشی دراز می‌کشم. خواجه را می‌آزمایم. الحمدی می‌خوانم دوباره و دوباره نیتی... و خواجه دوباره می‌غلتاندم... این بار به دیواری دیگر می‌کوباندم، آن سوی مزار تا بفهمم هیچ شیبِ پنهانی هم در کار نیست.

بعدتر کفِ اتاقِ هتلِ تجارت، بارها امتحان می‌کنم. سرم را روی چیز

سـفتی می‌گذارم و به اندازه‌ی الحمدی چشم می‌بندم و می‌غلتم. یک دور... دو دور... نه... اما خواجه‌ای در کار نیست در هتلِ تجارت تا بغلتاندم. این‌گونه تجربه‌ی معنوی ابطال‌پذیری! پیدا می‌کنم!! اصلا به معنا و معنویت کاری ندارم! خدا را هم کنار می‌گذارم. در آییـنِ جوان‌مردی جوان‌مردانِ خفته در خاکِ هرات که کهن‌ترین آیینِ ایرانی اسـت، این‌قدر مرام پیدا می‌شـود که روی مریدی را که شش فرسخ به احترام، غلت زده است، زمین نیاندازند جلوِ زائرِ گردش‌گرش... حالا این چند غلتِ ما جلوِ شش فرسخ غلتِ خواجه غلتان، چندان اجرِ جزیلی هم نیست!

* * *

گفته‌اند سال‌ها پیش شاهی از تاج‌دارانِ افغان نیز به زیارتِ خواجه غلتان آمده بود در هرات. به کارِ درویشان نظرِ حقارت کرده بود و خواسته بود تا بیازمایدشان. به هم‌راهان فرموده بود:

در کارِ خدمتِ به خلق از ما بالاتر در عالم کس هست امروزه‌روز؟! هم‌راهان نیز چنان‌که افتد و دانی تایید کرده بودند، شـاه را. بعد شـاه رفته بود و سر به سنگ گذاشـته بود و برابرِ آداب، الحمدی خوانده بود و خواسته بود تا غلت بخورد. غلت نخورده بود. خودش را تکانی داده بود و غلتی خورده بود. بازایسـتاده بود... دژم از جا برخاسته بود که «غلت نمی‌دهد... کذب است... دروغ است...»

هم‌راهان همه‌گی سـاکت شده بودند و ترس‌ناک که وزیرِ درباری یـا رئیسِ دفتری، چنان که افتـد و دانی، قافیه را نباخته بود و با

صدایی غرا به عرضِ شاه رسانده بود که:

حضـرتِ والا توقعِ بالا دارید از این خواجه... این خواجه فوق‌ش یک خواجه باشد در زمره‌ی اولیا... حضرتِ والا دستِ کم در مقام و رتبت، هفت اولیا محسوب می‌شوید... کجا یک ولی از اولیا می‌تواند هفت اولیا را بغلتاند؟

* * *

اسـامی این دو فصلِ هرات را از دانش‌نامه‌ی علایی شـیخ‌الرئیس گرفته‌ام. وقتی مقدمات پیشـینی قیاس‌ها را شـرح می‌دهد با این توضیح که از مقدم‌ها که اندر قیاس‌ها بگیرند و به‌کار برند، بی آن که آن‌را به حجتی درست کنند، سیزده گونه‌اند:

اولیات و محسوسـات و تجربیات و متواترات و مقدمات و وهمیات و مشـهودات و مقبولات و مسـلمات و مشـبهات و مشـهورات و مظنونات و متخیلات!

فصلِ اولِ ورودمان به هرات را، مشهورات گرفته بودم، چه آن که نمی‌دانستم و می‌شنیدم و اگر غور می‌کردم چندان مطمئن نبودم. فصلِ دوم را متواترات گفته بودم که فرصتی داشتم تا با مردمان، نشسـت و برخاست کنم. اما حالا، تهِ فصل، ترس‌م از آن است که آن را مظنونـات و متخیلات بخواننـد یا وهمیات... پس آن به که به همان شیوه‌ی مالوفِ خود، بی‌هیچ تمهیدی بنویسم... تحریراتِ هرات را...

تحریرات هرات

پنجم تا نهمِ مهرِ ۸۸

■■■

هنوز روزِ اولی اســت که آمده‌ایم و تازه در هتل جاگیر شــده‌ایم. تــا لی‌جی بخوابد، تنهایی بیرون می‌زنم از هتلِ تجارت. کمی هم بدخلق‌م از دستِ خودم. می‌زنم به خیابان. برای این که گم نشوم ســعی می‌کنم جهتِ حرکتِ خورشــید را در آن بعد از ظهرِ هرات پیدا کنم. نامِ خیابان را که جاده‌ی انتقالِ خون اســت، از ره‌گذری می‌پرسم. بعدتر ره‌گذر توضیح می‌دهد که اگر بگویم هتلِ تجارت به‌تر است، نامِ جاده را کم‌تر کسی می‌شناسد! جلوتر میدانی است به نامِ میدانِ گل‌ها یا همان «چوکِ» گل‌ها که کنارِ چوکِ شهرِ نو اســت. ما در قسمتِ نوسازِ شهر هستیم. کنارِ هتل، کمی پایین‌تر،

نان‌وایی داریم که نانی می‌پزد بینِ نانِ بربری و تافتون. شبیهِ نانِ قدیمی مشهد. بوی خوشی دارد نان. نزدیک‌تر می‌شوم. بوی خوش، فقط بوی نان نیست. تنورِ نان‌وایی هیزمی است. سال‌هاست که بوی نانِ هیزمی به مشامم نرسیده است.

کنارِ چوکِ شهرِ نو، کتاب‌فروشی‌های هرات جمع هستند. سرسری دوری می‌زنم و تورقی می‌کنم و تصفحی کتاب‌ها را. بیش‌ترِ کتاب‌ها، شاید بیش از هشتاد در صدِ کتاب‌ها چاپِ ایران هستند. به طورِ طبیعی انتخابی مناسبِ طبعِ هراتی‌ها. با یکی دو نفر که گپ می‌زنم، می‌فهمم سالی یکی دو بار به ایران می‌آیند و کتاب می‌گیرند و بعضی دیگر هم البته با پخش‌های ایرانی قراردادهایی دارند و کتاب‌های جدید را برای‌شان پست می‌کنند.

بینِ پنج-شش کتاب‌فروشی، که راسته‌ی کتاب‌فروشانِ هرات را می‌سازند، کتاب‌فروشی قرن از باقی مرتب‌تر است. داخل می‌شوم و سلام و علیکی می‌کنم. به جز بعضی رمان‌های عامه‌پسند، ادبیات داستانی وضعِ خوبی ندارد. در شعرِ معاصر اوضاع کمی به‌تر است. متونِ کهن و کلاسیکِ ادبی، بیش‌تر موردِ توجهِ اهلِ فرهنگِ هرات است. از آن سو بعضی کتبِ روشن‌فکرانِ ایرانی هم، خاصه اجتماعیات‌ش، جالبِ نظرِ روشن‌فکرانِ جامعه‌ی ملتهبِ افغان است.

بسیار کم در خیابان‌ها زنی را می‌بینیم. نه سواره و نه پیاده. بعدتر می‌شنوم که در هرات دو خانم توانسته‌اند گواهی‌نامه‌ی راننده‌گی

بگیرند، اما جرات راندنِ اتومبیل ندارند، چون بعضی مردان آزارشان می‌دهنـد و جلوشـان می‌پیچند و... (البته تـا همین‌جای کار هم هرات پیش‌تر است از برخی کشورهای عربیِ اسم‌ورسم‌دار!) داخلِ کتاب‌فروشی ایستاده‌ام به تورق که خانمی وارد می‌شود با مانتو و روسـری سورمه‌ای. صورت‌ش را نمی‌بینم، اما وقتی با لهجه شروع می‌کند به انگلیسی طلبِ دفتر کردن، می‌فهمم که از اروپایی‌هایی هست که یحتمل برای کار در شرکت‌های عمرانی، در هرات ساکن شـده است. کنارِ درِ یکی دو تا از کتاب‌فروشی‌ها، مجله‌ای را روی زمین گذاشـته‌اند که به نظرم آشناسـت. پیش‌تـر آن را در لابی هتل تجارت نیز دیده‌ام. هفته‌نامه‌ای زده‌اند امریکایی‌ها. اسم‌ش را گذاشته‌اند صدای آزادی. به زبان‌های پشتون و انگلیسی و فارسی مطلب دارد. یعنی هر صفحه را به سـه قسـمت تقسیم کرده است و هر مطلب به سـه زبان آورده شـده اسـت. فارسی و انگلیسی را که تطبیق می‌کنم، مطابقتِ کامل دارند. هفته‌نامه کاملا با سـطحِ فرهنگِ افغانی‌ها، هم‌خوان است. صفحه‌ای دارد به اسمِ «از باباجان بپرسـید! اسک باباجان! !Ask Babajan(یا صفحه‌ی مشورت)». فریده از باباجان راجع به بی‌کاری پرسـیده اسـت. خیلی قشنگ جواب داده است که «فریده‌ی عزیز. وظیفه‌ی اشتغال فقط با دولت نمی‌باشـد، شرکت‌ها که بسیاری‌شـان هم افغان هستند وظیفه‌ی ایجادِ اشـتغال دارند.» از همان اول، سـطحِ توقعِ مردم از دولت و نیروهای خارجیِ مستقر را پایین می‌آورند.

سـردبیرِ هفته‌نامه هم یک ژنرالِ امریکایی است که متنِ ادبی هم می‌نویسد راجع به گل و بلبل. به نامِ کاپیتان تورن توبیس واخنر. انتهای مجله هم نوشـته‌اند که مجله زیرِ نظرِ فرمان‌دهی ایسـاف منتشر می‌شود. به صورتِ مجانی هم توزیع می‌شود. رادیوی موجِ اف ام و سایت هم دارد.

خیلی جالب اسـت کـه در صفحه‌ی میانی آن شـماره‌ی اولِ ماهِ میزان، برای عید فطر هم مطلب دارند. اشعاری به فارسی و پشتون و هم‌چنین پیامِ شیخ‌الاسـلام اوباما به مناسـبتِ ماهِ مبارک برای مسلمانانِ جهان به سه زبان!

مـا چه می‌کنیـم؟ رای‌زنِ فرهنگی ما و کنسـولِ ما هم آیا مجله منتشـر کرده‌اند؟ سـعی می‌کنم زیاد به این چیزها فکر نکنم. از کتاب‌فروشی‌ها هم بیرون می‌زنم.

کنارِ کتاب‌فروشـی‌ها، ده-بیسـت دکه هست که کارشان فتوکاپی اسـت و هم‌چنین چاپِ با لیزرپرینتر و اسـکن و ریختنِ حافظه‌ی دوربین روی سی-دی. خلاصه هر کاری که بشود با یک دست‌گاه پی.سی. انجام داد!

به چند بقالی هم سـرک می‌کشـم. به خلافِ توصیه‌ی مهندس و نگرانی‌هـای او، هم آب معدنی پیدا می‌شـود، هم لوازمِ بچه‌داری و هـم بعضی خوراکی‌هـای ایرانی. وضعِ لبنیات چندان مناسـب نیسـت. شـیرکاکاکواهایی را که برای لی‌جی می‌گیریم باید تاریخ مصرف‌شـان را چک کنیم. پیش می‌آید که تاریخ‌گذشـته باشند.

البته مغازه‌دارها جلوِ ما از جنسِ ایرانی تعریف می‌کنند که تا شش ماهِ بعد از تاریخ‌ش هم جواب می‌دهد! از آن طرف متاسفانه بعضی بیسکوییت‌ها و شکلات‌های ایرانی که از استاندارد رد شده‌اند، فراوان و به قیمتِ بسیار ارزان در هرات پیدا می‌شوند که این موضوع بعضی فروشنده‌گان و خریداران را حسابی با جنسِ ایرانی دشمن کرده است.

بعدتر با صنعت‌گرِ آزاده‌ای ایران‌دوست آشنا می‌شوم که در پروژه‌ای برای امریکایی‌ها از جنس ایرانی استفاده می‌کند. او به من می‌گفت که «ده کارگرِ افغان معاش می‌دادم از جیب به مدت ده روز تا با تیغ (مِید این ایران) را زدوده کنند از روی جنس، که امریکایی‌ها نفهمند...» و بعضی از ما چه‌قدر کاسب‌کارانه تا کرده‌اند با این مردم...

هتلِ نظری را نیز در همان نزدیکی چوکِ گل‌ها می‌بینم. می‌خواهم داخل شوم. چون این بار با خانواده نیستم و چمدانی هم ندارم، طبعا قیافه‌ام خیلی به جهان‌گردها نمی‌خورد. برای همین دو نفر مسلح جلو می‌آیند و با احترام مرا می‌گردند. تازه می‌فهمم که چرا همه‌ی هتل‌های مهمِ شهر، محافظِ مسلح دارند. هتلِ نظری تقریبا مثلِ هتلِ تجارت است، هم قیمت‌ش و هم امکانات‌ش. البته قیافه‌اش کمی سنتی‌تر است اما طرف اصرار دارد که ما استخر هم داریم که تجارت ندارد!

یکی-دو ساعتی را در خیابان هستم و تقریبا مطمئن هستم که

لی‌جی از خواب بیدار شـــده است. برمی‌گردم پیاده به سمتِ هتلِ تجارت. هوا مطبوع است و ساعت حدودِ چهار و نیم و نزدیکِ اذانِ پسینِ اهلِ سنت که همان نمازِ عصر باشد. محافظانِ هتلِ تجارت دیگر مرا می‌شناســند و نمی‌گردنــدم. بالا می‌روم و همه با هم به هم‌راهِ کالســکه‌ی لی‌جی پایین می‌آییم تا او اولینِ ســفرِ خارج! را تجربه کند.

کالسکه، مایه‌ی مکافات است. پیاده‌رو خاکی است و پر از سنگ و کلوخ. خیابان هم چندان وضعِ به‌تری ندارد. یک ربعی راه می‌رویم به سمتِ مرکزِ شهر و از چوکِ گل‌ها عبور می‌کنیم. چند تیم‌چه و مرکزِ تجاری نوساز هم ساخته‌اند. بیش‌تر بورسِ لوازمِ برقی است و تلفنِ هم‌راه. راسته‌ی لوازم‌فروش‌ها با این که کمی شلوغ‌تر است و راه رفتن بینِ مشتریان سخت‌تر، اما وضعیتِ پیاده‌روها به‌تر است. در پیاده‌رو همه به کالســکه نگاه می‌کنند. می‌فهمم که کالســکه وسیله‌ی متعارفی نیست در شهر. پیرمردِ یک دست و یک پایی هم که گدایی می‌کند، تا کالسکه را می‌بیند، -مثلِ همه جای دنیا- از آن سو تلو تلو می‌خورد و به سمتِ ما می‌آید:

خدا بچه‌ات را کلان کند!

پولِ خرد ایرانی به‌ش می‌دهیم که تشکر می‌کند. به انتهای راسته که می‌رسـیم، می‌بینیم سـیخ‌هایی کار گذاشــته‌اند کفِ پیاده‌رو یحتمل برای رد نشـدنِ موتورسـیکلت. شـبیه به تهرانِ خودمان. حالا اولِ گرفتاری‌های کالســکه اســت. در شورِ اول به این نتیجه

می‌رسیم که اول لی‌جی را بغل کنیم یا بایستانیم‌ش و بعد کالسکه را سرِ دست از این مانعِ یک متری رد کنیم، یا نه، زورِ بیش‌تری بزنیم و کالسکه‌ی پر را جابه‌جا کنیم... یک‌هو دو مرد با لباسِ افغانی همان‌جور که دارند به سرعت از کنارِ ما رد می‌شوند و با هم حرف می‌زنند، بدونِ هیچ حرکتِ اضافه‌ای یکی چپ و یکی راست، دست می‌اندازند دورِ کالسکه و آن را از روی مانع رد می‌کنند. بی‌توجه به تشکراتِ ما و لی‌جی که شادمان از این پرواز مدام فریاد می‌کشد:

آقاییه باز هم!

اصلا انگار نه انگار. گویی این کار عینِ وظیفه‌شان بوده است و مثلا هر روز، همین‌ساعت از همین‌جا رد می‌شوند، برای بلند کردنِ کالسکه! بلند «تشکر»ی می‌پرانم. اما حتا سربرنمی‌گردانند. یکی‌شان دستی تکان می‌دهد و به راه‌ش ادامه می‌دهد. تا بدانم که گم‌نامی، صفتِ اولِ جوان‌مردان است.

جامعه‌شناسانِ غربی، مثلِ همان عددِ فاصله‌ی گفت‌وگو در جوامع که عددِ توسعه‌یافته‌گی بود، عبارتی دارند در صفتِ توسعه‌یافته‌گی جوامع. می‌گویند، سیویل این‌اَتِن‌شن (civil inattention) یا بی‌توجهی مدنی. یعنی وقتی در یک کلان‌شهر داری راه می‌روی و در محله‌ای دیگر هم‌سایه‌ی قدیمی‌ت را می‌بینی که از روبه‌رو، سینه به سینه به تو نزدیک می‌شود، اگر شهروندِ جامعه‌ی مدرن باشی، هرگز نباید با او حال و احوال کنی. هم او این را متوجه

می‌شود و هم تو. این یعنی همان بی‌توجهی مدنی.
همین بی‌توجهی مدنی باعث می‌شـود که گاهی اوقات در تهران، سـرِ کوچه، نیم سـاعت معطل شـوی تا کالسکه را از روی جو رد کنی!
و راستی تخته‌بندِ جانِ جوان‌مردان بودن، نیکوتر نیست از شهروندِ جامعه‌ی جدیدیان بودن؟ حتا اگر کدِ شناسایی و کدِ ملی ندهندت که گم‌نامی صفتِ اولِ جوان‌مرد اسـت... جوان‌مرد مردمی هستند مردمِ این دیار.

* * *

راه رفتن در شهرِ هرات، گام زدنِ در تاریخ است. انگار که فرصتی برای‌ت فراهم آمده باشـد تا ایرانِ هشـتاد سـالِ پیش را ببینی. از سیزده-هشـتاد و هشـت(۱۳۸۸)، صـاف بیافتی در سـیزده-هشـت(۱۳۰۸). راسـته‌ی عتیقه‌فروش‌های دورادورِ مسجدِ جامع هم به این حس و حال کمک می‌کنند البته. عتیقه‌شناس نیستم. اما پیداکردنِ شـلاقِ اسـبِ والی پنجاه سالِ پیشِ هرات در بساطِ فروشـنده یـا تفنگِ تک‌لـولِ غنیمتی از انگلیس‌هـا -آن‌جور که خودش ادعا می‌کند- سرِ حال‌م می‌آورد و مجبور می‌شویم قوری و پیه‌سـوزی بگیریم که روش به خطِ کوفی چیزی نوشـته‌اند. به عتیقه‌فروش می‌گوییم در پیه‌سـوز چه بریزیم؟ عاقل اندر سـفیه نگاه‌مـان می‌کند و می‌گوید: اسـم‌ش را که گفتـه کردی... همان روغنِ پیه دیگر! مثلِ گول‌ها سـر تکان می‌دهیم. پیرمرد سـنگی

شـفاف و آبی رنگ به هدیه می‌اندازد دورِ گردنِ لی‌جی. می‌گوید دفعِ چشم‌زخم می‌کند.

از مناره‌هـای مسـجدِ جامـع، صـدای اذانِ غروبِ اهلِ سـنت را می‌شنویم.

پیاده گز می‌کنیم به سـمتِ مسـجدِ جامع. منتظریم تا چراغ‌های خیابان روشـن شـوند و دکان‌هـا و مغازه‌ها بروند سـراغِ فروشِ سـرچراغی به افتخارِ شـبِ اولِ اقامتِ ما در هـرات. کمی که راه می‌رویم، متوجه می‌شـویم که خیابان‌ها اصولا یا تیرِ چراغ ندارند و یـا اگر دارند، خاموش‌نـد! دکان‌ها هم یکی یکی می‌بندند. تا به مسـجدِ جامع برسـیم، صدای اذانی از پشتِ محله‌ی باد مرغان به گوش‌مان می‌رسـد که معلوم می‌شود صدای اذانِ شیعه‌هاست. با خیالِ راحت، واردِ مسـجدِ جامع می‌شـویم برای ادای سـه‌گانه‌ی

مغرب. برادرانِ اهلِ سنت، که نمازِ مغرب خوانده‌اند، در حالِ بیرون آمدن‌ند. بعضی شــگفت‌زده به ما می‌نگرند. در دل می‌گویم هنوز که نماز نخوانده‌ایم که از قامت بستن‌مان، متوجه اختلافِ فقه‌مان شوند. با همه‌ی اعتماد به نفس‌م در تقلیدِ لهجه‌ی هراتی، از کسی می‌پرسم که:

سیاه‌سرها کجا نماز خوانده می‌کنند؟

دستی به ریشِ دو قبضه‌ای‌ش می‌کشد و دور و بر را نگاه می‌کند. بعد اشاره می‌کند به شبستان‌های غیرِمفروشِ جانبی. شاید جایی برای نمازِ خانم‌ها در نظر نگرفته باشند.

واردِ مســجد که می‌شوم، دهان‌م از تعجب باز می‌ماند. می‌ارزد که برای هم‌چه مســجدی، هزار رکعتِ دوگانه‌ی تحیت خواند، صد و ده‌ها بار «یا علی» گفت. پنداری صاف واردِ مسجدِ گوهرشاد شده باشــی. همان کاشــی‌های فیروزه‌ای خوش‌رنگ و نقش و نگارهای آشــنا. آن وقت هنوز نمی‌دانســتیم که معمارِ این دو مسجد یکی است.

کفش‌هــا را دســت گرفته‌ایــم و پابرهنــه در صحــن می‌چرخیم. باورکردنی نیســت این زیبایی، وســطِ این شهرِ جنگ‌زده. نزدیک می‌شــویم و به کاشــی‌ها می‌نگریم. دور می‌شــویم و به کاشــی‌ها می‌نگریم. باورکردنی نیست. مبهوت‌یم...

شــب‌های اولِ ماهِ قمری است و هنوز مه‌تاب نداریم. همین باعث شده است تا سقفی کوتاه از ستاره‌ها روی سرمان باشد. ستاره‌هایی

درخشـــان و فراوان. می‌توانی دســـت بلند کنی و ســـتاره بچینی. همیـــن را بـــه لی‌جی می‌گویـــم و او دســـت‌های کودکانه‌اش را به ســـمتِ آسمان می‌برد تا بچیند ســـتاره‌ها را. آسمانِ صاف و تمیزِ هرات، مسجدِ جامعِ استاد عمادالدینِ معمار، و حالِ سرخوشانه‌ای کـــه هیچ‌گاه فراموش‌م نخواهد شـــد. (دعا می‌کنیـــم البته به جانِ چراغ‌های خاموشِ مسجد که شاید برگردد به گرانیِ انرژی.)

***

از مســـجد بیرون می‌زنیم. حالا می‌خواهیم که اولِ شـــبی، هرات را ســـیر کنیم و چَکَر کنیم در شـــهر... (چکر را چند دقیقه‌ی بعد ضبط می‌کنم به معنای گردش.) می‌خواهیم تا اولِ شـــبی زیرِ نورِ چـــراغِ مغازه‌ها جنس‌ها را برانداز کنیـــم. حتا من بدم نمی‌آید که بروم ســـراغِ شـــلاقِ اسبِ والی پنجاه سالِ پیشِ هرات... اما دریغ از یک چراغ روشن حتا.

تـــک و تـــوک مردک‌هـــا بـــه ســـرعت گام می‌زنند و انگار کســـی دنبال‌شـــان باشد، می‌روند به ســـمتِ کوچه‌ای و در تاریکی کوچه گم می‌شـــوند. آخرین مغازه‌ها هم درشـــان را تخته می‌کنند و -نه مجازا که حقیقتا- الوارها را می‌اندازند جلوِ شیشـــه‌ها. شهر ناگهان به شـــهرِ اشباح تبدیل می‌شـــود. وهم می‌گیردمان. اما باز هم آرام قدم می‌زنیم به ســـمتِ شـــهرِ نو و چوکِ گل‌ها که بیست دقیقه‌ای راه داریم تا به آن‌جا برسیم.

عسکری یک‌هو با کِلاش سر می‌رسد و سرِ من داد می‌کشد:

این چه وقتِ چکر زدن است با این طفلِ خرد؟ کجا می‌شوید؟

هتلِ تجارت...

لی‌جی زل زده است به اسلحه و شکلک در می‌آورد. عسکر خوش‌ش می‌آید و به جای آفرین و بارک‌الله و احسنت می‌گوید:

- نامِ خدا! نامِ خدا...

بعد دوباره رو می‌کند به من:

هراس نمی‌کنـــی؟ برای این طفلِ خرد -نامِ خدا- ترس نداری؟ اختطاف کنندش چه می‌کنی؟

اختطاف یعنی چه؟

پـــس همین! غریبـــه‌ای به شـــهر... یعنی به زبانِ شـــما گروش می‌گیرنـــدش... اختطـــاف یعنـــی گـــروگان گرفتـــن... (اول خیال می‌کنـــم منظورش اختفاء باشـــد، اما کلی وقت طول می‌کشـــد تا کســـی راه‌نمایی‌م کند که اختطـــاف عربی به معنای ربایش را مراد می‌کننـــد.) اول اختطاف می‌کنند، بعد طلبِ پول. پولی هم در کار نباشـــد که خدابه‌دور، جنـــازه را می‌اندازند کنـــارِ دروازه‌ی ملک... نمی‌هراسی؟

تهِ دل‌م نه... اولِ شبی داریم قدم می‌زنیم دیگر. عسکر که عاقل‌مردی است با ته‌ریش می‌رود وسطِ خیابان و با اسلحه به تاکسی در حالِ حرکت ایســـت می‌دهد و به پشـــتو می‌گوید «دریش!» تاکسی به جای این که ســـرعت‌ش را کم کند، انگار از عســـکر هم می‌ترسد، گازش را می‌گیرد و جلوِ پای قوماندان مســـیرش را کج می‌کند و

می‌رود. عسکر بی‌هوده پشت‌ش داد می‌کشد:

مرده‌گاو!

کم کم ما هم می‌ترسیم. عسکر می‌گوید:

این وقت من خودم هم با این اسلحه جرات نمی‌کنم توی سرک تنها سیر کنم...

موتورِ سه‌چرخه‌ای از پشت نزدیک می‌شود. او هم تا اشاره‌ی عسکر را می‌بیند، گازش را می‌گیرد، اما عسکر می‌پرد جلو و نگه‌ش می‌دارد:

سیاه‌سر را نمی‌بینی؟ ایستاد شو دیگر!

حالا دیر هم شده... پس می‌روم به خانه...

اول مهمان‌های ما را می‌رسانی اتاقِ تجارت، بعد پس شو خانه!

به اکراه قبول می‌کند. از عسکر تشکر می‌کنیم. کالسکه را جمع می‌کنیم و سه‌تایی به زحمت می‌نشینیم پشتِ ریکشا به قولِ هندی‌ها و البته افغانی‌ها. توی قسمتِ مسافرِ ریکشا و زیرِ مشمعی که کشیده است روی چرم، پر است از عکسِ خواننده‌گانِ هندی. این وسط یکی دو تا عکس از مریمِ مقدس و یوزارسیف و قطام هم پیدا می‌کنیم که مایه‌ی تفریح است! لی‌جی هم حسابی کیف کرده است از تکان‌های ریکشا و بیرون را نگاه می‌کند و مدام هِرّه کِرّه می‌رود. من اما حالا دیگر واقعا تعجب می‌کنم. پرنده پر نمی‌زند در هرات، یک ساعت بعدِ غروب...

برای این که به راننده‌ی اجباری! حالی بدهم و کمی هم بر ترس‌م

غلبه کنم، تا برسیم به تجارت، شروع می‌کنم آواز خواندن:

به هندوکش بُرُم، قرآن بخوانم
برای مردمِ افغان بخوانم
برای مردمِ آواره‌ی خود
از ایران تا به پاکستان بخوانم...

راننده‌ی ریکشا می‌گوید:

نامِ خدا خوب افغانی می‌خوانی! من هم البته داریوش و افتخاری را خوش می‌دارم! چند سالی ایران بوده‌ام... مردمان‌ش به ما محبت داشتند... سرِ کارِ کارگری بودم در میدانِ آزادی تهران... بلدی که؟ پِشقاب، پِشقاب غذای جان می‌دادند هم‌سایه‌ها... قیمه خورش چلو، قرمه خورش چلو... یادش به خیر...

راه را کوتاه می‌کنیم و می‌رسیم به هتلِ تجارت. اصرار از ما و انکار از او، به زحمت کرایه را حساب می‌کنیم. و نیک می‌فهمیم تا دیگر بعدِ غروب در هرات پیدامان نشود...

پری‌شب در مشهد خوابیدیم و دی‌شب در تایباد؛ و ام‌شب در هرات... ام‌شب و پری‌شب حس و حالی یک‌سان داشتم. انگار در خانه‌ی خود بودم... در تایباد بیش‌تر احساسِ غریبی می‌کردم تا هرات...

❋ ❋ ❋

تا روزِ پایانی تلاش می‌کنم تا همه‌ی نمازها را در مسجدِ جامعِ هرات بخوانم. بعضی را با اهلِ سنت و بعضی را فرادا. بسیاری از

ایشـــان تعجـــب می‌کنند از اقتدای من؛ روزهـــای بعدی آرام آرام، جوان‌ترهـــا با من مصافحـــه می‌کنند و تقبل‌الله می‌گویند. تازه روزِ دوم و سوم است که متوجه می‌شوم، هیچ طفلِ نوپایی در مسجد نمی‌آید، هم‌چنان که هیچ بانویی. فضا به شدت مردانه است. مثلِ باقی فضاهای اجتماعی هرات.

شبستانی آفتاب‌گیر دارد مسجد و شبستانی نسار و پشت به آفتاب. قرینه‌ی هم‌ند و بســیار شبیه به شبستانِ اصلی مسجدِ گوهرشاد. معمران، که شـوقِ مرا به دیدنِ مسجد می‌بینند، رنگِ کاشی‌های دو شبستانِ آفتاب‌گیر و پشت به آفتاب را به من نشان می‌دهند، که حتا ذره‌ای تفاوت ندارند با هم...

توضیح می‌دهند که:

خوب سیر کن! پنجصد سال است که این یکی کاشی هیچ‌وقت آفتاب ندیده است و آن یکی کاشــی همه‌وقت زیــرِ آفتاب بوده... خردلی توفیر می‌بینی بینِ رنگ‌شان؟

روزهای بعدی است که آرام آرام متوجه می‌شوم، سنگِ کفِ صحن بســیار ناهم‌گون است با مســجد. می‌فهمم که کفِ صحنِ مسجد، پیش‌تر با خشــت مفروش بوده اســت و بعد در دوره‌ی طالبان و بعدتر در دوره‌ی اســماعیل خانِ جهادی، نوســازی‌ش می‌کنند با سنگ که اصلا خوب از کار درنیامده است.

طالب‌ها اگر چه نسبت به ابنیه‌ی تاریخی هیچ وقعی نمی‌نهادند و وقعشــان هم از جنسِ تخریبِ بــودای بامیان بود، اما در مرمتِ

مساجد، البته به شیوه‌ی خودشان، کوشا بودند.

روزهـــای بعـــدی البته چیزِ دیگری را نیز متوجه می‌شـــوم! آن‌هم این است که همه‌ی مردم، به جای سیر کن، می‌گویند سیل کن! من اما یحتمل برای جلوگیری از آسیب‌رســانیِ حوادثِ طبیعی به ابنیه‌ی تاریخی، سعی می‌کنم همان سیر را بنویسم به جای سیل!!

* * *

شب است؛ یادِ محمدحسین جعفریان‌م. علاقه‌ی به این خاک را از حســین دارم. حتا علاقه به ترانه‌های این خاک را نیز! بســیاری از این ترانه‌ها را نه از زبانِ احمد ظاهر شنیده‌ام و نه از زبانِ سرآهنگ. همه‌ی این ترانه‌ها را با صدای خوشِ محمدحسین شنیده‌ام. ضبط می‌کنم تا فرداروز اگر خاطره‌ای نوشتم از این سفر، درش قید کنم که این ســفرنامه ادای دینی اســت به «چکر در ولایتِ جنرال‌ها» نوشــته‌ی محمدحســین جعفریانِ عزیز که تا صد ســالِ دیگر هر ایرانی راجع به افغان چیزی بنویســد، خواه‌ناخواه تا گردن مدیونِ محمدحسین عزیز است. قسمت گردن به بالا را نیز برای تشخیصِ هویتِ کاتب، بیرون از دِین قرار دادم!

* * *

دوشـــنبه صبحِ زود از خواب بیدار می‌شـــویم. لی‌جی در این هتل، دوستی قوی هیکل پیدا کرده است! سیاه‌پوستی افریقایی که برای ســـازمانِ ملل کار می‌کند و از افریقا کَنده اســـت و آمده اســـت به این گوشه‌ی خاک برای ماهی چند هزار دلار. برای این که لی‌جی

بتوانـد در آرامش صبحانه بخورد، تقاضا می‌کنیم تا صبحانه‌مان را روی میزِ چرخ‌دار به اتاق بیاورند. بانوانِ خدمه‌ی هتل، همه‌گی با مانتو و روسـری هسـتند، اما همان‌ها موقعِ خروج، چادرِ رنگی یا برقعِ آبی روی سر می‌گذارند.

مبایل را به عادتِ صبح‌گاهی تهران روشن می‌کنم و می‌خندم که حالا انگار این‌جا چه کسـی با من کار دارد! روشـن کردن همان و زنگ خوردن همان...

مدیرِ داخلی هتل، که خانمی اسـت جاافتاده، بر چه‌گونه‌گی سروِ صبحانـه نظارت می‌کند و من مدام مجبورم با تلفن صحبت کنم. خود را از آشنایانِ دوستِ ادیبِ افغانم معرفی می‌کنند و خیرِ مقدم می‌گویند. از این دوستِ ادیبِ غریب انتظارِ این همه آشنا نداشتم! با بعضی‌شـان بـرای بعد از ظهر قرار می‌گـذارم. خانمِ جاافتاده‌ی مدیرِ هتل، خودمانی و مادرانه، بی‌توجه به آدابِ مرسـوم و دعوتِ صاحب‌مجلس، می‌گوید:

شما به کارها برسید، بعد از ظهر عروسی داریم در هتل، من در خدمت بانو و علی جان هسـتم! بیایند سیر کنند عروسی هراتی‌ها را... حالا که طالب‌ها رفته‌اند، عروسی‌های خوبی داریم... بانو ببیند این برقوپوش‌ها، زیرِ برقع چه آرا و بی‌آرایی می‌کنند خودشان را! می‌خندیم و کمی گپ می‌زنیم راجع به طالب‌ها و درمی‌یابیم که بافتِ مذهبی شهر، حالا دور از افراط زمانِ طالب‌ها و تفریطِ ابتدایی بعدِ آن کار را به دسـت گرفته اسـت. شـیعه‌ها در هرات، چندین

مسجد دارند و مدرسه‌ی علمیه و سنی‌ها نیز... می‌فهمیم که آخوندِ هر مسجدِ اهلِ سنت که معمولا طالب‌چه‌ای هم وردست‌ش هست، بــه نوبت می‌روند خانه‌ی اهلِ محل و مشــخص می‌کنند که مثلا ام‌روز نوبتی صبح و چاشت و شامِ شماست. قابلمه می‌فرستند دمِ در و غذا را می‌گیرند یا می‌گویند که راهی کنند مســجد. این هم سنتی است از هرات که می‌آموزیم.

صبحانه‌ی مُکَمّل به قولِ مدیره می‌خوریم و بعد می‌زنیم بیرون. به دنبالِ کرایه‌ی تاکسی هستیم که همان دمِ درِ هتل تجارت، مدیر کراواتــیِ هتل بیرون می‌آید و از میانِ آن همه راننده‌ی تاکســی، پیرمردی خوش‌برخورد را به ما معرفی می‌کند و می‌گوید:

عبدالرزاق سلطان راننده‌هاست... او شما را برای چکر زدن بیرون ببرد به‌تر است.

ســر تکان می‌دهیم. عبدالرزاق که پیرمردی اســت جاافتاده، جلو می‌آید و می‌گوید:

ایرانی هستید؟ مهمانِ من‌ید شما... چرخِ بچه را بده من...

فارسی تهرانی خوب حرف می‌زند. می‌نشینیم توی اتومبیلِ تویوتای هاچ‌بکِ مدلِ نودِ قدیمی‌ش. چنان ســریع ما را ســوار می‌کند که خودمــان هــم جا می‌خوریم. هنــوز خودمان هــم نمی‌دانیم کجا می‌خواهیم برویم. اما راننده، کم نمی‌آورد و موتر را روشن می‌کند:

این ســراچه قیافه‌اش قدیمی اســت، اما خوب می‌تــازد... هم‌تا ندارد در هرات...

می‌پرسم معنای سراچه را تا ضبط کنم. توضیح می‌دهد که سراچه یعنی همان خانه‌ی کوچک دیگر... با پرس و واپرسِ بیش‌تر می‌فهمیم که به اتومبیل‌های اس.یو.وی. و هاچ‌بک به خاطرِ شکل‌شان می‌گویند سراچه! خودمان هم نمی‌دانیم قرار است کجا برویم. اما قرار می‌گذاریم تا اول برویم به زیارتِ خواجه عبدالله انصاری.

عبدالرزاق می‌گوید بیست سال در ایران زنده‌گی کرده است و راننده‌ی پایه یک است. تازه‌گی در هرات، اسبِ ماکش را داده است دستِ راننده‌ای تا از راندنِ با تریلی در جاده‌های ناامن خلاص شود، اما دوباره گرفتارِ این سراچه شده است.

عبدالرزاق را امتحان می‌کنم:

بیست سال ایران بودی، کجاها را دیده‌ای؟ پایه یک هم که داشتی و حتما جاده‌ها را خوب گشته‌ای...

بپرس کجا را ندیده‌ام، آقا رضا! من همه‌جای ایران را گشته‌ام... بعدتر هر جای ایران را که می‌پرسم از قشم تا سرخس، از ماکو تا چابهار، همه‌جا را دیده است. حتا می‌گوید زمانِ جنگ، با کمپرسی‌های جهاد از رامهرمز می‌رفته است جزیره‌ی مجنون و فضای جبهه و جنگ را هم به خوبی می‌شناسد.

کلی از ایران تعریف می‌کند.

یک پلیس از من گواهی‌نامه نخواست در این بیست سال. یعنی خلاف نکنی، کسی کاری‌ت ندارد....

گواهی‌نامه هم که نداشتی؟

نه که نداشتم!

می‌خندیم. می‌رسیم به باغِ گازرگاه. می‌گردیم دنبالِ جوی آبی که در آن شست‌وشو کنند و گازری! شکرِ خدا زود به جهل‌م پی می‌برم، پیش از آن که از کسی چیزی بپرسم. گازرگاه می‌گویند به مزارِ خواجه عبدالله از آن‌جهت که گناهانِ زائر شسته می‌شود. مولانا عبدالرحمانِ جامیِ هراتیان هم هم‌شهری‌گری کرده است و تک‌بیتی گفته است که:

گازرگهی است تربت او کآبِ مغفرت

در ساحت‌ش سفید کند نامه‌ی سیاه

اما برخی نیز کلاً گازرگاه را منکر شده‌اند و گذرگاه نامیده‌اند مزارِ خواجه عبداللهِ انصاری را. به هر رو، پیاده می‌شویم برای زیارت. گازرگاه باشد، یا گذرگاه. کنارِ درِ ورودی صحن، یک مجسمه‌ی سنگی روی زمین است. سنگی سفید که بیش‌تر به چهارپا می‌ماند. درویشی معتکفِ حرم، برای‌م شرح می‌دهد که در ازمنه‌ی قدیم، جمعی بودند که به درویشانِ مقیمِ مقامِ خواجه عبدالله انصاری به دیده‌ی حقارت می‌نگریستند. پس برای استخفافِ شانِ خواجه، شبی تیره، سگی را به داخلِ مزار می‌فرستند تا ملوث کند صحن و سرا را... صبح که درِ بارگاه را می‌گشایند، سگ را می‌بینند که به ادب نشسته است و این‌چنین سنگ شده است.

می‌پرسم پس چرا سنگ‌های دورادورِ مجسمه را این‌چنین خراب

کرده‌انـــد و از یک‌دســـتی در آورده‌انـــد. جواب می‌دهـــد که زمانِ طالب‌ها، حلقه‌ی درویشان از ترسِ ایشان، دورِ سگِ سنگی را خالی کرد و گل و گیاه کاشت، تا چشمِ طالب‌ها به مجسمه نیافتد... والا بیخی خراب‌ش می‌کردند. بودای بامیان که برای گروهی خدا بود، آن‌چنان شد، وای به حالِ این مرده‌سگِ نجس‌احوال که نزدِ هیچ طایفه‌ای قرب ندارد!

طالب‌ها آن چه مجسمه را که در شهر بود خراب کرده بودند، حتا تنها سینمای شهر را در چوکِ شهرِ نو. (البته سالِ پیش -جوزای ۱۳۸۷- بعد از طالب‌ها، سالنِ کوچکِ سینمایی را افتتاح می‌کنند کـــه باز هم مولوی خداداد -رئیسِ شـــورای علمـــا- با آن مخالفت می‌کند.) تنها اســـتثنا، دروازه‌ی ملک است که سالم، وسطِ میدان افتـــاده اســـت. طالب‌ها با بلدوزر می‌آیند تا خـــراب‌ش کنند اما به جنازه‌ی سالمِ شهید می‌رسند و شروع می‌کنند استغفار کردن!

همین نشان می‌دهد که عمده‌ی طالب‌ها اهلِ هرات نبوده‌اند و از ولایـــاتِ جنوبـــی آمده بودند. و الا گولِ این چار تا درویش و گل و گیاه را نمی‌خوردند. بعدتر می‌فهمم که طالب‌ها نود فی صد پشتون بوده‌اند و درس‌خوانده‌ی مدارسِ پاکستانی و با فرهنگی پایین‌تر از فرهنگِ عامه‌ی اهلِ هرات. رئیسِ فرهنگِ هرات، منصوبِ طالبان، امروز مغازه دارد در بازار. به قولِ اهالی برمی‌گردد به جنمِ اصلی‌ش که کســـب و کار اســـت، نه شـــعر و ادب! زمانِ ریاست، دخترِ یکی از اهـــلِ فرهنـــگ هرات را می‌گیرد. حالا بعدِ چند ســـال، حتا بعد

از سقوطِ طالب‌ها، در هرات ماندنی شده است و کاسب شده است. نکته این است که فرهنگ مقتدر و مسلطِ هراتی‌ها، او را به یک هراتی تبدیل کرده است و برای همین هراتی‌ها در موضعِ انتقام‌گیری از او نیستند. یعنی غلبه عاقبت با فرهنگ است. هراتی‌ها هم شعبه‌ای از فرهنگِ ایرانی‌ها هستند دیگر. مثل ما و مغول، مثلِ خودشان و تیموریان!

مقامِ خواجه را زیارت می‌کنیم و فرصتی است تا آن‌چه را در ذهن داریم از مناجات‌نامه به زبان بیاوریم. الهی مرا آن ده که آن به... کنارِ ضریحِ فلزی سبزرنگِ خواجه عبدالله انصاری درختِ پیری است که همه آن را به ما غریبه‌ها نشان می‌دهند که:

سیر کن! هنوز سبز است به قدرتِ خدا...

بعدتر می‌فهمم که مردمان برای گرفتنِ حاجت، به عوضِ سنتِ

بســتنِ دخیل، به تنه و ســاقه‌ی آن میخ می‌کوبند. نمی‌شود واردِ
مقدسات شد. اما یکی نیست بگوید میخ نکوبید، درخت، بی‌معجز
هم سبز می‌ماند دیگر!

در یکی از دالان‌ها حلقه‌ای از دراویش نشسته‌اند. می‌رویم کنارشان.
کمی با آن‌ها گپ می‌زنم. خاصه با پیرترین‌شان که چهره‌ای گشاده
دارد. نانی را دست به دست می‌چرخانند و ذکری می‌گویند و به
آن می‌دمند. پیر می‌گوید:

هزار ذکر دارد این نان...

بعــد تکه‌ای جدا می‌کند و به لی‌جی می‌دهد. در دنیایی، این نان،

آلوده است به بازدمِ چندین پیرمردِ پا به سـن گذاشته با ریه‌های معیـوب از نـاس و خاک‌باد و شـاید هم دوغِ حشاشـین و... و در دنیایـی دیگـر این نان متبرک است بـه دمِ چندین درویش که ذکـر یـا هو گرفته‌اند و یا علی گفته‌اند... من دنیای دوم را بیش‌تر می‌پسندم. پس هم خودم لقمه‌ای از نان می‌خورم، هم لی‌جی! پیر، درمی‌یابد و مرا دعوت می‌کند به مجلسِ ذکرشـان در شبِ جمعه. می‌گوید البته غریبه راه نمی‌دهیم اما تو غریبه نیستی...

* * *

بـا عبدالرزاق قرار می‌گذاریـم برای دیدنِ سـایرِ ابنیه‌ی تاریخی هـرات. عبدالرزاق توی راه، به سـنتِ راننـده‌گانِ بیابانی برای من از ترموز که همان فلاسـک باشـد، چای سـبز می‌ریزد و به جای قند هم شـیرپره، که حلوایی است هراتی، تعارف می‌کند. شهر پر است از تابلوهای فراوانِ تبلیغاتِ امریکایی، عمدتا با تصاویری از کمکِ نیروهای خارجی مسـتقر به مردم و البته جملاتی در مدحِ صلح. مثلا تصویری می‌بینی از سـربازی با کلی دم و دسـت‌گاه که خم شـده است در لیوانِ سـفالینِ کودکی از داخلِ قمقمه‌اش آب می‌ریـزد! یکی نیسـت بگویـد که این همـه راه را کوبیده‌اید بیایید برای همین؟ سقایتِ یک لیوان آب، که -مطابقِ تصویر- این همـه جی.پی.اس. و ام.۱۶. و جلیقـه‌ی ضدگلوله و کلاهِ فلزی و... نمی‌خواهد!

جایی می‌ایسـتیم در تانک تیل تا تیل بریزیم توی سـراچه. دیگر

ضبـط نمی‌کنم و خودم هم هراتی شـده‌ام انـگار. تیل به قیمتِ لیتـری ۳۷ افغانـی می‌خریـم که می‌شـود ۷۴۰ تومـانِ خودمان. که البته در کشـوری بدونِ نفت، طبیعی اسـت. از آن سو گوشت کیلویی ۴۵۰۰ تا ۵۰۰۰ تومان اسـت که در روستاها تا نصفِ این مبلغ کم می‌شود و البته در مناطقِ شمالی، قیمتِ دنبه با گوشت برابر است یا کمی کم‌تر. نتیجه‌ی عقلایی می‌گیریم که باید خورد و بعد هم راه رفت و سوزاند!

به خنده همین را به عبدالرزاق می‌گویم. نعِ محکمی می‌گوید:

نه شما عزیزِ ایرانی آمده‌ای این‌جا که به ما خیر برسانی...

لطــف می‌کنــد وگرنه کرایه‌ی اتومبیل به نیــم روزی زیرِ ده هزار تومان، چه خیری می‌رساند؟ بعد سرِ حرف را می‌گیرد که:

ایرانی‌هــا خیلی بامعرفت هســتند... خیلی... وقتــی ایران بودم، دیدم خیلی رســم اســت که چیزی بزنند به موتر، مثلِ این‌جا که یک چیزی نوشــته می‌کنند، روی کامیون. نه مثلِ پاکستانی‌ها که شــلوغ‌ش می‌کنند... عکسِ زن و بچه و گاو گوســفند و ... ایرانی‌ها فقط یک چیز نوشــته می‌کنند... پس باید چشم‌گیر باشد نوشته... من خیلی اندیشه کردم که چه بنویسم که تک باشد... برای همین روی بادگیــرِ کامیون‌م دادم خطاط نوشــته کــرد، «یا پیرِ هرات!» زیــرش هم خردتر نوشــت، «خواجــه عبدالله انصــاری»... این‌قدر ایرانی‌ها بامعرفت هســتند که کم از چند ماهِ بعد، در مســیرِ بندر که من می‌رفتم، چندین و چند موترِ ســنگین نوشته کرده بودند، «یا پیرِ هرات!» الان هم ایران حتم دیده‌اید... چه‌قدر این را نوشته کرده‌اند... از بس که معرفت دارند... اما اول نوشــته‌ی «پیرِ هرات» کارِ من بود!

نمی‌دانم در این «پیر هرات»ها بیش‌تر همان چشم و هم‌چشمی بنی‌هندل مستتر است یا واقعا درش معرفتی هست. اما بعدتر که عبدالــرزاق خاطراتِ خــوش‌ش را از مهمان‌نوازی صاحبِ کامیون تعریــف می‌کنــد، می‌فهمیم که حق دارد، به ایــن قاعده از ایران کیف کند.

تهــران، پاریس اســت! قــدر بدانید! چه‌قدر کارهــا خوب پیش

می‌رود در ایران. نامِ خدا، موتر سند می‌زنی، زود به نامت می‌زنند... چیــزی نمی‌گوییم. بعضــی چیزها از این طرف، جورِ دیگری دیده می‌شــود. این‌جا به تقریب تنها جایی اســت در عالم، که ایران در قیاسی زمینی، پیروز می‌شود در این‌جور بوروکراسی‌ها!

تــا ظهــر چند جای دیگر را نیز می‌بینیم، مقبره‌ی امیر علی‌شــیر نوایــی را کــه گویا ازبک‌هــا به بهانه‌ی بازســازی و مرمت تخریب کرده‌اند و کاشی‌های قدیمی‌ش را برده‌اند و پس نیاورده‌اند! (بعدتر در ترکمنســتان هم همین بــازی را از ازبک‌ها در باره‌ی بنایی در مروِ قدیم شنیدم). هم‌چنین سرِ قبرِ مولانای هراتیان، عبدالرحمان جامی شاعر و فخرِ رازی کلامی نیز می‌رویم. دو امامزاده هم دارند، یکی ســیدعبدالله و دیگری شــاه‌زاده قاســم. به قولِ خودشان از نواســه‌ی حضرتِ جعفرِ طیار. همان‌گونه که در زیارتِ مزارِ خواجه عبدالله انصاری، زائرِ شیعه می‌بینیم، دو سه زائرِ اهلِ سنت هم در این امامزاده می‌بینیم. سردرِ ورودی امامزاده بیتی است:

این آستانِ قدس که دایم منور است
زاولادِ مصطفا و زِ احفادِ حیدر است
قاسم وراست نامِ گرامی به روزگار
مشهور نزدِ اهلِ هری، پورِ جعفر است

فردا صبح تا ظهر هم به همین بازدیدها گذشــت. مسجدِ خرقه‌ی شریف را دیدیم که نقل است در آن خرقه‌ی حضرت رسول صلوات الله علیه قرار دارد و در گرفتاری‌ها، اهالی هرات، خرقه را به خارج

از شـــهر می‌برند و وســـیله قرار می‌دهند و اســـتغاثه می‌کنند. قبرِ سیدِ مختار و واعظِ کاشفی و چارباغِ ویران‌شده را نیز. از این میان بســـیار دوست داشـــتم کنائسِ قدیمی یهودیان را در هراتِ کهنه ببینیم که مع‌الاسف نتوانستیم. مقداری برمی‌گشت به تخریب‌های دوره‌ی طالبان و مقداری دیگر نیز به تغییراتِ کاربری! جوری که کنیسه‌ای چنان به مکتب‌خانه‌ی اطفال در نزدیکی بادمرغان بدل شده بود، که هیچ نشانی از اصل نداشت!!

* * *

اگر هرات شهری اروپایی بود، یا حتا متعلق به همین ترکیه‌ی کنارِ دستِ خودمان، درجِ این توضیحات در «جانستانِ کابلستان» کاملا غیرضرور بود، چرا که هر علاقه‌مندی پیش از ســـفر می‌توانســـت با فشـــار یک دکمه‌ی جســـت‌وجو در دنیای مجـــازی همه‌ی این اطلاعات را مجانی بیابد! اما چه کنم که به نظر می‌رسد هنوز این امکان برای هرات فراهم نیست...

چیزی که من باید بنویسم از این جنس است:

* * *

کنـــارِ مقابـــرِ علما و بـــزرگان، مثلِ مزارِ خواجه عبـــدالله انصاری یا عبدالرحمانِ جامی، گورســـتان‌هایی نیز هســـت. یحتمل حســـبِ وصیـــت، عده‌ای در کنارِ این بزرگان مدفون می‌شـــوند. قبور، مثلِ عمده‌ی قبورِ اهلِ ســـنت، چه در کشورهای عربی و چه در جنوبِ کشورِ خودمان، مثلا قشم، سنگِ ایستاده دارند. اصولا این سنگِ قبر

داشتن البته نشان می‌دهد که طالب‌ها چندان هم نمی‌توانسته‌اند وهابی تمام و کمال باشند!

اگر چه مروی‌ست که خواندنِ عباراتِ روی سنگِ قبر، کاهنده‌ی حافظه است و عمر، از آن‌جا که از اولی سودی نبرده‌ام و از دومی خیری ندیده‌ام، بعضی از آن‌ها را یادداشت کرده‌ام!

عمدتا بر سنگِ قبرها هم شعر دارند و هم مقادیری از صفاتِ متوفا. متدین، پربسامدترین صفت است. اما صفاتِ دیگری نیز روی سنگ‌ها قید شده است، مثلا روشن‌فکر، باسخاوت، جوان‌مرد

و مثـلِ این‌ها... گاهی اوقات، توضیحاتی هم راجع به نحوه‌ی فوتِ متوفا آمده اسـت. مثلا زیرِ نامِ یک پیرمرد که با محاسـبه‌ی من، شـیرین، نود سـال عمر کرده بود، نوشـته‌اند، به دلیـلِ بیماری، نابهنگام از دنیا رفت! طالب‌چه‌ای هم در جایی بود که روی قبرش تاریخِ مفصل و مشبعی قید شده بود که انگار نیاز به صفحه‌ی دومِ سـنگِ قبر هم داشـت و زیرش خط را ریز کرده بودند که ناچار، عبارتِ «بقیه در صفحه‌ی بعد» قید نشـود. کلی توضیحات داشت کـه ایـن مرحوم در کجا به دنیا آمد و کجا درس خواند و حکومت با او چه کرد و دشمن از منبر او را پایین کشید در سنه‌ی سیزده هفتاد و دو و... اما اشعار عمدتا متفاوت هستند و سعی شده است که از اشـعارِ تکراری اسـتفاده نشود. درج‌ش شاید به دردِ کسب و کارِ صنفِ حجارِ کنارِ قبرستان‌ها بخورد.

ندارم هیچ گونه(!) توشه‌ی راه
به جز لاتقنطوا من رحمه الله
الهی عاجزم استغفرالله
تویی فریادرس الحمدلله

معمولا در سـنگِ قبرها، شـاعر، به اندازه‌ی زمانی که حجار صرفِ حجاری کرده است، وقت، صرفِ سرایش شعر نکرده است!

دعا کن به این دختر نامراد
که مرگِ جوانی ز دنیا برفت!

***

ناهـــار را در نزدیکی چوکِ گل‌های شـــهرِ نو می‌خوریم. عبدالرزاق اصرار دارد که ناهار برویم منزل‌ش. می‌گوید:

زن‌م می‌گویـــد فرصتـــی فراهم آمده اســـت که بیســـت ســـال مهمان‌داری ایرانی‌ها را جبران کنیم...

قبول نمی‌کنم. او قول می‌گیرد برای فردا. باز هم قبول نمی‌کنم...

ناهار قابلی ماهی‌چه می‌خوریم. کمی هم باقلا و گوشتِ چرخ‌کرده روش می‌ریزنـــد. قابلـــی ماهی‌چه در حقیقت برنـــج بود و هویج و کشـــمش و گوشـــت و روغنِ حیوانی فراوان. من این غذا را پیش‌تر آزموده‌ام و از عجایبِ روزگار این که نه در ایران و طبعا نه در هیچ مملکتِ شـــرقی دیگر. قابلی را سال‌ها پیش در نیویورک گرفته‌ام. از یک رستورانِ زنجیره‌ای افغان کوزین که هم به نسبتِ بعضی از رستوران‌های ایرانی، به حلال بودن‌ش اطمینانِ بیش‌تری داشتیم و هم طعمِ جدیدش را امتحان کنیم. همان‌جاست که من می‌فهمم چرا این رســـتورانِ زنجیره‌ای غذای افغانی، این‌قدر پردرآمد است. غذاهاش به نســـبتِ چلوکبابِ نســـبتا خشـــک و بی‌رنگِ ما، بسیار مطبوع‌تر اســـت. به خـــلافِ غذاهای هندی و پاکســـتانی، هم تند نیستند و هم تمیزند. و البته سالی بعد می‌شنوم که این رستورانِ زنجیره‌ای متعلق است به خانواده‌ی کرزی و در حقیقت خواهرِ او! کرزی که یکی از واسطه‌های تحویل و خریدِ سلاح برای گروه‌های جهـــادی بوده اســـت، در نیویـــورک جای پایی پیدا کـــرده بوده و

تجارتی به هم زده بود... که البته اگر راست باشد مفتِ چنگ‌ش! تجارتی به هم زده است و دستِ کم عرضه داشته است که پول روی پول بگذارد. و این تازه قبل از دورانِ مسوولیتِ رسمی اوست. اگر کسی هم شاکی شد، عیبی ندارد. مدیرانِ سه‌لتی هم بروند یاد بگیرند هم‌چه تجارتی را، البته پیش از قبول مسوولیت!

بگذریم. این سه-چهار روزه درهرات، دو-سه رستوران را امتحان می‌کنیم. رستورانتِ یاس را بیش‌تر می‌پسندیم و بعد هم رستورانتِ مهتاب را. در بینِ غذاها هم، همه به طبعِ ما سازگارند و خوش‌گوار! قابلی ماهی‌چه و کچیری که عدس‌پلو است با گوشت، یا کبابِ سیخی که دو پر کباب دارد و یک پر دنبه و هم‌چنین کبابِ کفته که این یکی را مثلِ عرب‌ها می‌گویند و همان کوبیده یا کوفته‌ی خودمان است... با قیمت‌هایی به نسبتِ ایران باورنکردنی.

خروجی رستوران، سینه به سینه می‌شوم با دو جوان، با وضعی شبیه به خودم. شلوارِ شش جیب و لباسِ سفری. البته آن دو یکی یک دوربینِ حرفه‌ای هم دارند و یکی‌شان هم سه‌پایه‌ای حمایل کرده است. عاقبت یکی از آن‌ها زودتر از من به حرف می‌افتد:

ایرانی هستید شما؟

بله...

توضیح می‌دهند که آمده‌اند عکاسی و دانش‌جو هستند و اهلِ نیشابور...

چه عجب! یکی حاضر شد برای عکاسی پاریس نرود و بیاید

افغانستان...

به شما نمی‌رسیم که با این بچه‌ی کوچک آمده‌اید...

می‌خندیم و محلِ اقامت‌هامان را رد و بدل می‌کنیم تا اگر کاری پیش آمد بتوانیم کمکِ حالِ هم باشیم. از دیدن‌شان خیلی خوش‌حال می‌شوم. خوش‌حال می‌شوم از این که هنوز هستند جوانانی توی مملکت‌مان که اهلِ این گونه سفرها و مخاطرات باشند... در ایالاتِ متحده از هر سه نفر فارغ‌التحصیلِ مدرسه‌ی متوسطه و پاکنکوری به قولِ ما، فقط یک نفر دوست دارد همان سال به دانش‌گاه برود. یک نفر دوست دارد واردِ بازارِ کار شود و یک نفرِ دیگر از میانِ هر سه نفر، کوله‌ای می‌اندازد روی دوش‌ش و می‌رود به سیرِ آفاق... ما اما... از دیدنِ تنها دو جوانِ ایرانی دیگر در هرات، که دو ساعتی مرزِ ماست و پنج ساعتی مشهد و شش ساعتی شهرشان، کلی شادمان می‌شویم...

بعد از ناهار تا برسیم به هتل، سری هم می‌زنیم به آب‌میوه‌فروشی چارفصل. مثلِ پاکستانی‌ها به موز می‌گویند کیله و کیله دارند با شیر و البته انبه هم زیاد دارند. آب‌میوه‌فروشی، بزرگ است و طبقه‌ی دوم‌ش هم سالنی پرده کشیده دارد برای خانواده‌ها. داخلِ پرده، اول، فقط دو خانمِ برقع‌پوش را می‌بینیم که با دو دختربچه‌هاشان نشسته‌اند. می‌ترسم که نکند قسمتِ زنانه باشد. اما بعد دو گلِ نوشکفته‌ی افغانی را می‌بینیم، تازه‌داماد و تازه‌عروس که روبه‌روی هم نشسته‌اند و آب‌میوه می‌خورند. گویا این از تهاجمِ

فرهنگی ما ایرانی‌ها باشد.
خانم‌های برقع‌پوش، در فضای داخلِ پرده، برقع را برداشته‌اند و با روی باز با هم حرف می‌زنند. دخترِ دو-سه ساله‌ی نازی هم دارند که لی‌جی، از خیرِ آب‌میوه می‌گذرد و می‌رود سراغ‌ش. دختربچه، نه می‌گذارد و نه برمی‌دارد، از لی‌جی خوش‌ش نمی‌آید و او را دور می‌کنــد. بعد هم با لهجه‌ی تندِ افغانی چیزی به لی‌جی می‌گوید، که نه او می‌فهمد و نه ما بزرگ‌ترهاش! لی‌جی از رو نرفته اســت و این استقبال را جزوِ بازی‌ها فرض می‌کند. باز هم می‌دود دنبالِ دختربچه. این‌بار دختربچه که حسابی از این موجودِ زبان‌نفهم کم آورده است، داد می‌کشد:
چِخ! چِخ!!
ایــن لفــظِ بین‌المللــی را دیگر متوجه می‌شــوم و بــا این که در اصــولِ تربیتی قرار گذاشــته‌ام در بازی کودک با ســایرِ کودکان، مداخله نکنم، اما به سرعتِ نیروی واکنشِ سریع می‌دوم و بچه را می‌نشانم‌ش سرِ میزِ خودمان!
بــرای‌م جالب اســت کــه دو زن، تنها آمده‌انــد و ظهری آب‌میوه می‌خورنــد. تا به حــال در هیچ جای شــهر، زنِ تنها ندیده بودم. مشــغولِ نوشــیدنِ آب‌میوه‌ایم که یک‌هو دو مرد با لباسِ افغانی، شــلوار و دشــداش و پتویی که دورِ گردن پیچیده‌اند و یک قبضه ریش، از قســمتِ بیرونی، پرده را کمی کنار می‌زنند. مردِ مسن‌تر بدونِ این که نگاه کند، صدا می‌زند:

برویم!

دو زن خودشان را جمع و جور می‌کنند و برقع را می‌اندازند روی صورت و بچه‌ها را به دنبال می‌کشند و به دو بیرون می‌روند، دنبالِ مردهاشان. نه بازو به بازو یا کنارِ هم البته؛ چند گام پس‌تر. من هنوز شک دارم که این قسمت خانواده‌گی است یا زنانه...

***

بعد از ناهار، با چند نویسنده‌ی افغان در هتل قرار دارم. بعضی‌شان اصرار می‌کنند که:

شما مهمان‌ید در این شهر و روا نیست شب در هتل بخسبید... هم‌الان باید برویم خانه‌ی ما...

از ایشان اصرار و از ما انکار. گفت‌وگومان انگار به نتیجه‌ای نمی‌رسد...

***

حالا که این سطور را می‌نویسم، شش ماهی از سفرمان به افغانستان گذشته است. من از هرات، به پیش‌نهادِ عبدالرزاق، راننده‌ی سراچه، شیرپره به هدیه آوردم برای این و آن. همان شیرپره‌ای که به جای قند می‌خوردندش. حالا بعدِ شش ماه، شیرپره‌ها -تازه اگر مانده باشد- خشک شده‌اند... چیزی که زنده است و هنوز شیرین، هدایایی است که از دوستانِ افغان گرفته‌ام. کتاب‌های «کارته وزرا» و «شاگردِ داکترصاحب» هر دو طنز، از سیدعبدالقادرِ رحیمی، «جنازه بر دهان» و «امضا محفوظ»، هر دو شعرِ فرانو، از مسعود حسن‌زاده، «کمی برای خودم»، شعر از

سمیه رامش و نوشته‌ی سرکارِ خانمِ رحیمی به نامِ «قربانی اول» که راجع به آن کمی بیش‌تر توضیح می‌دهم:
کتاب ناشر ندارد. ۹۰ صفحه است و ۷۰ افغانی قیمت خورده است. ۷۰ افغانی یعنی حدودِ ۱۴۰۰ تومان. کتاب، مرا گریاند و مرا خنداند. محمدناصر رهیاب در مقدمه، بانو رحیمی محتسب‌زاده را شه‌بانویی دردمند نامیده است و بگذار من وی را خان‌زاده‌ای جوان‌مرد بنامم که به گمانم دقیق‌تر و اصیل‌تر باشد. کتاب دغدغه‌ی زنِ روشن‌فکرِ افغانی است. نه گرفتارِ فمینیسمِ وارداتی شده است و نه خواسته است به ما پز بدهد که بازی‌های زبانی را می‌شناسد و... به شدت بومی است. نه مثلِ بعضی کارهای هم‌زبانانِ افغانستان که اتفاقا در ایران چاپ می‌شود و اتفاقاتر جایزه هم می‌گیرند و هیچ دخلی به مردمِ افغان ندارند... این کتاب برای زنِ افغانستانی نوشته شده است. به زنِ افغانستانی می‌آموزد که زنِ امروزی چه‌گونه زنی‌ست.
راستی همه‌ی داستان‌های کتاب -دستِ کم با یک موردِ نقض- خیالی نیستند. در یکی از داستان‌ها ثریا رحیمی از پدربزرگی نام می‌برد که خزانه‌دار و معتمدِ بخشِ انجیل بوده است که امروز در اختیارِ طالب‌هاست... ولسوالی انجیل در بیست کیلومتری جنوبِ هرات. پدربزرگی که زیرِ زنجیرِ تانکِ روس‌ها کشته می‌شود...

* * *

بعد از ظهر قرار است به کمیسیونِ حقوقِ بشرِ ولایتِ هرات بروم.

با آقای سید عبدالقادرِ رحیمی، رئیسِ کمیسیون جلسه داریم.
در افغانستان هم مثلِ ایران، بحثِ انتخابات داغِ داغ است. باز هم همان حسِ قله‌ی دماوند را دارم! سعی می‌کنم دیده‌ها و شنیده‌هایم را درباره‌ی انتخاباتِ افغانستان مرتب کنم.
انتخاباتِ افغانستان در اسدِ سیزده هشتاد و هشت برگزار شد. یعنی یک ماه بعد از انتخاباتِ ما، در مرداد ماه. بسیار نزدیک به انتخاباتِ ما.

* * *

مطالبِ انتخاباتی را آماده کرده‌ام در ذهن که تلفنِ اتاق زنگ می‌خورد. پایین، کسی منتظرِ من ایستاده است. دکتر ره‌یاب، استادِ دانش‌گاهِ هرات، با راننده کنارِ ورودی هتل منتظرند. بسیار گرم و گیرا و پذیرا. سوارِ سراچه‌ی لنگ‌درازشان می‌شویم و می‌رویم به سوی حلقه‌ی بیرونی شهر و کمیسیونِ حقوقِ بشرِ ولایتِ هرات. رئیسِ کمیسیون، انجینیر رحیمی است. سوم نفر که سال‌مندتر از باقی است، جنابِ عبدالغنی نیک‌سیر است، سردبیرِ نشریه‌ی ادبی هرات.
ابتدای جلسه، دکتر ره‌یاب که بعدتر می‌فهمم معاونِ علمی دانش‌گاهِ هرات هست، از جلسه‌ی فردای من با هیاتِ علمی دانش‌کده‌ی ادبیات می‌گوید که تا آن لحظه تقریبا از آن بی‌خبر بودم!
جلسه، به خلافِ تصورِ من که از نامِ محلِ جلسه و سمتِ میزبان، نشات می‌گرفت، حول و حوش مسائلِ سیاسی نیست و بیش‌تر

برمی‌گردد به مسائلِ فرهنگی.

میزبانـــانِ من، جمله‌گی، مدعی‌ند که ایرانی‌ها اطلاعاتِ چندانی از فضای افغانســـتان ندارند، حال آن که روشـــن‌فکرانِ افغانی پی‌گیرِ مســـائلِ فرهنگی ایران هســـتند. برای‌شان توضیح می‌دهم که این بی‌اطلاعی حتا دامن‌گیرِ روشن‌فکرانِ ایرانی نیز هست.

می‌گویند ایرانی‌ها نســـبت به ادیبـــانِ افغانی، بی‌توجهی می‌کنند، دکتـــر ره‌یـــاب توضیح می‌دهد از کتابی که در نقـــد و معرفی آثارِ داســـتانی معاصرِ افغان، از رمان و مجموعه داســـتان نوشته است. اســـتاد نیک‌سیر نیز از نشریه‌ی ادبی هرات و قدمتِ هفتاد ساله‌ی آن می‌گوید...

نوعِ مهاجرانِ افغانی که به ایران آمده‌اند، عمدتا از پایین‌دســـت بوده‌انـــد و بیش‌تر برای کارهای ســـطحِ پاییـــن مهاجرت کرده‌اند، همین باعثِ تصویرِ نادرستی از افغانستان شده است.

انجینیر رحیمی جواب می‌دهد:

شـــما این‌گونه دست‌چین‌شـــان کرده‌اید. به روشن‌فکرانِ ما ویزا نمی‌دهید... کارگران هـــم بیش‌تر غیرقانونی می‌آیند... بابتِ ویزای ایران متاسفانه ارتشا می‌شود...

باور نمی‌کنم. اما یادم می‌آید که پیش‌تر این را از قومان‌دانِ محافظِ ارگِ اختیارالدین هم شنیده‌ام. دکتر ره‌یاب ادامه می‌دهد:

من خود، وقتی در یکی از سفرهای دانش‌گاهی با موتر از تهران بـــه کرج می‌رفتم، منزلِ اقوام، راننده از کارِ من پرســـان کرد... باور

نمی‌کرد که در هرات دانش‌گاه باشد، شگفت‌زده بود که من فارسی با او گپ می‌زنم...

می‌گویم:

عزیزترین دوستِ من، که مهندسی است هم‌رشته‌ی انجینیر، وقتی نتوانست مرا از این سفر منصرف کند، التماس می‌کرد که حتما آب‌معدنی هم‌راه داشته باشم! بسیاری از این‌ها از کم‌کاری شما اهلِ فرهنگِ افغانی است.

دربست قبول نمی‌کنند.

حکومتِ شما اجازه‌ی ورود نداد به قشرِ فرهیخته‌ی ما. طلابِ اهلِ سنتِ ما جذبِ مدارسِ پاکستان شدند و این بلایا به سرِ این مردم آمد. اگر طالب‌های ما در مدارسِ تربتِ جام و زاهدان درس می‌آموختند، کجا گرفتارِ بلیه‌ی القاعده می‌شدند؟ دانش‌گاه‌های شما، به بچه‌های افغانی که حتا در ایران متولد شده‌اند، اجازه‌ی تحصیل نمی‌دهند. قوانینِ شما برای مهاجران نیکو نیست... حکومتِ شما کرامتِ انسانی ما را رعایت نکرد، شما روشن‌فکرانِ ایرانی چیزی نگفتید، بعدتر کرامتِ انسانی خودِ شما را نیز رعایت نخواهند کرد. این یک بازی دنیاوی است...

استاد نیک‌سیر می‌خواهد کمی بحث را آرام‌تر کند.

البته ما نیک می‌دانیم که شما خود جنگ‌زده بودید و از مردمِ ما پذیرایی می‌کردید، تحریمِ اقتصادی بودید و کمک می‌کردید...

دوستانِ دیگر اما هنوز معترض‌ند به این فرصت‌سوزی ما.

جوانانِ افغانی بیست سال مهمانِ شما می‌گردند... بعد به سنِ دانش‌گاه که می‌رسند، مجبور می‌شوند بازگردند افغانستان و دشمنِ شما می‌شوند... بسیاری‌شان در فضای مذهبی هرات، فقط برای نمایشِ مخالفت با ایران، تازه آن هم فقط به دلیلِ مساله‌ی دانش‌گاه، سعی می‌کنند حجاب را رعایت نکنند...

مجموعا بسیاری از این ایرادات وارد است. به آن‌ها نمی‌گویم. آیا ما خود راضی هستیم که با مهاجرانِ پرشمارِ ایرانی در سایرِ کشورها به تبعیض رفتار شود؟ گاهی اوقات، کرامت انسانی افغانی را با یک کاغذ و یک مهر، سنجیده‌ایم و فقدانِ کاغذ و مهر را فقدانِ کرامت دانسته‌ایم. نادیده گرفتنِ کرامتِ افغانی از سوی بعضی دست‌گاه‌های دولتی، البته مشابهت‌های فراوانی دارد با ندیده گرفتنِ کرامتِ هم‌وطنانِ خودمان. اما طبیعی است که دستِ افغانی از هر تظلمی کوتاه است. از آن سو، بسیار هم در میانِ مردم داشته‌ایم، که با خانواده‌ای افغانی، سال‌های سال، هم‌زیستی داشته‌اند.

توضیح می‌دهم که هیچ سمتِ حکومتی ندارم و صرفا مواضعِ شخصی‌م را بیان می‌کنم و البته با قوانینِ مهاجرت در ایران موافق نیستم. می‌دانم مهاجرت به ایران، بسیار سخت‌گیرانه است.

میزبانانم از سوی دیگر، معترض‌ند به نادیده انگاشتنِ بعضی قوانینِ حقوقی و قضایی دیگر. مثلا مجازاتِ اعدام برای قاچاق‌چیان یا حبس و شلاق برای مرتکبانِ سایرِ جرائم. این یکی را کوتاه

نمی‌آیم!

همان‌گونه که نادیده گرفتنِ کرامتِ انسانی افغانی می‌دانم، سدهای تحصیلی و آموزشی را و قوانینِ مهاجرت را و در حقیقت تبعیضِ ملیتی را، همان‌گونه نیز مشابهتِ قوانینِ جزایی را خاصه در شرایطی که حکومتِ شما نمی‌تواند جلوگیری کند از جرمِ مهاجران، لازم می‌دانم و اتفاقا عینِ توجه به کرامتِ انسانی. اگر یک مورد پیدا شد که در مجازاتِ مجرمِ افغانی، نسبت به مجرمِ ایرانی، شدتِ بیش‌تری به کار رفته است، با شما هم‌عقیده خواهم شد.

بله... شما فقط در سینما از ما قاچاق‌چی نشان داده‌اید!

بگذریم... اما...

اما چه؟

اما روشن‌فکرانِ افغانی هم در شناساندنِ خود به ما کوتاهی کرده‌اند... از طریقِ فضاهای مجازی و مستندها و... یک سایت امروز نداریم که معرفی کند هرات را... ما باید به مردم‌مان بفهمانیم که تفاوتی نداریم با هم، که وضعِ مرزها به کم از دوصد سالِ قبل برمی‌گردد آن هم به حیله‌ی دشمنِ مشترک... پنجره‌های فرهنگی ما بیش‌تر رو به غرب باز می‌شد، اما شما پنجره‌تان رو به ایران باز می‌شود... شما بیش‌تر کم‌کاری کرده‌اید!

ما هم‌واره گرفتارِ جنگ بوده‌ایم... شما ایرانی‌ها نمی‌دانید جنگ یعنی چه...

ما هم هشت سال گرفتارِ جنگ بوده‌ایم...

جنگِ شما، فقط لبِ مرزها بود... جنگِ ما در خانه‌هامان هم آتش می‌زد... خانه‌جنگی بود... امروز نسلِ جوانِ افغانی، یعنی یک جوانِ سی و پنج ساله، به جز جنگ هیچ ندیده است... می‌فهمید یعنی چه؟ یعنی او اصل نمی‌داند آشتی یعنی چه... آرامش یعنی چه... پشتون و هزاره و تاجیک و ازبک، شیعه و سنی، سی سال هم را زده‌اند... افغان این میانه معنایی نداشته است. ما دچارِ پس‌مانده‌گی فرهنگی شده‌ایم، آن وقت تو گپِ فرهنگی می‌زنی؟! می‌دانی سه سال تعطیلی لیسه (مدرسه) یعنی چه؟

بله... یعنی سه سال عقب‌مانده‌گی...

نه... سه سال پس‌مانده‌گی کم است... سه سال که مدرسه تعطیل شود، یک نسل درس نمی‌خواند... بعد، این نسل به سنِ کار می‌رسد، نمی‌تواند کارِ نیکو کند... بعد این نسل باید معلم شود برای نسلِ بعدی، اما سوادِ درست ندارد... سه سال تعطیلی لیسه یعنی سی سال پس‌مانده‌گی... حالا ما سی سال است که تعطیل‌یم...

جلسه‌ای است به طعمِ شکلاتِ تلخ... عمیقا شیرین، عمیقا تلخ!

* * *

فردا صبح جلسه‌ی دیگری دارم... سه‌شنبه هفتمِ میزان است، همان مهرِ خودمان. صبح بلافاصله بعدِ صبحانه با مسعودِ حسن‌زاده که شاعری است مدرنیست و تحتِ تاثیرِ شعرِ فرانوی براهنی، قرار

دارم. مسعود، از خانواده‌های اصیلِ هراتی است. خواهرزاده‌ی استاد خوش‌نواز است، از آخرین نسلِ نوازنده‌گانِ رباب. بنزِ اسپرتِ جوانانه‌ای دارد و با محبت مرا سوار می‌کند تا برویم به سمتِ دانش‌گاهِ هرات. به قولِ خودشان پوهنتونِ هرات که به سیاقِ جدانویسیِ مالوفم بایستی این‌گونه بنویسم‌ش: پوئن‌تون یا پوهن‌تون... پوهن به معنای دانش است و تون پس‌وند مکان‌ساز. دقیقا گرته‌برداری از دانش‌گاهِ خودمان. مسعود با ذوقِ شاعرانه‌اش توضیح می‌دهد که زبانِ پشتو در لغت‌سازی، زبانِ بسیار ضعیفی است و به‌ترین لغاتِ جدیدش گرته‌برداری از زبانِ فارسی هستند. مثال‌های فراوانی می‌زند که یکی-دو تا را بیش‌تر ضبط نمی‌کنم. مثلا لاسی‌رسی که لاسی همان دست است و لاسی‌رسی یعنی دست‌رسی که این یکی دویست متر هم جلوتر از خطِ مقدمِ گرته‌برداری است!! دولتِ مرکزی به شدت به دنبالِ این است که زبانِ پشتو را جای‌گزینِ زبانِ فارسی کند، حتا در ولایاتِ کاملا فارسی‌زبانی مثلِ هرات. ولایت‌ها (استان‌ها) و ولسوالی‌ها (شهرستان‌ها) را مجبور کرده‌اند تا همه‌ی نشان‌های رسمی و تابلوهای دولتی، حتا مثلا دانش‌گاه را، به زبانِ پشتو بنویسند.

برای ورود به دانش‌گاهِ هرات، یا همان پوهن‌تون، با این که مسعودِ حسن‌زاده را می‌شناسند، اما معطل‌مان می‌کنند حسابی. حراستِ ورودی برای راه دادنِ بنزِ اسپرتِ مسعود، با بی‌سیم هم‌آهنگی می‌کند و بعد هم که اجازه صادر می‌شود از سوی دفترِ رئیسِ

فاکولته‌ی ادبیات، شروع می‌کند به وارسی و تلاشی موتر. دانش‌گاه و دبیرستان‌ها یا همان لیسه‌های دخترانه، فقط به دلیلِ نهادِ مدرن بودن، هدفِ بسیار مهمی است برای طالب‌ها. به دانش‌گاه از سرکی خاکی داخل می‌شویم. هنوز مشغولِ ساخت و ساز هستند در دانش‌گاه. چندین فاکولته مثلِ ادبیات و انجینیری و جورنالیزم آماده شده است. طب هم قدیمی‌ترین فاکولته است که اطبای دوره‌ی عمومی را در زمانی کوتاه‌تر از دوره‌ی ایرانی، آماده‌ی طبابت می‌کند و می‌گویند امروز در شفاخانه‌ی دوصدبستر، بسیاری از اطبا، دانش‌آموخته‌ی همین پوهن‌تون هستند. (شفاخانه را ضبط می‌کنم با این توضیح که اگر چه ترکیبی عربی-فارسی است اما امیدوارانه‌تر است از بیمارستان.) فاکولته‌های دیگری مثلِ حقوق هنوز آماده نشده بودند.

فضای دانش‌گاه بزرگ است و خاکی. هنوز درخت‌چه‌هایی که در زمانِ اسماعیل خان کاشته‌اند، قوت نگرفته‌اند. در خاک‌بادِ سه‌شنبه، فضایی وسیع پیشِ چشمم است. بعضی دانش‌جویانِ دختر، به محضِ ورود از دروازه، چادرهای رنگی خود را -و نه برقع‌های آبی را- از سر بر می‌دارند و با مانتو و روسری در فضای داخلی راه می‌روند. معلوم می‌شود که برقعِ آبی، پوششِ زنانِ سنتی‌ترِ هرات است. کافه‌تریایی هم دارد که شبیه به همه‌ی کافه‌های دانش‌گاهی عالم است. شلوغ است و پر سر و صدا. البته در قیاس با ایران، بسیار کم‌دودتر!

می‌گویند بعد از سبک‌دوش شدنِ امیرصاحب اسماعیل خان از ولایتِ هرات، کارِ اعمارِ دانش‌گاه به کندی جلو رفته است. (سبک‌دوش شدن، تعبیرِ رساتر و محترمانه‌تری است از همان معزول شدن و بازنشست شدن.)

می‌خواستم به دانش‌کده‌ی انجینیری یا همان مهندسی بروم و پیش از جلسه، مهندس عبدالله کاظمی، اخوی شاعر خوش‌ذوقِ افغانی، محمدکاظم کاظمی را ببینم، که متاسفانه فرصتِ کافی نداریم و چیزی نمانده است به ساعتِ شروعِ جلسه.

به فاکولته‌ی ادبیات می‌رویم که طبقه‌ی سوم است. در اتاقِ رئیس، خوش‌آمدگویی رسمی انجام می‌شود و می‌رویم به اتاقِ اساتید. محبت کرده‌اند و علاوه بر چای سبز، برای من چای سیاه هم تیار کرده‌اند. می‌خندم و از علاقه‌مند شدن‌م به چای سبز برای‌شان داستان ردیف می‌کنم. یکی-دو تا از استادهای جوان‌تر معلوم است که رفته‌اند سراغِ شبکه‌ی جهانی اینترنت و طشتِ رسوایی مرا از بام به زیر انداخته‌اند. یکی از اساتید راجع به کتابِ نشتِ نشا می‌پرسد و به یکی-دو تا از نقدهای کارشده در سایتِ شخصی‌م اشاره می‌کند. دیگری سوال می‌پرسد که چه کاری در دست دارم و برای‌ش توضیح می‌دهم که مقاله‌ی بلندی می‌نویسم به نامِ «نفحاتِ نفت».

یکی از اساتید، توضیح می‌دهد که نفت، ساختارِ سیاسی یک‌پارچه‌ای می‌سازد در کشورِ شما و برای همین شاید نظامِ قبیله‌ای افغان راهِ

سهل‌تری برای دموکراسی بیابد.

به‌شان می‌گویم که کارم بیش‌تر پیرامونِ فرهنگِ نفتی است. در عینِ حال به سوالِ استادِ دیگری پاسخ می‌دهم که از فاصله‌ی اقتصادی افغانستان با ایران می‌پرسد.

با این زمانِ کمی که من در افغانستان بوده‌ام، خیلی سخت است اظهارِ نظر... اما فقدانِ زیرساختِ اقتصادی ساختارمند، حتا در کشاورزی و دام‌پروری، به شما کمک می‌کند تا خیلی زود پیش‌رفت کنید و ساختارسازی کنید... اما فاصله‌ی جامعه‌شناختی ما بیش‌تر است. یعنی فرایند ملت‌سازی در ایران، صد سال زودتر شروع شده است...

کمی صحبتِ سیاسی می‌شود. یکی از اساتید تذکر می‌دهد که در فاکولته‌ی ادبیات، مهمانِ نویسنده داشته باشیم و گپِ ادبی نزنیم؟ آن‌ها از من می‌خواهند تا راجع به ادبیات و زبانِ فارسی و آن‌چه این چند روزه دیده‌ام، صحبت کنم. یکی‌شان می‌گوید که شما امروز قرار بوده است برای ما سخن‌رانی کنید. افتتاحیه‌ی جانستان کابلستان را برای‌شان شرح می‌دهم و حس و حالم را وقتی به زبانِ فارسی ورقه‌ی ورودی هتل را پر کردم... و بعد صحبتم را شروع می‌کنم:

مهم‌ترین عاملِ پی‌وندِ ما، زبان است و دین... این هر دو گرفتارِ تهاجمِ بی‌گانه است. دین البته مدافعانِ شورمندی دارد اما زبان، سوگ‌مندانه، چنین پاس‌دارانِ شورمندی ندارد. زبانِ فارسی با

گستره‌ی جمعیتی کمِ فارسی‌زبانان در معرض خطرِ انقراض است؛ بـه همین صراحــت. اتفاقا به خلافِ نظرِ شـما فارســی‌زبانان، که اقداماتِ دولت را در اجباری کردنِ زبانِ پشتو، عاملِ اصلی انقراضِ زبـانِ فارســی می‌دانید، این بنده، زبان پشــتو را بــه هیچ عنوان خطری نمی‌بینم برای زبانِ فارسی. زبانِ پشتو قوتِ چندانی ندارد برای هم‌آوردی با زبانِ فارســی. نه در آینده‌اش می‌تواند هم‌آوردی کند با امکاناتِ پایینِ لغت‌سـازی‌ش و نه در گذشــته‌اش با تاریخِ کم‌رمقِ ادبی‌ش.

خطر در اختلافِ بینِ فارســی و پشــتو، جای‌گزین شــدنِ زبانِ انگلیسی است. می‌دانم که این را به راحتی از من قبول نمی‌کنید. اما یقین داشته باشید، در اختلافِ بینِ فارسی و پشتو، آرام آرام در دانش‌کده‌های فنی و طب، زبانِ انگلیسی جا باز می‌کند. هم‌چنین زبانِ اداری‌تان به زبانِ بین‌المللی تبدیل می‌شــود. با هزاران توجیهِ جورنالیستیکِ دیپلمات‌صاحب‌ها!

چــرا به تجربه‌ی هند نــگاه نمی‌کنیم؟ با این مشــکلاتِ صدورِ ویــزای ایران، یحتمل همه‌ی اســاتیدِ بزرگ‌وار، هنــد را به عوضِ ایران، دیده‌اند. ســردرِ ســاخت‌مانِ وزارتِ امور خارجه‌ی هند، در دهلی، ابیاتی به زبانِ فارســی نقش بســته است. یا در تاج محل بر مزارِ نورجهان و جهان‌گیر، حکماً دیده‌اید اشعارِ فارسی را.

زبان فارســی پیش از آنکه هندوســتان مســتعمره‌ی انگلستان شــود، دومین زبان رسمی این کشــور (در دوره‌ی گورکانیان زبان

رسمی) و زبان فرهنگی و علمی بشمار می‌رفت. اما پس از استعمار، انگلیسی‌ها در ســـال ۱۸۳۲ با زور انگلیسی را جایگزین فارسی کردند.

قدمــتِ زبان فارسی در هند برمی‌گردد به هشت قرنِ پیش؛ ۷۰۰ ســـال بر تارک اندیشـــه، روابط، سیاســت، اقتصاد و فرهنگ مردم هند حاکمیت داشت. به گونه‌ای که کلیه آثار مهم فرهنگی، مذهبی، سیاسـی، ادبی، مکاتبات، اسناد شخصی و دولتی و احکام قضایی هند به زبان فارسی نوشته می‌شد و مدت‌های مدیدی، این سرزمین مهد پرورش شعر و ادب فارسی بود. جالب این‌جاست که با تأسیس شرکت هند شـــرقی به دست انگلیسیان از آنجاکه زبان اداری هند فارسی بود انگلیسیان وادار به یادگیری فارسی شدند اما کم کم زبان خود را به جای آن رســمیت دادند و ســـرانجام در ســـال ۱۸۲۹ میلادی رسماً زبان انگلیســـی جایگزین زبان فارسی گشت.

نکته‌ی جالب این اســت که انگلیسی‌ها در هند نیز دعوای اردو و فارسـی را راه انداختند. یعنی مدام بینِ مردم، شــایع می‌کردند که جمعیتِ اردوزبانان بیش‌تر اســت و بایســتی زبانِ رسمی اردو باشـد و میانِ فارسی‌زبانان شایع می‌کردند که میراثِ زبانِ فارسی غنی‌تر اســت و بایستی زبانِ رسمی فارسـی باشد و... اما در عمل انگلیســـی جای‌گزینِ هر دو شد... دقیقا مثلِ بازی امروزِ افغانستان بینِ فارسی و پشتو...

ضمنِ آن که اصولا قبایل پشتوزبان چندان مشکلی با زبانِ فارسی نداشته‌اند. مگر محمدزایی‌های قندهار به مرورِ زمان به دری گرایش پیدا نکرده‌اند؟

در عینِ حال توجه‌ی باید کرد به نام‌گذاری دری و تاجیکی و فارسی به یک زبانِ واحد به قولِ داریوشِ آشوری و حذفِ ریشه‌های مشترکِ زبانِ فارسی.

اجازه بدهید حالا که ملتِ افغانستان در معرضِ تصمیم‌گیری‌های بزرگِ فرهنگی هستند، به عنوانِ یک فرهنگی از کشوری که بایستی به هم‌زبانان کمک کند، قسمتی از مقاله‌ی مرحوم عباس اقبال آشتیانی (متوفا به سال ۱۳۳۴) را از مجله‌ی یغما، سال ۱۳، شماره ۱۲، به تاریخِ اسفند ۱۳۳۹ از رو قرائت کنم.

«از بعد از تشکیل دولت پاکستان همواره موضوع اختیار یک زبان ادبی برای آن مملکت در میان بوده و نظر به سوابق و علایق تاریخی و ادبی بین ایران و این قسمت از هندوستان قدیم عده‌ای در نظر داشتند که زبان فارسی یعنی زبان دو شاعر بزرگ مسعود سعد سلمان و محمد اقبال را که هر دو از متولدین شهر لاهورند به این عنوان اختیار کنند.

بدبختانه در این موقع ما در پاکستان کسی را نداشتیم که با علاقه و حمیت از فارسی دفاع کند، برخلاف مصری‌ها که کاملاً مراقب و بیدار بودند و یکی از فضلای محترم خود آقای دکتر عبدالوهاب عزام استاد دانشگاه قاهره را که به شعر و ادب فارسی

نیز کاملاً آشناســت و در شــعر و ادب عربی مقامی بلند دارد، به عنوان ســفیر کبیر به پاکستان فرســتادند و او توانست به مهارت تمــام کفه زبــان عربی را موقتاً بچرباند و فضلای ســنی مذهب و متعصب این مملکت را بیش از پیش متوجه ممالک عربی کند.
اما برای ما ایرانیان فارســی زبان جای این شــکر باقی اســت که علاوه بر مبتنی بودن زبان اردو بر فارسی عظیم‌ترین و لطیف‌ترین گفته‌های پدر استقلال و شعر پاکستان یعنی مرحوم دکتر محمد اقبال به زبان فارسی است و پاکستانی به هر مسلک و مذهب باشد ناگزیر قبله‌ی دل‌ش مجموعه گفتار آب‌دار محمد اقبال به فارسی خواهد بود و این از نظر ما ایرانیان یکی از بزرگ‌ترین خدمات آن مرد بزرگ است.
بدبختانــه اکثــر نماینــدگان ما در خــارج از توجه بــه این قبیل وسایل غافل و یا این که به تمام معنی از علم و اطلاع به موضوع تهی‌دستند.»

اجــازه بدهید بنده پنجاه ســالِ بعد از مرحومِ اقبالِ آشــتیانی، همان تک جمله‌ی انتهایــی را دوباره تکرار کنم که بدبختانه اکثرِ نماینده‌گانِ ما در خارج از توجه به این قبیل وسائل غافل و...

* * *

اســاتید محبت می‌کنند و کمی گپ می‌زنیم راجع به زبان و بعد با مســعودِ حســن‌زاده از فاکولته بیرون می‌زنیم. مسعود از وضع و حالِ من و نظرم راجع به دانش‌گاه می‌پرسد. می‌خندم:

کمینه حسنِ جلسه این است که یکی از دروغ‌های مرا راست می‌کند و کِرام الکاتبین را مجبور به استفاده از شیفت+دلیت!

کجا دروغ گفته بودی؟!

شما نمی‌دانی... اما خودم مثلِ خدای خودم می‌دانم!

برای‌ش شرح می‌دهم واقعه‌ی پلیسِ راه‌نمایی و راننده‌گی مسیرِ تایباد را که به دلیلِ سرعتِ غیرمجاز مرا نگه داشته بود و من پرانده بودم که صحبتی دارم در دانش‌گاهِ هرات و او هم محبت کرده بود و گاری را نخوابانده بود...

تا ظهر فرصتی داریم و البته جلسه‌ای دیگر. این بار می‌رویم به اداره‌ی فرهنگِ شهر با چند جوانِ شاعر و نویسنده مثلِ نقیبِ آروین و سمیه رامش، گفت‌وگو می‌کنیم. افقِ فرهنگی برای ادبیاتِ افغان، بدونِ تردید، ادبیاتِ ایرانی است. همه‌ی جوانانِ فرهنگی از طریقِ دنیای مجازی به خوبی از وقایعِ فرهنگی ایران مطلع‌اند و صاحبِ نظر. بسیاری از آن‌ها نیز در ایران تحصیل کرده‌اند و اصالتا همان حضورِ در ایران، باعثِ علاقه‌مندی ایشان به احیای فرهنگی زادبوم‌شان شده است. با این همه مشکلِ ارتباطِ حقیقی، حسابی همه را گرفتار کرده است. کنسولِ ایران سالِ پیش بی‌رسمی کرده است و مهمانی شامی داده است به جوانانِ اهلِ فرهنگِ هرات. جالب این است که همه در این مهمانی شرکت کرده بودند. یعنی حتا کسانی که به لحاظِ سیاسی در اردوی امریکایی‌ها کار می‌کردند، دعوت را پذیرفته بودند. همه یک چیز خواسته بودند

و آن هم فرصتِ رفت و آمد به ایران بود با ضمانت‌نامه‌های جدی برای برگشت. کنسول قولِ مساعد داده بوده است و مطابقِ معمول تا آن روز خبری نشده بود.

در اتاقی در اداره‌ی فرهنگ، علاقه‌مندانِ به فیلم‌سازی جمع می‌شوند و در اتاقی دیگر علاقه‌مندانِ به ادبیات. در همان ساخت‌مان دفترِ روزنامه‌ی اتفاق قرار دارد با بیش از صد سال قدمت.

صحبت با جوانانِ اهلِ فرهنگ چندان نشاط‌آور است که اصلا نمی‌خواهم دل بکنم از هرات. فردا پنج‌شنبه روزِ پنجمِ برنامه‌ی دقیقِ سه روزه‌ی ماندن‌مان در هرات است و البته روزِ آخر است! من اصلا نمی‌خواهم از افغانستان دل بکنم. حالا می‌فهمم که این خاک کَش دارد یعنی چه...

با مسعودِ حسن‌زاده خداحافظی می‌کنم و به او می‌گویم البته هنوز از هرات دل نکنده‌ام. بعد هم مشورتی می‌گیرم برای رفتن به مزار. او نظرش برای هم‌راهی خانواده منفی است.

* * *

با بعضی از اهل فرهنگِ هرات، به لحاظِ سیاسی اختلافِ عقیده دارم. عمدتا چنان از دستِ طالب‌ها شاکی بوده‌اند، که از آمدنِ امریکایی‌ها خوش‌نود شده‌اند. بعضی البته اصیل‌زاده‌اند و این آمدن را دوره‌ای زمان‌مند می‌بینند و باور دارند که بعد از این دوره‌ی گذار، افغانی، امریکایی را نیز مانندِ سلفِ روس‌ش، نخواهد پذیرفت. در یکی از جلسات با دوستی خوش‌ذوق آشنا می‌شوم

که کنسولِ فرهنگی امریکا او را به عنوانِ خبرنگارِ ارشدِ وی.او.اِی.، وویس آو اَمِریکا جذب کرده است. هم‌او توضیح می‌دهد که متاسفانه کنسولِ ایران در هرات، هیچ توجهی به گروه‌های فرهنگی ندارد و جز یک مهمانی در چند سالِ گذشته، کاری نکرده است و حتا به وعده‌اش در موردِ صدورِ ویزا برای اهلِ فرهنگِ هرات، عمل نکرده است. خودِ من، در گشت و گذارِ همان روزِ اول، فهمیدم، که رئیسِ انجمنِ ادبی هرات، که دوست‌دارِ ایران بزرگ است و محبِ امیرالمومنین، به دلیلِ همین عدمِ صدورِ ویزا، برای خوددوایی -علی‌رغمِ میلِ باطنی- به هند رفته بود... بگذریم...

* * *

ناهار را با هم‌سفرِ اول و لی‌جی می‌رویم دوباره به رستورانتِ یاس. در راه تماسی با دوستِ ادیبِ افغانی‌م می‌گیرم و او نیز هم‌راهی خانواده را صلاح نمی‌داند... بعد از ناهار می‌رویم برای قدم زدن در شهر. در محله‌ی بادمرغانِ هراتِ کهنه دوباره دو دوستِ ایرانی‌مان را می‌بینیم که قرار است فردا به ایران برگردند. می‌پرسم عکس‌ها را برای کجا می‌گیرند و معلوم می‌شود که کارشان سفارشی نیست، اما بسیار علاقه‌مندند که عکس‌هاشان را در نشریه‌ی «سرزمینِ من» منتشر کنند. کلی خوش‌حال می‌شوم و به‌شان می‌گویم که سری مجلاتِ هم‌شهری را یکی از دوستانِ قدیمی هم‌دانش‌گاهی من اداره می‌کند. ایران که رفتید، به‌ش بگویید از آشنایان رضا امیرخانی هستید و من هم سفارش می‌کنم و...

از روی اســم، مرا می‌شناســند و یکی‌شان می‌گوید ارمیا را خوانده
اســت. فارغ‌التحصیل مدرســه‌ی تیزهوشانِ نیشــابور بوده است و
سمپادی. می‌گویم:

پس سمپادی هستی؟

و او به جای سازمان ملی پرورشِ استعدادهای درخشان می‌گوید،
سمپادی به معنای سازمانِ منحله‌ی پکیده‌ی اژه‌ای و دار و دسته‌ی
نازنیـــنش! در دوره‌ی کودکی‌ش یحتمــل، بعضی پرت و پلاهای
مرا در مجله‌ی روایتِ فارغ‌التحصیلان خوانده اســت. حســابی گرم
می‌گیریم با هم و چون قرار است فردا برگردند، شماره‌ی ایران را
نیز رد و بدل می‌کنیم.

⁂

حالا ماه‌ها گذشته است از سفر و دوستان نیشابوری روی سایتِ من،
پیام گذاشته‌اند و عکس‌هاشان را در وب دیده‌ام. آن‌ها بزرگواری
می‌کنند و به روی من نمی‌آورند و من هم از خداخواســته! البته
مقصر من نیستم... مقصر تصمیمات عجیب و غریبی است که طی
کم‌تر از یک ماهی که ما سفر بوده‌ایم، رفیقِ قدیمی هم‌دانش‌گاهی
را از کارِ مدیریتِ مجلات بی‌کار کرده‌اند و حالا دیگر سفارشی در
کار نیست!

⁂

بعدِ ناهار می‌روم سراغِ بلیت که خودشان می‌گویند تِکت. می‌خواهم
در کم‌تریـــن زمانِ ممکن، بروم مزار و برگردم. جوری که علی‌جی

اذیت نشود...

کابـل روزانـه از هرات پرواز دارد، اما مزار فقـط دو پرواز دارد در هفته. شـنبه و یک‌شـنبه. می‌توانم برای شنبه صبح با پروازِ پامیر بروم مزار و بعدتر یک‌شنبه با پروازِ برگشتِ آریانا از مزار به هرات برگردم. اما این‌جوری حالا که چهارشـنبه اسـت، یک روز، یعنی یک‌شـنبه را به سـفرمان اضافه کرده‌ام. حسنِ این برنامه‌ریزی در این اسـت که یک شـب طول می‌کشد و ایرادش در این است که هم یک روز به سـفر اضافه می‌شـود و هم کابل را نمی‌بینم. کلی عقل‌مـان را بـه کار می‌اندازیم. با کلی طراحی مهندسـی، عاقبت بلیت می‌گیرم برای فردا پنج‌شنبه سـاعت ۲ بعد از ظهر از هرات به کابل و برگشت هم شنبه ۱۰ صبح از مزار به هرات. این وسط فقط می‌ماند چه‌گونه‌گی رفتن از کابل به مزار. به نظر می‌رسد که بتوانم این قسمتِ مسیر را زمینی بروم. فاصله‌ی کابل تا مزار حدود چهارصد کیلومتر اسـت و می‌گویند جاده‌ی مناسبی دارد. بعضی می‌گویند به‌ترین جاده‌ی افغانستان، جاده‌ی کابل به مزار است. ایـن وسـط، گرفتاری، دو شـب و یک روز تنها مانـدنِ لی‌جی و مادرش است... با هم کنار می‌آییم و قرار می‌شود تا در هتل بمانند. تقریبا هیچ راه دیگری به نظرمان نمی‌رسد. اگر قرار باشد کابل و مزار را نبینم، به نظرم سفرم ناقص می‌ماند.

❊ ❊ ❊

بعد از ظهر را به عنوانِ آخرین روز گشت و گذار در هرات می‌رویم

سمتِ هراتِ کهنه و قسمتِ قدیمی شهر. هرات کهنه، یعنی سفری در زمان. بازگشتی به گذشته. خیال می‌کنم بازارِ هراتِ کهنه، تجربه‌ای باشد از زیستن در قرنی پیش. تنها جایی در عالم که هنوز پتکِ آهن‌گری را می‌بینی که گران بر آهنِ تفتیده فرو می‌آید تا بدل‌ش کند به ابزاری در دستِ کشاورزی. دکانی می‌بینم که جلوِ درش لاستیکِ کهنه ستون کرده‌اند. تعجب می‌کنم. دهنه‌ی بازار جوری نیست که موتر به راحتی داخل شود و آپاراتی صرف کند. جلوتر می‌رویم. صاحبِ دکان، با دقتِ مس‌گرِ کرمانی و تذهیب‌کارِ اصفهانی نشسته است و لاستیک‌ها را با تیغ و اسکنه می‌شکافد. از لاستیکِ اتومبیل دلو می‌سازد و کفشِ آب‌یاری برای کشاورزان. چنین دکانی را در کجای عالم دیگر می‌توان یافت؟

حجره‌ای دیگر هست که در آن لگام و افسار و دهنه و زین

می‌سازند و هم‌چنین غلافِ تفنگ می‌فروشند. نه فقط غلاف برای سـرپر که غلافِ سوزن‌دوزی‌شــده‌ی کلاشینکف هم پیدا می‌شود. برقو فروشـی آبی و پریموس فروشی قهوه‌ای. نانِ تنوری و پنیر و کره‌ی محلی. گندم و جو و آرد. روستایی‌ها به هراتِ کهنه می‌آیند و محصول می‌فروشند و لوازم می‌خرند.

آب‌انبارهای قدیمی خشک را می‌بینیم و مساجدِ شیعیان را. به یک مدرســه‌ی علمیه در محله‌ی بادمرغان ســر می‌زنیم و البته بسیار دوست دارم حوزه‌ی امام جواد (ع) را ببینم که میسر نمی‌شود.

به مغازه‌ای پشتِ حصار می‌رویم و من برای سفرِ فردا لباسِ افغانی می‌خرم. شلوار و پیراهنِ بلندِ تا سرِ زانو و پتو. پتو همان دستمالی است که ساده‌ترین استفاده‌اش دورِ سر پیچیدن است، مثلِ دستار. کاربردهای دستــار بسیار بیش‌تر است از دورِ سر پیچیدن... بعدتر جایی می‌نویسم که یک افغانی با پتو و مبایل می‌تواند زنده بماند! لی‌جی هم از این خرید بی‌نصیب نمی‌ماند و او هم صاحبِ پیراهنِ افغانی می‌شود.

❊ ❊ ❊

غروب شده است و به‌دو باید برگردیم به سمتِ هتل. از یک‌شنبه تا امروز که چهارشنبه باشد، در این چهارروز، حدود چهل کیلومتر در هرات پیاده راه رفته‌ام. یعنی روزی نزدیک به ده کیلومتر. این را به مددِ قدم‌شمارِ مبایل فهمیده‌ام. حسابی دل‌تنگم که دو روزِ بعـد می‌خواهــم این خاک را رها کنم و باز گردم. و البته کمی هم

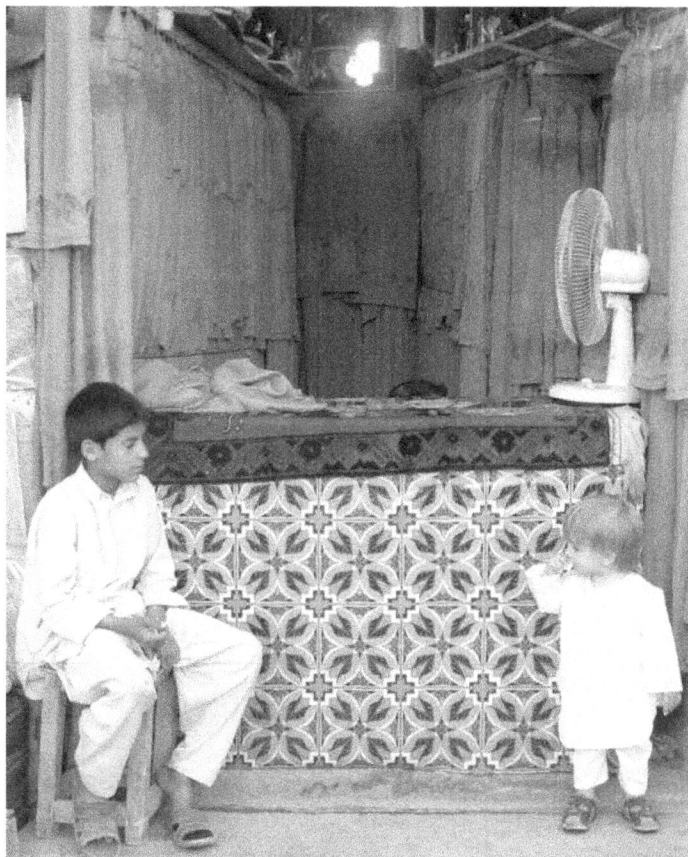

نگران. نگرانِ دوری چهل ساعتی‌م از هم‌سفران! وضعیتِ هتل البته بسیار مرتب است...

* * *

صبحِ پنج‌شــنبه اســت. نهمِ ماهِ میزان. روی تکتِ من ساعتِ دوی بعد از ظهر قید شده است. بایستی یک ساعت پیش از پرواز خود را برسـانم به میدانِ هوایی. میدانِ هوایی هم فقط بیست کیلومتر با شــهر فاصله دارد. بیســت کیلومتری جنوبِ شهر است فرودگاه.

با این حساب، تا حدودِ ساعتِ دوازده فرصت داریم. در این فاصله برای آخرین بار راه می‌افتیم به خیابان‌گردی در شهرِ کاج‌ها...

از کنارِ شفاخانه‌ی دوصد بستر می‌گذریم و نرسیده به چوکِ شهرِ نو، در محله‌ی مرتبِ شهر، چشمم می‌افتد به جماعتی که به خط ایستاده‌اند و بعضی نیز با هم خصمانه داد و بیداد می‌کنند. کمی نزدیک می‌شویم.

تابلوی بزرگی زده بودند روی ساختمانی قدیمی و وسیع با دیوارهای آجری که «کنسول‌گری جمهوری اسلامی ایران». ذوق می‌کنیم که بعد چند روز نمادی از کشورمان می‌بینیم. پرچمِ ایران را به لی‌جی نشان می‌دهم و همین‌جوری به کله‌ام می‌زند که سرکی بکشم داخلِ کنسول‌گری.

جلو می‌روم و صفِ مراجعانِ ویزا را کنار می‌زنم و از عسکری افغانی که محافظِ کنسول‌گری است، آدابِ ورود را می‌پرسم. جواب می‌دهد و به افغانی‌های معترضِ داخلِ صف تشر می‌زند:

این مردک خود ایرانی است... ویزا نمی‌خواهد که... چیز دیگری می‌خواهد پرسان کند.

دریچه‌ی کوچکی را نشانم می‌دهد. پشتِ دریچه، با پنج متری فاصله، کارمندی هم‌وطن نشسته است. به او سلام می‌کنم و او از همان‌جا می‌پرسد:

کارتان؟

می‌خندم و می‌گویم:

ورودی سایه‌بان ندارد، زیرِ آفتاب هستیم... (اشاره‌ام به کالسکه را از آن سوراخِ تنگ متوجه نمی‌شود) تشریف بیاورید در را باز کنید، داخل عرض می‌کنم...

به زحمت روی صندلی جابه‌جا می‌شود و به کسی امر می‌کند که در را باز کند. کارمندی محلی، در را باز می‌کند. کالسکه را به زحمت از نیم‌پله‌ی ورودی بلند می‌کنیم و داخل می‌شویم.

کارمندِ جوان، مشغولِ گپ زدن با اربابِ رجوعی افغانی است. مراجعی شکم‌گنده که قیافه‌اش به کاسب‌کارها می‌خورد. کاسبِ افغانی می‌گوید:

از همان‌جا که گفته بودی، خرید می‌کنم. پرچون که نه... عمده می‌خرم جنس را... اما بالا می‌گیرد قیمت‌ها را...

از صحبت‌شان سر در نمی‌آورم. کارمندِ جوان می‌پرسد:

کارتان چیست؟

دارم می‌گردم دنبالِ کارم! این را که آدمی‌زاد دور از وطن از دیدنِ پرچمِ سفارت‌ش ذوق می‌کند، نمی‌توانم به طرف حالی کنم. این را که سفارت خانه‌ی ما محسوب می‌شود، نیز به هم‌چنین! برای همین کاری واقعی عاقبت پیدا می‌کنم.

ممکن هست با جنابِ کنسول صحبت کنم... من رضا امیرخانی هستم، نویسنده. در دانش‌گاهِ هرات، سخن‌رانی داشته‌ام و حالا قرار است به دانش‌گاهِ بلخ بروم. می‌خواستم از جنابِ کنسول بپرسم که آیا می‌توانند در موردِ اقامتِ چهل ساعته‌ی خانواده‌ام در این شهرِ

غریب، به من کمک کنند؟

مطمئن هستم که هم‌سفرِ اول و لی‌جی در این چند ساعت دوری من مشکلی ندارند. فقط ویرم گرفته است که کمی از وضعیتِ کنسول‌گری سر در بیاورم. کارمندِ جوان باز هم راضی نمی‌شود مرا داخل بفرستد. از همان پشتِ میز می‌گوید:

صحبت با دفترِ جنابِ کنسول که مقدور نیست. اما اجازه بدهید با نفری صحبت کنید که معاونِ کنسول است و امورِ فرهنگی هم به ایشان مربوط می‌شود...

قبول می‌کنم. مشغولِ گرفتنِ تلفن است و در همین حال غری هم می‌زند به لی‌جی که طولِ راه‌روِ مراجعان را با قدم‌های یک و نیم ساله‌اش می‌دود. می‌گوید:

مراجعان نباید از این راه‌رو آن‌طرف‌تر بروند...

من هم همین جمله را عینا برای لی‌جی تکرار می‌کنم!

لی‌جی! مراجعان نباید از این راه‌رو آن‌طرف‌تر بروند...

کارمندِ جوان، تلفن را وصل می‌کند به دفترِ معاونِ کنسول و گویا مسوولِ دفترش پاسخ می‌دهد. از من می‌خواهد که دقیق خود را معرفی کنم. من هم برای این که حسابی مطمئن شوم، از حسنِ رفتارِ ایشان -با توجه به این که مطمئن‌م معاونِ فرهنگی قطعاً کتاب نمی‌خواند- در معرفی سنگ تمام می‌گذارم و حتا کمی هم فراتر، یک سنگ و دو سنگ می‌کنم کفه‌ی تواضعِ معرفی را!

رضا امیرخانی هستم. رئیسِ سابقِ هیاتِ مدیره‌ی انجمنِ قلمِ

ایران، که البته امروز جنابِ دکتر ولایتی عهده‌دارِ این مسوولیت هستند...

به هر صورت، با همه‌ی خلیفه‌کشی‌های مرسوم، هنوز نامِ آقای ولایتی دررو دارد در دستگاهِ وزارتِ خارجه. خیلی زود، ظرفِ پنج دقیقه که یحتمل لازم بوده است تا همان نفر، اسمِ مرا از روی اینترنت چک کند، تلفن زنگ می‌خورد. کارمندِ جوانِ دمِ دری که این‌بار به خاطرِ اسمِ دکتر ولایتی کمی مودب‌تر رفتار می‌کند و دیگر خیلی هم به لی‌جی خرده نمی‌گیرد که طولِ راه‌رو را ندود، گوشی را می‌دهد دستم و سلام و احوال‌پرسی می‌کنیم...

جنابِ آقای امیرخانی! متاسفانه ما از صحبتِ شما در دانش‌گاه بی‌اطلاع بوده‌ایم. شما از طرفِ وزارتِ ارشاد به این سفر آمده‌اید؟

خیر...

از طرفِ سازمانِ فرهنگ و ارتباطات؟

خیر...

یعنی هزینه‌های سفرتان را کدام نهاد تقبل کرده است؟

نهادِ خانواده!

دو تایی می‌خندیم! می‌گوید:

پس شرمنده... ما کاری از دست‌مان برنمی‌آید.

خنده‌ام می‌گیرد. یعنی اگر پولِ سفرِ مرا بیت‌المال می‌داد، کاری از دست‌شان برمی‌آمد! بعد می‌گویم:

دوستِ عزیز! من یک هم‌وطنِ شما هستم، که برای کاری به

هرات آمده‌ام، گیریم اصلا ارتباطی هم نداشته باشم با هیچ‌جا، حالا چهل ساعت می‌خواهم خانواده را تنها بگذارم. از شما راهنمایی می‌خواهم و شما حتا حاضر نیستید که مرا به دفترتان دعوت کنید!

کاری از دستِ ما بر نمی‌آید... همان هتلی که هستید، حتما خوب است دیگر... هتلِ تجارت و نظری خیلی خوب است... ان‌شاءالله مشکلی پیش نمی‌آید... خداحافظ!

از درِ کنسول‌گری بیرون می‌آییم. کالسکه را دوباره دونفری از نیم‌پله رد می‌کنیم و گیج و منگ در خیابان به سمتِ هتل راه می‌رویم...

راستی اگر من یک ایرانی بودم، که پولم را زده بودند، یا پاسم را دزدیده بودند و مثلا بضاعتم نمی‌رسید که در هتل اتاق بگیرم، چه باید می‌کردم؟

پنجشنبه روزی است که کنسول‌گری ایران مرا جواب کرد و حتا اگر مرا جواب نمی‌کرد، دعوتِ یک جوان‌مردِ افغانی را نیک‌تر می‌یافتم.

پنجشنبه روزی است که نفری در کنسول‌گری به من می‌گفت که من فقط به سفرِ دولتی‌ها کمک می‌کنم و باقی هم‌وطنان را پشیزی هم حساب نمی‌کنم...

پنجشنبه روزی است که نشانه‌ای است برای روزی دیگر... یوم یفر المرء من اخیه... نشانه‌ای برای روزی که پاسخ بطلبیم از جماعتی

که صدقه‌ی سرِ پولِ نفتِ من، پولِ نفتِ ما، مسوولیت گرفته‌اند... پنج‌شنبه روزی است که با کالسکه‌ی طفلی یک و نیم ساله به سمتِ چوکِ شهر نو گام می‌زنیم تا برویم هتل... طفلی که از درِ کنسول‌گری جواب شده است.

با بدخلقی دست می‌کنم در جیب تا به کارگرِ هتل که در آوردنِ کالسکه کمک کرده است انعام بدهم. کارگرِ جوان که این چند روزه بسیار به ما کمک کرده است، دستم را پس می‌زند. بدخلقی‌م بیش‌تر می‌شود.

بگیر دیگر...

سِر! من انعام نخواستم... فقط برای من کاری بکن...

چه کاری؟!

سِــر! به ایران که رفتی، از جاده‌ی اسلام‌قلعه می‌روید دیگر، در مشهدِ امام رضا، من را، سید یاسین را به اسم دعا کن... به من ویزا نمی‌دهند کنسول‌گری... پولِ زیاد می‌خواهند... هر چه می‌گویم برای زیارت باور نمی‌کنند...

آرام می‌شوم و به کنسول‌گری فکر نمی‌کنم. همان‌طور که توی سـراچه‌ی عبدالرزاق جاگیر می‌شویم، اشک‌هایم را پاک می‌کنم... پنج‌شنبه روزی است که اشکِ آدم را در می‌آورد!

❊ ❊ ❊

می‌دانم که این شـیوه‌ی برخوردِ آقای گاورمنت، شـیوه‌ی برخوردِ همه‌ی امورِ خارجه‌ای‌ها نیسـت و قدیمی‌ترهاشـان خصوصا به‌تر

رفتار می‌کنند. حتا خود، نمونه‌هایی از این رفتارِ خوب را دیده‌ام... اما به نظرم قاعده، رفتار همان نفر باشد!

حالا فرض کن برای بررسی صحت و سقمِ ادعای من راجع به آن نفر، بازرسِ ویژه‌ی امورِ خارجه را بفرستند به هرات. بلیتِ درجه یک برای حضرتِ بازرس می‌گیرند و اگر رزیدانسِ ویژه نداشته باشد، کنسول‌گری، ایشان را در هتلِ درجه یک مستقر می‌کنند و بعد هم هر شب شامی می‌دهند در رستورانتِ هزار و یک شب و از قماش تجار، همان تاجرِ دمِ دری را می‌آورند برای ادای پاره‌ای از توضیحات، و از قماشِ اهلِ فرهنگ هم یک درجه دویی پیدا می‌کنند که به خاطرِ یک وعده غذا حاضر باشد، مجیز بگوید و از... و عاقبت هم ثابت می‌شود که این بنده بی‌راه حرف زده است و اصالتا به حرف‌ش نمی‌شود اطمینان کرد و... این وسط چند هزار دلار هم از کیسه‌ی بیت‌المال هزینه خواهد شد! پس به‌تر آن است که من خودم رسما همین‌جا خودم را تکذیب کنم و قصه را ختمِ به خیر کنم که تکلیف، ترکِ خصومت است نه کشفِ حقیقت!

اما کنسول از نظرِ من که باید باشد؟ کنسول باید کسی باشد که معاریفِ شهر را بشناسد. در رزیدانسِ بزرگ و مرفهی که مطابقِ شانِ کنسولی دارد، پذیرای سایرِ دیپلمات‌های شهر باشد. خانه و امکانات برای توسعه‌ی ارتباطات است، نه برای رفاهِ شخصی. (در کشوری دیگر دیدم که کنسولِ مقتصد که این ظریفه را درک نکرده بود، یک نیمه‌ی زمینِ فوتبالِ کنسول‌گری را خیار و گوجه

کاشـــته بود!) به‌ترین تاجرِ شـــهر، به هم‌راهِ خانواده، دو-سه ماهی یک‌بار باید به منزل کنسول مهمان شود. بتواند به‌ترین نویسنده‌ی شـــهر را، به‌ترین روحانی شـــیعه را، به‌ترینِ مولوی اهلِ ســـنت را، به‌ترین مهندس و دکتر را، در کنســـول‌گری میزبانی کند. کنسول باید کســـی باشد که شـــب خواب‌ش نبرد وقتی بفهمد که مسوولِ انجمنِ قلمِ هرات، برای خوددوایی چشـــم‌ش به هند رفته اســـت. کنســـول باید حال شـــیعیان را بفهمد وقتی آرزو دارند شـــب‌های جمعه بروند زیارتِ امام رضا (ع) و برگردند. کنســـول باید کســـی باشد که استعفایش را بنویسد وقتی بفهمد که فلان انجینیر سالی یک‌بـــار برای تفریح خانـــواده‌اش را می‌برد بمبیی. و برای رفتن به بمبیی یک تکت می‌گیرد به کابل و در کابل، دو ساعته، در فاصله‌ی صبح تا ظهر، ســـفارتِ هند، فقط با رویتِ اســـکناسِ کاغذی دلار، بـــه او ویزا می‌دهد. کنســـول باید بداند که متمولانِ شـــهر آرزوی دیدنِ ایرانِ هم‌زبان را دارند. کنســـول باید بداند که ســـودِ رفت و آمد متمولان به ایران، فقط در مصارفِ گردش‌گری، قابل مقایسه نیست با آن‌چه در افواه، مظنه‌ی رشوه است.

کنســـول باید یک بار برود دوبی، برود باکو، برود اســـتانبول، صفِ ایرانیانِ ســـفارت‌های غربی را ببیند و رفتارِ کنســـولِ غربی را که چه طور دانه‌درشـــت‌ها را سوا می‌کند و به چه شیوه‌هایی مطمئن می‌شـــود از بازگشـــتِ آن‌ها و از چه راه‌هایی یقین می‌کند به نفعِ سفرِ آن‌ها برای کشورش.

کنسول باید بداند که شوقِ افغانی برای سفرِ به ایران بسیار بیش‌تر است از شوقِ ایرانی برای سفرِ به غرب.

پنج‌شنبه روزی است که کنسولِ ما باید جورِ دیگری می‌بود...

فردای پنج‌شنبه تعطیل است...

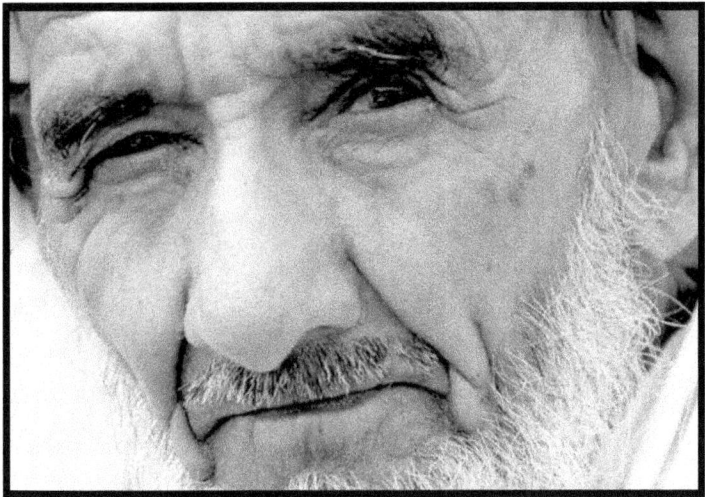

زائرِ زار و نزارِ مزار

پنج‌شنبه و جمعه و شنبه، نهم تا یازدهمِ مهر ۸۸

■■■

با موترِ سراچه‌ی عبدالرزاق راه می‌افتم به سمتِ میدانِ هوایی. میدانِ هوایی بیست کیلومتری جنوبِ هرات است. عبدالرزاق به من حالی می‌کند که مسیر هرات تا میدانِ هوایی چندان امن نیست. به عبدالرزاق که اموراتِ خرید و ایاب و ذهابِ هم‌سفرِ اول را به او سپرده‌ام می‌گویم:

بسیار بعید می‌دانم که بتوانم جوان‌مردی تو را جبران کنم روزی...

او تعارف می‌کند. بعد جواب می‌دهد:

هر جای عالم که مردکی به مردکی جوان‌مردی کند، جبرانِ

جوان‌مردی دیگری است... جوان‌مرد به مزد کار نمی‌کند. تازه کارِ ما که کار نیست، وظیفه است...

شـــماره‌ی نـــادر را به من می‌دهـــد؛ راننده‌ای آشـــنا و مطمئن در مزارشـــریف. از طرفِ خود و خانـــواده‌اش التماسِ دعا می‌گوید در مزار شریف... کلی هم دعا می‌کند که سالم بروم و برگردم... برای سفرِ سی ساعتی کمی زیادی دعا می‌خواند!

در راه، عبدالرزاق، کانتینرِ سوخته‌ای را نشان‌م می‌دهد. این همان کانتینری اســـت که درش مواد منفجـــره ریخته بودند و جلوِ موترِ امیر اسماعیل خان منفجر کرده بودند. روزِ ورودِ ما... البته باز هم اسماعیل خان به دلیلِ زرنگی و تعویضِ چندباره‌ی موتر، در همین مســـیر چند کیلومتری، از خطر جسته بود. باری... اسماعیل خان دوباره جانِ سالم به در برده بود.

عاقبت می‌رسیم به میدانِ هوایی هرات. میدانِ هوایی را نیز ضبط می‌کنم. کمی از فرودگاه کامل‌تر اســـت اگر چه خوش‌آوا نیســـت، چـــرا که اِیرپرت، به میدانِ هوایی نزدیک‌تر اســـت و فرودگاه فقط محلِ فرود نیست، محلِ بلند شدن و صعود هم هست!

بـــا عبدالرزاق خداحافظـــی می‌کنم و کوله‌ام را بیـــرون می‌اندازم. عبدالرزاق اشـــاره می‌کند به لباسِ افغانی و پتویی که روی دوش انداخته‌ام.

آقا رضا جان! خوب می‌زیبد به شما این رختِ افغانی... نامِ خدا! نامِ خدا! واسکت هم‌می‌گرفتی به‌تر بودها...

واسکت یعنی جلیقه. راست می‌گوید. جواب می‌دهم:

برای دو روز نمی‌ارزید.

می‌خندد. با او دست می‌دهم. دور و بر را نگاه می‌کنم. بعد یک‌هو مثلِ گیج‌ها برمی‌گردم سمت‌ش.

عبدالرزاق! پس کو میدانِ هوایی؟!

عبدالرزاق، درِ فلزی شکسته‌ای را نشان‌م می‌دهد.

همین جی!

شگفت‌زده داخل می‌شوم. بسیار شبیه است به باغ‌های خارجِ شهرِ خودمـان! تابلویی هم دارد البته. با رنگ روی یک صفحه‌ی فلزی چیزکی نوشـته‌اند. «میدانِ هوایی هرات!» داخل هم فضاسـازی نشـده اسـت. یک راهِ خاکی و تک و توک درختِ کُنار و کاج. دو ساعت قبلِ پرواز است. عسکری جلو می‌آید و می‌گوید:

ها! تِکت را بنُما!

نشان‌ش می‌دهم. نیمکتی فلزی را نشان‌م می‌دهد زیرِ سایه‌ی یک تک‌درخت.

یا اِسـتاد شو همین‌جا یا نشسته شـو روی نیمکت... بعدتر صدا می‌زنیم...

روی نیمکـت می‌نشـینم. با دو جوان دیگر مجبوریم نیم سـاعت یک‌بار بلند شویم و جای نیمکت را عوض کنیم تا عدل بیافتد زیرِ سـایه‌ی تک‌درخت! اول سیاه‌سـری که با شوهرش از راه می‌رسد، هر سـه، از خداخواسـته، جامان را می‌دهیم به آن‌ها تا از زحمتِ

جابه‌جا کردنِ نیمکت خلاص شویم.

میدانِ هوایی، در اصل یک باغِ بی‌درخت است با دو بنای کاه‌گلی. کلِ تجهیـزات و امکاناتـی که در این فضا برای مسـافران در نظر گرفته‌اند، یک شـیرِ آب اسـت. یک شیرِ آب منحوس، که پیچ‌ش هم خراب شـده است. برای همین به دو انتهای دست‌گیره‌ی پیچ شیر، دو طناب بسته‌اند و این طناب‌ها متصل‌اند به یک آجرِ آویزان. آب‌خوری مراسـمی دارد. اول باید با یک دست آجر را بالا بیاوری که یک‌هو متوجه می‌شـوی آب به شـدت، از شیر بیرون می‌زند و به رختِ نونوارِ افغانی‌ت می‌پاشـد. گذشته از این، با دستِ راست، آجر را بالا گرفته‌ای و طبعا نمی‌توانی با دسـتِ چپ آب بخوری! خلاصـه با هزار بدبختی یاد می‌گیـری از باتجربه‌ترها که چه‌گونه با دسـتِ چپ آجر را کم بالا بیاوری که آب کم بریزد کفِ دسـتِ راسـت‌ت و... آبی بنوشـی و لعنتِ حق بر یزید کنی، دور از چشمِ طالبان البته!

آرام آرام نیم سـاعت مانده به پرواز، از روی لیسـتِ دستی، اسامی را می‌خواننـد و حاضر و غایب می‌کنند. بعد می‌گویند که اِسـتاد شـویم و در صف بایستیم. طبقِ قانونی نانوشته، همه راه می‌دهند تا سیاه‌سـرها جلو بروند. در میانِ مسـافران، کسی هم هست که پشـتِ دیوارِ کاه‌گلی، کنارِ هم ایستاده‌ایم و رخت و لباسِ عجیبی دارد. برای من که از ترسِ جان، رختِ افغانی پوشـیده‌ام، شلوارکِ او بسیار جلبِ نظر می‌کند! شلوارک پوشیده است و عینکِ آفتابی

زده است. به او می‌گویم:

عجب افغانی هستی تو! منِ ایرانی این‌جا رختِ شما را پوشیده‌ام، آن وقت تو شلوارک پوشیده‌ای؟!

گفت که مستقیم از جرمانی آمده است. خندید و گفت طالب‌ها دیگر هیچ غلطی نمی‌توانند بکنند! چیزهایی هم نثارِ جد و آباءِ طالب‌ها کرد که باعث شد، مردم ازش فاصله بگیرند.

در اتاقِ کاه‌گلی، چمدان‌ها را تلاشی می‌کنند و اسامی را چک می‌کنند و دستی، ضرب‌در می‌زنند. حتا خیال می‌کنم اتاق، برق نداشته باشد. چند وقت یک‌بار، کارمندی که به نظر رئیس‌تر است، اشاره می‌کند به کارمندِ دوم و او از زیرِ میز، آب‌تابه‌ای بر می‌دارد و می‌رود بیرون. بسیار شگفت‌زده شده‌ام که چرا به دستور طرف آب‌تابه برمی‌دارد و می‌رود دنبالِ دست به آب! بارِ بعدی که رئیس دستور می‌دهد، گردن می‌کشم و با چشم دنبال می‌کنم که طرف کجا می‌رود دست به آب. بیش‌تر می‌خواهم مطمئن شوم که دستِ کم یک چشمه مستراحی، گل‌دانی، چیزی داشته باشد این ورودی میدانِ هوایی... در کمالِ شگفتی می‌بینم که آفتابه را می‌برد پشتِ تنها پنجره‌ی اتاقِ کاه‌گلی و آب‌ش را خالی می‌کند روی مقداری خار و علف که پشتِ پنجره، بینِ نرده‌ها و قابِ پنجره، گذاشته‌اند. این می‌شود کولری طبیعی! حکمتِ آب‌تابه‌ی دستوری را نیز فهمیدیم!

بعد از دو ساعت سرِ پا بودن، کسانی که تکتِ پامیر (می‌گویند

پامی‌یـر) دارنـد مثلِ ما، باید چمدان به دسـت، مسـیری ۱۵۰۰ متـری را طـی کنند تا به محوطه‌ی اصلی میدانِ هوایی برسـند. در این مسـیر ۱۵۰۰ متری باز هم سیم‌خاردارهای تگزاسی نونوار را می‌بینیم و سـنگربندی‌های لاسـتیکی امریکایی را. کنارِ این‌ها یک سـاخت‌مان نوسـازِ وی‌آی‌پی هم هسـت برای مـا از به‌تران لابد. راه‌نمایی‌مان می‌کنند به داخلِ سـاخت‌مانی قدیمی که البته ایـن یکـی وضعِ به‌تـری دارد از آن اتاقکِ کاه‌گلی. سـقفِ ضربی دارد و بعضی قسـمت‌ها هم طاقِ گنبدی. همه می‌نشـینیم روی صندلی‌های مرتب‌تری که آدم را یادِ دهه‌ی چهلِ شمسی خودمان می‌اندازد. جالب‌تر این جاست که پشتِ هر صندلی ردیفِ جلو، که صاف روبه‌روی چشمِ آدمی‌زاد است، به سه چهار زبان نوشته‌اند:

قسمتی از طرحِ کمکِ مردمی ایتالیا و اسپانیا به مردمِ افغان!

روی چهـار تـا صندلی زپـرت که نظیرش را دیگـر در هیچ بازارِ ایـران نمی‌تـوان یافت، چنان تبلیغاتی کرده‌انـد که نگو و نپرس! خبر می‌رسـد که حدودِ دو سـاعتی تاخیر داریم. از تهران کتابی بدبار آورده بودم تا در سـفر برای بارِ چندم بخوانم. تذکره الاولیاءِ عطار. حکایات هم کوتاه اسـت و جان می‌دهد برای سـفر. نصفِ وزنِ کوله‌ی سـفرم به کابل و بعد هم هرات، از این کتاب اسـت و نصفِ دیگر هم همین رایانه‌ی دسـتی. مشـغولِ خواندن می‌شوم. هنوز هم اعتقاد دارم که گلستانِ سعدی بعد از هفت-هشت قرن، راه‌گشـای اخلاقی ماسـت و چندان پیش نرفته‌ایم! همان‌گونه که

اعتقاد دارم تذکره الاولیا، یادآورِ آیینِ بشکوهِ جوان‌مردی است؛ آیینِ فراموش‌شده‌ی روزگارِ ما...

وسطِ مطالعه، یک‌هو صدای سلامِ بلندِ یک سیاهِ قوی هیکل مرا به خود می‌آورد! همانِ سیاه‌پوستِ افریقایی سازمان مللی هتل است، دوستِ لی‌جی! گویا او هم با ما هم‌پرواز است به کابل. دلیلِ ذوق‌زده‌گی‌ش هم مشخص می‌شود. مدتی به من نگاه می‌کرده است و با این لباسِ افغانی البته مرا به جا نمی‌آورده است. کمی گپ می‌زنیم و احوالِ لی‌جی را می‌پرسد. معلوم می‌شود که خارجی‌های شاغل در سازمان ملل، از طریقِ آن اتاقک کاه‌گلی واردِ میدانِ هوایی نمی‌شوند. بعد برای‌م توضیح می‌دهد مشکلِ عدمِ آشنایی‌ش با دست‌شویی‌های شرقی و غیرِفرنگی میدانِ هوایی را. معلوم می‌شود که آقا در را باز گذاشته بوده است و ایستاده کارش را می‌کرده است که با اعتراض روبه‌رو می‌شود. از من می‌خواهد که برای معترضانِ افغان، اختلافِ فرهنگی، شاید هم فرنگی‌ش را توضیح بدهم! همین یک کار مانده است برای من که راجع به جیشِ ایستاده‌ی آقا سخن‌رانی کنم! دست به سرش می‌کنم و ادامه می‌دهم مطالعه‌ی تذکره‌الاولیاءِ سه کیلوگرمی را! پرواز با دو ساعت تاخیر، حدودِ چهار بعد از ظهر انجام می‌شود. در همین فاصله، تذکره‌الاولیا را کامل می‌خوانم و در این ساختمانِ طاقِ ضربی، می‌گردم دنبالِ محلِ امانات، تا مجبور نشوم در این سفرِ غریب، این سه کیلو را به کول بکشم! از یک قوماندانِ خیلی

چاق پرسان می‌کنم محلِ امانات را. از جنسِ امانت می‌پرسد و به‌ش می‌گویم که کتاب است و فردا نه، پس‌فرداصبح برمی‌گردم. می‌گوید:

خوب! بده‌ش به من که هم بخوانم‌ش، هم امانت نگه‌ش دارم!

فکرِ بدی هم نیست. علاوه بر کتاب، چاقوی جیبی‌م را نیز به او امانت می‌دهم. حوصله ندارم بگذارم‌ش در جعبه‌ی وسایلِ ممنوع و بعد دوباره کلی معطل شوم برای گرفتن‌ش. اسم‌ش، عبدالکریم، را یادداشت می‌کنم و به او می‌گویم که صبحِ روزِ شنبه پس می‌گردم... می‌گوید:

بگو ان‌شاءالله...

تکت دارم البته...

بگو ان‌شاءالله!

ان‌شاءاللهی می‌گویم و می‌روم به سمتِ هواپیما برای سفری ۳۰ ساعته به کابل و مزار! روی باند، هواپیما را می‌بینم و خوش‌حال می‌شوم. بوئینگِ ۷۳۷ است، در مالکیتِ قزاقستان و اجاره‌ی خطِ هوایی پامیر. قزاقستان‌ش را از دخترِ چشم‌بادامی مهمان‌دار می‌پرسم که به همراهِ دو مردِ افغانستانی برای خوش‌آمدگویی کنارِ پله‌کان ایستاده‌اند. بارِ مسافران را هم بدونِ ماشین‌های حملِ بار، روی گاری می‌گذارند و می‌برند زیرِ هواپیما و دست به دست می‌رسانند به قسمتِ بار. دو مهمان‌دارِ افغانی، کراوات زده‌اند و همین باعث می‌شود تا مسافران حسابی سر به سرشان بگذارند.

جاگیر که می‌شـــوم، آماده می‌شـــوم برای یک پروازِ ۷۵ دقیقه‌ای. مسافتی زمینی، حدودِ ۱۱۰۰ کیلومتر و هوایی حدودِ ۷۰۰ کیلومتر که البته این اختلاف نشـــان‌گر پر پیچ و خم بودنِ مســـیر است. در مسیر فقط مسافران با آب پذیرایی می‌شوند که همان هم معمولا با تاخیر و به صورتی غیر رســـمی توســـطِ مهمان‌دارانِ افغانی سرو می‌شود. جوانکِ شلوارک‌پوش که بدش نمی‌آید از خارج آمدن‌ش را به رخ بکشد، سرِ مهمان‌دارِ افغانی داد می‌کشد:

تو درسِ خانه‌داری کجا آموخته‌ای؟!

مهمان‌دار هم به جای جواب‌های رسمی آموزشی، سرِ ضرب، پاسخ می‌دهد:

همان‌جا که به تو شورتک پوشیدن یاد داده‌اند!

همه می‌خندند...

نگـــرانِ لی‌جـــی و هم‌ســـفرِ اول هســـتم. در مملکتـــی غریب، رها کردن‌شـــان، ولو برای سی ساعت، آیا کاری درست است؟ تصمیم می‌گیری و می‌روی و هنوز نرفته پشیمان‌ی!

از پنجره به پایین نگاه می‌کنم.

***

از پنجره به پایین نگاه می‌کنم. هنوز هیچ نشـــده، بســـیار شادمان می‌شوم از این سفرِ در سفر... از هرات تا کابل، می‌توان از پنجره‌ی بوئینگِ ۷۳۷، جغرافیای مرکزی افغانستان را، از غرب تا شرق به خوبی متوجه شـــد. کوه‌ها بســـیار شبیه‌اند به چادرِ زنانِ برقع‌پوش.

پلیســه پلیســه‌اند و چین چیــن. نه یک کــوه و دو کوه و نه یک رشــته‌کوه و دو رشــته‌کوه. سرزمین، ســرزمینی است پر از کوه و بدونِ دشت. کوه‌هایی هم قد و قامت با قللی نه چندان متمایز. بینِ هر دو کوهی، اگر رودی باشد، گه‌گاه، کنارِ آب، آبادانی مختصری می‌بینی و چند کفِ دست، زمینِ زراعی و سبزی مختصر. حادثه‌ای است اگر میانِ دو کوه، کفِ دره، جاده‌ای ببینی. روی کوه، در دامنه، که دیدنِ جاده از محالات اســت. همه‌ی کوه‌ها، خاکی و قهوه‌ای و اُکــر. حالا تازه من می‌فهمــم که قومیت یعنی چه... و جاده چه تاثیری دارد در فرونشــاندنِ اختلافاتِ قومی. حالا می‌توان فهمید که چرا مرزهای قومی در این کشور تا بدین اندازه پر رنگ‌اند... تازه می‌فهمــم که چرا برای رفتن به مزار، که فاصله‌ی زمینی‌ش کم‌تر از سیصد کیلومتر است تا هرات، بایستی تکت بگیرم و با هواپیما بروم کابل و بعد دوباره برگردم مزار. جاده‌سازی در چنین سرزمینِ کوهســتانی، کاری بسیار ســهم‌گین است و تا جاده ساخته نشود، اختلافــاتِ قومی پابرجا خواهد ماند. بادی که می‌وزد، گرد و غبار از دامنــه‌ی کوه‌هــا به هوا برمی‌خیزند و تازه می‌فهمم که خاک‌باد فقط از دشت و کویر و بیابان برنمی‌خیزد.

راه‌آهن و جاده، بزرگ‌ترین دشمنِ اختلافاتِ قومیتی‌ند... حتا حالا می‌فهمم که لباسِ متحدالشکل و آموزشِ زبانِ واحد هم می‌تواند رافعِ مشکلاتِ قومی باشد.

* * *

به عوضِ سه، حدودِ پنج می‌رسم کابل. دو ساعتی تاخیر که باعث می‌شود از خیرِ کابل‌گردی بگذرم. برنامه‌ی اولیه‌ام این بود که در فاصله‌ی سه تا پنج بعد از ظهرِ پنج‌شنبه، کابل را بگردم و قبلِ غروب، راه بیافتم به سمتِ مزارِ شریف. حالا با این تاخیر چاره‌ای ندارم جز این که قیدِ دیدنِ کابل را بزنم. چاره‌ای نیست.

فرودگاهِ کابل، مرتب‌تر است از فرودگاهِ هرات. جالب این‌جاست که در فرودگاهِ هرات، ترمینالِ مجزایی داشتیم برای امریکایی‌ها و تجهیزاتِ نظامی‌شان، اما در کابل، این‌گونه نیست. (بعدتر می‌فهمم که کلِ ترددِ نظامی و فرودگاه‌شان را منتقل کردند به بگرام در نزدیکی کابل.)

کمی حالِ مزاجی‌م خراب است. نمی‌دانم برمی‌گردد به آن هویجِ سیاهی که دیروز در آب‌میوه‌فروشی چارفصل خورده‌ام یا کچیری ظهر یاس یا... به هر رو، هر چه هست، حالِ مزاجی، سفر را سخت‌تر می‌کند... راهِ مقابله‌اش را به نیکویی آموخته‌ام. کم‌خوری و خوردنِ ماست... همان کاری که در همه‌ی سفرها می‌کنم. اما حالا ماستِ پاستوریزه از کجا گیر بیاورم؟!

در نمازخانه‌ی فرودگاه، نمازِ ظهر و عصر را با هم می‌خوانم. در بیش‌تر مساجدِ اهلِ سنت، مهر هم پیدا می‌شود.

همان‌جا از خادمِ مسجد می‌پرسم که برای رفتنِ به مزار شریف و ایست‌گاهِ اتوبوس‌هاش کجا باید بروم. طول می‌کشد تا منظورم را برسانم و منظورِ او را نیز بفهمم!

سـرحده‌ی مزار شریف... از پغمانِ سـه... کنارِ عیدگاه... سه‌صد و سـه سـوار می‌شـوی و می‌روی... صد و پنجاه افغانی بیش‌تر به تاکسی ندهی...

همه را ضبط می‌کنم. سـرحده به معنای دروازه و ابتدای جاده... عیدگاه به معنای مصلا و محلِ خواندنِ نمازِ عید و سـه‌صد و سه، همان سـیصد و سـه‌ی خودمان اسـت. اتوبوسِ بنزِ سیصد و سه. شماره‌ی مدلِ اتوبوس.

می‌روم به ایسـت‌گاهِ تاکسـی‌ها. با راننده که پشـتون است دعوام می‌شـود. قسـمتی از مشـکل‌مان برمی‌گردد به ندانستنِ زبان. او نمی‌تواند باور کند که کسـی با رختِ افغانی مثلِ من، اصلا پشـتو بلد نباشـد. او چهارصد افغانی می‌خواهد برای رفتن به پغمانِ سه و من طبقِ توصیه‌ی خادمِ مسجد، از صد و پنجاه بالا نیامده‌ام! با آن حالِ خراب و در آن فضای غریب، گدابازی‌م گل کرده اسـت. جوانی خوش‌رو، با موهای بور و قدِ بلند، جلو می‌آید و می‌گوید:

بیا با هم برویم... من هم می‌روم پغمانِ سه.

هم‌مسـیر می‌شـویم و او مجموعـا به دویسـت افغانـی راننده‌ی دندان‌گـرد را راضی می‌کند. در راه می‌فهمم که در هواپیما با من هم‌مسـیر بوده اسـت و از همان ابتدا فهمیده بوده که من ایرانی هستم! پرسیدم از کجا.

از پتویـی که مرتب انداختـه بودی روی شـانه‌ات! پتو را مثلِ دستار باید از سر می‌آویختی یا...

پتـو را می‌بنـدم دورِ سـرم. می‌گوید باز هم معلوم اسـت. این‌بار می‌گوید:

از کوله‌ات!

از پس‌ش بر نمی‌آیم. می‌فهمم که او نیز مسافرِ مزار شریف است و هم‌سفر. با هم می‌رویم تا پغمانِ سه و روبه‌روی عیدگاه. ایست‌گاهِ ماشین‌های مزار شریف. کابل، شهری است ضعیف‌تر از تصورِ من. حومـه‌ی کابل، یعنی از مسـیرِ میدانِ هوایی تا پغمانِ سـه، حتا از حومـه‌ی هـرات هم بدوی‌تر بـود و البته شـلوغ‌تر. مرکزش را فرصت نشـد تا در این سفر درست ببینم و همین خیلی دل‌گیرم می‌کند. خاک‌باد هم البته، شهر را مفلوک‌تر از آن‌چیزی که هست، رنگ‌آمیزی می‌کند. تعدادِ پای‌گاه‌های نظامی البته بسـیار بیش‌تر اسـت از هـرات. در هرات یکی-دو تا بیش‌تـر ندیدیم و این‌جا در ایـن مسـیرِ کوتاه، یک پای‌گاهِ ایتالیایی‌هـا و یک پای‌گاهِ ترک‌ها می‌بینم. بالونی هم روی هواسـت، نه مسـافربر، که بیش‌تر شبیهِ بالون‌هـای تبلیغاتـی، اما بزرگ‌تر و جالب‌تر ایـن که بدونِ تبلیغ. سر در نمی‌آورم.

روبه‌روی عیدگاه پیاده می‌شویم. اسمِ هم‌سفر را می‌پرسم. می‌گوید:

فردین!

او نیز اسمِ مرا می‌پرسد و می‌گویم:

رضا!

اسمِ هر کدامِ ما برای دیگری جذاب است. فردین می‌گوید پدرش

تاجیک اســت و حنفی و مادرش شــیعه. می‌گویــد پدرش، بیش از مــادرش بــه زیارتِ امام رضا (ع) علاقه‌مند اســت و حتا در این ســفرِ هرات، که نزدیک‌ترین شــهرِ افغانستان است به مشهد، از او خواســته‌اند تا سلام‌شــان را به امام رضا برساند. سراغ می‌گیرد از قبرِ فردینِ هنرپیشــه در ایران و به او اطمینان می‌دهم که ســنگِ قبرش به اندازه‌ی کافی پامالِ علاقه‌مندان‌ش در قطعه‌ی هنرمندان هست!

می‌رویم به سمتِ اتوبوس‌ها. مسیر حدودِ چهارصد کیلومتر است و به حسابِ من در بدبینانه‌ترین حالت، هفت ساعت طول می‌کشد. پــس خیلــی نباید نگرانِ نوعِ اتوبوس شــد. با ایــن همه از فردین می‌پرسم:

نمی‌توانیم به جز سه‌صد و سه با چیزِ دیگری برویم؟

چرا... کرولا هم هســت. از این موترهای خرد. اما شــبانه خیلی امنیــت ندارند، تند می‌روند و بی‌قاعده. بلا ســراغِ ســه‌صد و ســه نمی‌آید.

آخر سه‌صد و سه کمی قدیمی است...

نه... سه‌صد و سه، همه جور داریم... سه‌صد و سه‌ی ولوو! سه‌صد و سه‌ی بنزِ جدید... نگاه کن...

نگاه می‌کنم و تازه متوجه می‌شوم که سه‌صد و سه یعنی اتوبوس! چون اولین ســری اتوبوس‌هایی که واردِ افغانستان شده است، بنزِ سیصد و سه بوده، همه‌ی اتوبوس‌ها را به همین نام می‌خوانند. یعنی

اســمِ خاصِ جنس به جای اسمِ نوع نشسته است. شبیهِ کلینکسِ خودمان به جای دســتمال، یا ریکا به جای مایعِ ظرف‌شــویی... این‌جا هم به هر اتوبوسی سه‌صد و سه می‌گویند! بعدتر می‌فهمم که کرولا هم یعنی هر اتومبیلِ مســافرکشِ بین‌راهی، فارغ از این که تویوتای کرولا باشد یا کَمری یا بنز یا هر چیزِ دیگری!

هیچ صف و نوبتی در کار نیســت. هر شــاگردی بندی از کوله‌ی مرا گرفته اســت و به ســمتِ سه‌صد و سه‌ای می‌کشد. با فردین از میانِ دســتِ کم ده ســه‌صد و سه که همه ادعا می‌کنند، فقط دو مســافر می‌خواهند، یکی را انتخــاب می‌کنیم و بلیت می‌خریم به نفری ســه‌صد افغانی. سوار که می‌شویم، می‌بینیم فقط ده پانزده مســافر دارد و باقی صندلی‌ها خالی اســت. سه‌صد و سه‌های دیگر هــم وضعیتی مثلِ همین را دارند. هر کس، هر چه‌قدر که زورش برســد، مســافر می‌زند و شب‌روها، غروب، همه با هم راه می‌افتند. بنابراین خیلی توفیری نمی‌کرد که از کدام تکت می‌خریدیم!

برای فردین، نوشیدنی می‌گیرم. من از صبحِ هرات تا به این طرف، فقط نوشــیدنی خورده‌ام. پپســی و آب‌میوه‌ی قوطی. از ترسِ بدتر شــدنِ حالِ مزاجی‌م در سفرِ اتوبوسی، جرات خوردنِ چیزِ دیگری ندارم.

ســه‌صد و ســه عاقبت راه می‌افتد. یعنی کمی عقب و جلو می‌رود. شاگرد به سمتِ راننده فریاد می‌کشد:

خلیفه! انعامم بده تا بارها را ببندم!

خلیفه به مسافران نگاهی می‌کند و ما پولِ خردی می‌دهیم تا درِ بار را ببندد، شاگرد. شاگرد هم البته به چند گدا که جلو چرخ سه‌صد و سه بست نشسته‌اند، چیزی مالیات می‌دهد. بعد شاگرد بالا می‌آید و بلند می‌گوید:

یک دعای خیر!

همه دست‌شان را جلو صورت می‌گیرند و من هم اداشان را در می‌آورم. مثلِ صلواتِ خودمان است. خلیفه دنده را جا می‌زند و سه‌صد و سه راه می‌افتد.

بسیار ناراحت‌م که کابل‌ندیده، شهر را ترک می‌کنم. البته کمی ناراحتی‌م تخفیف پیدا می‌کند وقتی برای خروج از کابل مجبور می‌شویم دو ساعت وقت بگذاریم! ساعتِ شش و نیم راه می‌افتیم. تا حدودِ هشت و نیم، هنوز چند کیلومتری بیش‌تر از سرحده‌ی مزار شریف دور نشده‌ایم. دلیل، بی‌قانونی است. مسیرِ خروجی شهر، شلوغ است و یکی دو جا هم به چهارراه می‌خورد. هر کسی، از هر سمتی داخلِ جاده می‌شود. موترهای لنگ‌دراز، اس‌یووی‌ها، (شبیه پاترول و لندکروزِ خودمان) از روی جدول بالا می‌روند و می‌روند در لاینِ مخالف. شاخ به شاخ می‌شوند با موترهای آن سو. جالب این‌جاست که همه در آرامشِ مطلق. این وسط، چند سرباز هم سعی می‌کنند به زورِ اسلحه شلوغی را سامان بدهند که نمی‌توانند. جلوتر جایی صدای فیرا! تیرِ هوایی هم به گوش می‌رسد. خلیفه دشنام می‌دهد به کسانی که به حرفِ عسکر گوش

نمی‌دهنــد و او را مجبــور می‌کننــد که تیر بیانــدازد که این کار بی‌ناموسی است و جلوِ سیاه‌سرها خوبیت ندارد!

اتوبوس‌ها و کامیون‌ها، سه‌صد و سه‌ها و کرولاها به زحمت از هم راه می‌گیرنــد. مــدام گاز و ترمز. آینه‌ها به هم می‌خورند تا قدمی، جلــو بروند. حقیقتا قدمی... یعنی برای ده ســانتی‌متر جلو رفتن، گاهی اوقات، شاگردِ خلیفه جلو می‌پرد، آینه را می‌خواباند تا خلیفه راه دیگری را ســد کند و یک قدم جلو برود. با این همه هیچ‌کس تندخویی نمی‌کند، حتا اگر زیرِ لب فحشِ ناجوری بدهد!

تا راه می‌افتیم برای مســیری در حدود پانصد متر، یا هر وقت از چهارراهی گذر می‌کنیم، یا حتا وقتی مثلا از یک تریلی بزرگ راه می‌گیریم، شاگرد داد می‌کشد که:

سلامتی خلیفه، یک دعای خیر!

عاقبت از کابل دل می‌کَنیم و می‌افتیم در جاده‌ی شمالی و می‌رویم به سمتِ پنجشیر که امن‌ترین و زیباترین جاده‌ی افغانستان است این جاده. با فردین هم‌کلام می‌شویم. فردین دانش‌جوی شرعیات اســت در دانش‌گاهِ بلخ. ســالِ چهار و ســالِ آخر. برای عروســی پسرخاله‌اش از عیدِ فطر، یعنی دو هفته‌ی پیش به هرات آمده بود. با هم کلی گپ می‌زنیم و راه را کوتاه می‌کنیم. وضعیتِ خانواده‌گی او، مادرِ شیعه و پدرِ حنفی تاجیک، او را بسیار به مباحثِ وحدتی علاقه‌مند کرده است و او خود اذعان می‌کند که تنها جایی که از آن زمزمــه‌ی وحدت برمی‌خیزد، ایران اســت و ره‌برانِ ایران، امام

و ره‌بر، تنها علمای دینی هســـتند که روی این موضوع حساسیت دارند. برای او از تعطیلی عقل می‌گویم که ابزارِ طالب‌هاســـت و او نیز تایید می‌کند و مصداق می‌آورد. بعد کمی بحث‌مان می‌کشـد به دینِ ام‌روزی و دینِ سنتی و تفاوتِ مبنایی فقهِ اجتهادی و فقهِ ســـنتی. به او می‌گویم هر زمانی که بتواند فرقِ سیدحسن نصرالله و اســـامه بن لادن را متوجه شـــود، فرقِ این دو روی‌کردِ ســـنتی و مدرن را فهمیده است...

نزدیکی چاریکار، از دور ســـوادِ شهری عظیم دیده می‌شود، بسیار بزرگ‌تر از چاریکار که مرکزِ ولایت پروان بود و به ســـندی یادگار از جمشـــید. شـــهری دیگر، مملو از نور و رنگ. کابل نیز که شبانه ترک‌ش کردیم، چنان رنگ و نوری نداشـــت. این مقدارِ نور حتا از ابرشـــهرهایی مثلِ تهران هم کم نمی‌آورد. از فردین نامِ منطقه را می‌پرســـم. فردین درِ گوشـــی می‌گوید: پای‌گاهِ نظامیانِ امریکایی در بگرام!

(برگشتنا، فرصتی می‌یابم تا شخصا نزدیک شوم به پای‌گاه. پای‌گاه و نور و رنگ‌ش دقیقا شـــبیه اســـت به شهرهای امریکا در شب. از دور به زحمت می‌توان تشـــخیص داد، اما ســـوادِ زمین‌های گلف و باندِ پروازی هویداســـت. واضح اســـت که همه‌ی امکاناتِ زنده‌گی امریکایی در آن تعبیه شـــده اســـت؛ از رســـتوران و دیســـکو بگیر تا زمین چمن و اســـتخر و زمینِ تنیـــس. از جایی جلوتر، خطوطِ تلفنِ هم‌راه رخ نمی‌دهند و مبایل‌های جی.پی.اس.دار شناســـایی

می‌شوند. طبعا هیچ راننده‌ای هم جرات نمی‌کند به ایستِ بازرسی امریکایی‌ها در فاصله‌ی ده کیلومتری پای‌گاه از هر سو نزدیک شود، چه رسد به این که مسافری با گذرنامه‌ی ایرانی هم داشته باشد. گویا عِدلِ همین پای‌گاه را هم در هلمند ساخته‌اند.)

حدودِ سه ساعتی که می‌گذرد، سه‌صد و سه در جایی می‌ایستد. حوالی ده و یازدهِ شب است و ما تازه رسیده‌ایم به جایی نزدیکی سالنگ و مرزِ ایالتِ پنجشیر. توی تاریکی پیاده می‌شویم. فضا باورنکردنی است. از خاک‌باد خبری نیست. بیش‌تر یادِ جاده‌ی چالوس خودمان می‌افتم. یا حتا جاده‌هایی کم‌ترددتر مثلِ امام‌زاده داوود و کن و سولقان یا همین اوشان و فشمِ شمالِ شرقِ تهران. رستورانت‌های بینِ راهی، هر کدام با لوله و شلنگ متصل شده‌اند به چشمه‌ای و تا سه‌صد و سه می‌ایستد، شاگردِ خلیفه و شاگردِ رستوران می‌افتند به شست‌وشوی شیشه‌ها. برای خلیفه‌ها، جایی بالای رستوران فراهم کرده‌اند و رسیده-نرسیده برای‌شان چای سبز می‌آورند و کباب و قابلی. دقیقا همان رفتاری که رستوران‌های بینِ راهی با بنی‌هندلِ خودمان دارند. اسمِ منطقه جبال‌الانصار است. از صبح هیچ نخورده‌ام. دو سیخ کبابِ چنجه‌ی سه پره، که بسیار کوچک است می‌گیرم و یک پره‌ی دنبه‌اش را نمی‌خورم. با همان چهار لقمه‌ی کباب، بدونِ نان، سعی می‌کنم سدِ جوع کنم. فردین و قهوه‌چی خیال می‌کنند که پول کم آورده‌ام، وقتی دقتم را در خوردنِ این سه پره کباب می‌بینند. هر دو می‌گویند مهمانِ ما

هستی و از این قبیل که به‌شان می‌گویم حال‌م خوش نیست... جوان‌مرد مردمی هستند مردمِ این دیار.

هنوز حال‌م خوش نیست. هر جا که خلیفه نیشِ ترمزی زده است در این مسیر، در تیل تانک یا در مسجد، مجبور شده‌ام تا از تَشناب استفاده کنم. (به دست‌شویی می‌گویند و وجهِ تسمیه را نیافته‌ام.) عادتِ غریبی هم که دارند این است که نظافتِ تشناب را اولِ کار انجام می‌دهند، نه آخرِ کار! یعنی هر کسی مجبور است نظافت کند گندکاری‌های نفرِ قبلی را و به همین قیاس و استقرا، دلیلی نمی‌بینند تا سلسله را به هم بزنند! فرقِ فرهنگیِ کثیفی با تمیزی فقط در ترتیبِ همین سلسله مراتب است دیگر، اول تمیز کنی یا آخر!

تونلِ سالنگ را خواب و بیدار رد می‌کنیم. مهم‌ترین قسمتِ مواصلاتی کابل به شمالِ افغانستان، که روس‌ها زمانِ ظاهرشاه کشیده بودند و همین هم باعثِ شکست‌شان شد، وقتی با بستنِ تونل، میانِ نیروهاشان شکاف افتاد.

روس‌ها مسیرِ قدیمی مرو به بلخ را احیا کرده بودند. یعنی مسیری که از مرو در ترکمنستانِ امروزی شروع می‌شد و به مزار شریف در افغانستانِ امروزی می‌رسید. در نزدیکی مرو، شهری تازه ساخته بودند به نامِ ماری که در اصل لشکرگاه بود و نیروها از آن طریق به شمالِ افغانستان می‌رفتند، برای اشغالِ کابل، راهِ کوهستانی قدیمی پاسخ‌گو نبود و برای همین تونلِ سالنگ را حفر کرده

بودند. تونلی که متاسفانه تهویه ندارد و عرض‌ش بسیار کم است. چیـــزی به عظمت اما نه بـــه کیفیت تونلِ کندوانِ جاده‌ی چالوسِ خودمان. تقابلِ مدلِ روســی دهه‌ی هشتادِ میلادی با مدلِ آلمانی دهه‌ی سی و چهلِ میلادی.

خواب و بیدارم. راه کوتاه نمی‌شـــود. تصورِ من این بود که پنج راه می‌افتیم و دســـتِ بالا دوازدهِ نیمه شـــب می‌رسیم به مزارِ شریف. ساعت دوازدهِ نیمه شب است و هنوز راه نصف نشده است.

وسطِ تونل، جاهایی هست که جاده حتا دوطرفه هم نیست. یک‌طرفه اســـت رسما. یعنی شـــاگرد می‌پرد پایین و جلوِ ماشین‌های طرفِ مقابل را می‌گیرد تا ما رد شویم. گاهی وقت‌ها زورِ شاگردِ خلیفه‌ی روبه‌رویی بیش‌تر اســـت و ما بایـــد چندین دقیقه منتظر بمانیم تا کاروانِ ماشـــین‌های روبه‌رویی رد شوند. خاک‌باد هم دوباره بی‌داد می‌کند. خلیفه گاهی اوقات درِ اتوماتیکِ سه‌صد و سه را می‌بندد و گاهی اوقات باز می‌کند. وقتی باز می‌کند، خاک است که ریه‌ها را پـــر می‌کنـــد و وقتی می‌بندد، هوا بـــرای تنفس کم می‌آوریم. از فردین یاد گرفته‌ام و پتوی افغانی را سه دور پیچیده‌ام دورِ دهان‌م. تازه اختراعات هم کرده‌ام و روی پتو آب هم از بطری خالی کرده‌ام که خاک‌باد را فیلتر کند! بعدتر می‌بینم که روی خیسی پتو، کانه دیوارِ کاه‌گلی، یک لایه گل مالیده‌اند! والذاریات که گفته‌اند همین خاک‌باد است دیگر، خاصه وقتی خاک می‌پراکند که عدل می‌شود همان والذاریات ذروا!

فردیـــن بعد از کنج‌کاوی من راجع به بگرام و کمی هم توضیحاتِ حساســیت‌برانگیزِ شــخصی‌م روی ضبطِ مبایل، کمی سرسنگین شــده اســت با من! برای همین هم قیدِ صحبت را زده اســت و خوابیده اســت. ناگاه صدای نوارِ ســه‌صد و سه آشنا می‌شود و نوار می‌رود روی موجِ احمد ظاهر که می‌خواند:

زِ هم‌راهان جدایی... مصلحت نیست

سفر بی آشنایی... مصلحت نیست...

دل‌م می‌گیـــرد اساســـی و بـــه یادِ لی‌جی می‌افتم و هم‌ســـفر. حقا تصمیـــمِ غریبی گرفتـــم در این مملکتِ غریـــب... توی خودم فرو می‌روم و سعی می‌کنم مثلِ فردین بخوابم.

همین‌جـــوری هـــم هیچ‌وقت در هیچ وســـیله‌ی نقلیـــه‌ای خواب‌م نمی‌برد، چه رســـد به ســـه‌صد و ســـه‌ای میانِ خاک‌باد که در آن احمدظاهر هم بخواند و البته پشـــتوزبان‌های نازک‌صدا نیز. با این همه از شـــدتِ خسته‌گی یک بار خواب‌م می‌برد. در خواب یک‌هو صدای گله‌ای گوســـفند می‌شـــنوم که از میانِ خواب‌م می‌گذرند. سراســـیمه از خـــواب می‌پرم. صدای گله‌ی گوســـفند هنوز هم به گوش می‌رســـد. خیال می‌کنم جنی شده‌ام. عاقبت بعد از چندین بـــار کم و زیاد شـــدنِ صـــدا می‌فهمم که کامیون‌هـــا برای این که شـــب خواب‌شان نبرد، کلی زنگوله و زلم‌زیمبو به خودشان آویزان می‌کنند! نوای زنگوله‌های ریز و درشت، بزغاله‌ای و میشی تا گاوی و شـــتری، هم‌راه با صدای ناله‌ی موتورِ دیزل در کوهســـتان و آوازِ

پشتو که از ضبطِ سه‌صد و سه پخش می‌شود، از سر و صدای گله هم آن‌طرف‌تر است و آدم خیال می‌کند صاف افتاده است وسطِ کشتی یوگی و دوستان!

نرسیده به مزارشریف، فردین خداحافظی می‌کند و در روستایی پیاده می‌شود. شبِ خوبی بود و با او راه را کوتاه کردیم. چند دقیقه‌ای مانده به پیاده شدن، کارتِ ویزیتم را به او می‌دهم. خیلی خوش‌حال می‌شود. اما بعدتر هیچ خبری از او نمی‌گیرم روی سایت و ای‌میل و...

نزدیکِ مزار شریف، تابلوها تغییر می‌کند و مثلا می‌نویسد صد کیلومتر تا بندرگاهِ مزارِ شریف... دیگر فردین هم نیست تا از او سوال کنم. باقی مسافران هم با خانواده‌اند. از شاگرد می‌پرسم که مگر دریا دارد مزارشریف که نوشته‌اند بندرگاه! جواب می‌دهد که «ها!»

برای کشوری که هیچ دریایی ندارد، آمودریا می‌شود دریا و مزار شریف هم می‌شود بندرگاه؛ آمودریایی که تازه شوروی‌های سابق کلی‌ش را خورده‌اند و برده‌اند هزار کیلومتر در ترکمنستان چرخانده‌اند در بزرگ‌ترین کانالِ دست‌سازِ بشر... کانالی که از مرو به عوضِ این که مسیرِ هزاران ساله‌ی خود به سمتِ بلخ را طی کند، کج می‌شود به سمتِ عشق‌آباد...

عاقبت صبح ساعتِ شش به مزارِ شریف می‌رسیم. شهری که با چهار مناره‌ی بلند و گنبدِ فیروزه‌ای‌اش از دور مشخص است.

نمازِ صبح را قضا و ادا، لب‌سرخی می‌خوانم. در حالتِ اتوپایلوت! بسیار خسته‌ام. ششِ بعد از ظهر سوارِ سه‌صد و سه شدم برای پیمودنِ کم از چهار صد کیلومتر راه و حالا بعد از دوازده ساعت رسیده‌ام به مقصد؛ یعنی ساعتی حدودِ سی کیلومتر! سرعتِ دوچرخه!! خسته‌ام. آن‌قدر خسته که وقتی از سه‌صد و سه پیاده می‌شوم تا خود را به قهوه‌خانه‌ی نظرگاه و به قولِ خودشان اوتلِ نظرگاه برسانم، حوصله نمی‌کنم تا انتها بخوانم ترانه‌ی مشهور را که:

بیا که بریم به مزار... ملا ممد جان
سیرِ گلِ لاله‌زار... واوا دل‌بر جان...
علی شیرِ خدا، یا شاهِ مردان
دلِ ناشادِ ما را شاد گردان...

* * *

از قهوه‌چی که چهره‌ی زجردیده‌اش مانندهٔ داستانی غریب در ذهن‌م حک می‌شود، اتاقی کرایه می‌کنم در طبقه‌ی دومِ اوتل به شبی سه صد افغانی! ساعت، ششِ صبح است و باز هم برای چند ساعت خواب، می‌ارزد. خاصه با این حالِ خراب‌م که حالا کمی آب‌ریزشِ بینی و سرماخورده‌گی هم به آن اضاف شده است. او می‌پرسد:

بچه‌دار هستی مگر؟

سر در نمی‌آورم. بعدتر می‌فهمم که مجردها، همان پایین روی

تخت می‌خوابند به شبـی صد افغانـی. دلم نمی‌خواهد برای این چند سـاعت خواب، کوله‌ام را به خاطرِ رایانه مثلِ فرشته‌ی دوزخ در آغـوش بگیـرم. برای همین اتاق کرایه می‌کنم و یک بسته‌ی دستمالِ کاغذی هم از بقالی نیمه‌بازی می‌خرم برای آب‌ریزش... می‌روم که چند ساعتی بخوابم در اتاقِ کرایه‌ای...

٭ ٭ ٭

دو سـه سـاعت بیشـتر نخوابیده‌ام که یک‌هو با سـر و صدای یک خواننده‌ی زنِ پشتون از خواب می‌پرم. دیوارِ اتاق، تخته‌ی نئوپان اسـت و همسایه‌ی ما که خانواده‌ای هستند اهلِ قندوز به گمانم رفته‌اند و یک عروسکِ چینی خریده‌اند برای دخترشان که پشتو می‌خواند و می‌رقصد! همه‌ی این‌ها را از پشتِ دو سانت و نیم نئوپان می‌شود فهمید! دین این‌جا -خاصه بعد از سخت‌گیری‌های طالبـان- تقابلِ چندی با رقـص و آواز ندارد، پس منعی ندارد که خانواده‌ای زائر از دکان‌های کنارِ حرم، سی‌دی. رقص و آوازِ هندی هم خریده باشند.

بلند می‌شـوم و با اسـتفاده از بطری آب و سـطلِ اتاق، مسـواک می‌زنم. این کار را به هیچ وجه نمی‌توان در دستشـویی عمومی انجام داد. مسـواکی که پاش به دستشـویی عمومی اوتل برسد، دیگر به دردِ دهان و دندان نمی‌خورد. برای رفتن به دستشویی، از بیرون نفس می‌گیرم و داخل می‌شـوم و بیرون می‌آیم و دوباره نفس می‌کشم!!

مبایل را هم روشـــن می‌کنم و کمی با لی‌جی و هم‌ســـفرِ اول گپ می‌زنم. معلوم می‌شود که عبدالرزاق کلی تلفنی هواشان را داشته است و مدیره‌ی طبقه‌ی ما در هتل هم بسیاری از رسومِ افغانی را برای‌شان شرح داده است... سرشان گرم است شکر خدا.

حدودِ ســـاعتِ دهِ صبح اســـت و از اوتل بیـــرون می‌زنم. قهوه‌چی بـــه صبحانه دعوت‌م می‌کند که میـــل ندارم. تک و توک جماعتی نشســـته‌اند و زل زده‌اند به ســـریالِ یوســـفِ پیام‌بر که تله‌ویزیونِ قدیمـــی قهوه‌خانه‌ی نظـــرگاه پخش می‌کند. البتـــه مردم بیش‌تر طرف‌دار ســـریال‌های هندی هســـتند و در میانِ سریال‌های ایرانی هم ســـریال‌های مهران مدیری پرطرف‌دارترین است. امسال یعنی ۱۳۸۸، ســـریالِ یوســـف در سه کشور پخش شده بود که در زمانِ پخش، هر سه کشور را گشته بودم. در عراق سریالِ یوسف انصافا پرطـــرف‌دار بـــود، اما در لبنان بـــه دلیلِ ضعفِ کار نـــزدِ مخاطبِ هوش‌مندِ لبنانی عندالمقایســـه با ســـایرِ ســـریال‌های عربی و در افغانستان نیز به دلیلِ نداشتنِ کشش در مقابلِ سریال‌های هندی، چنـــدان پرمخاطب نبود مجموعه. یوســـفِ پیام‌بر را رها می‌کنم و می‌روم به سمتِ روضه‌ی شریف. مزارِ شریفِ...

* * *

شهرِ باستانی بلخ، در فاصله‌ی بسیار کمی از مزارِ شریف قرار دارد. چیزی حدودِ ده-بیســـت کیلومتـــر. فاصله‌ای مثلِ نجف و کوفه، با همان ویژگی که نجف بعدتر از کوفه پررونق‌تر می‌شـــود، علی‌رغمِ

قدمتِ کم‌تر...

در میانِ شیعیان و هزاره‌ها، مزارِ شریف منتسب نیست به حضرت امیرالمومنین و این اعتقاد بیش‌تر برمی‌گردد به برادرانِ اهلِ سنت.

سال‌ها پیش در تهران، از دوستِ ادیبم پرسیدم که:

بعضی عوام معتقدند که واقعا جنازه‌ی مطهرِ حضرت امیرالمومنین در مزارِ شریف دفن است.

او نه گذاشت و نه برداشت. خندید و گفت:

من هم البته از همان عوام هستم!

سه روایتِ مشهور هست راجع به بنای مزارِ شریف. اولی شبیه است به همان روایتِ مشهورِ شیعه که جنازه را بر شتری نهادند و شتر در جایی زانو زد و امامینِ حسنین علیهما السلام همان‌جا، پیکرِ مطهر را دفن نمودند. البته در این روایتِ مشهور کمی اختلاف داریم با برادرانِ افغان. چرا که شتر، به اعتقادِ ایشان نه در نجف، که در نزدیکی بلخ زانو زده است. چیزی حدودِ چند هزار کیلومتر آن‌طرف‌تر!

روایتِ دوم که میانِ اهلِ علم و حتا اهلِ تاریخ‌شان بیش‌تر مشهور است و البته کمی استنادِ تاریخی هم دارد برمی‌گردد به دوره‌ی سردار ابومسلمِ خراسانی. در زمانِ منصور دوانقی، به توصیه‌ی شیعیان و محبان و از ترسِ خوارج، پیکرِ شریف را به جایی می‌برند خارج از نجف و بعد ابومسلمِ خراسانی دوباره تابوتِ مطهر را انتقال می‌دهد و به بلخ می‌آورد. مدفن، البته پنهان بوده است تا قرنِ نهم

که درویشی مجذوب و به روایتی دراویشی مجذوب هم‌زمان، آن را در خواب می‌بینند. مولانا عبدالرحمانِ جامی و دیگران هم بررسی می‌کنند و می‌پسندند حرفِ دراویش را. و البته چون مربوط به قرنِ نهم است و قبل از استیلای صفویه، نزدِ تاریخ‌دانانِ افغان این حرف قرینِ به صحت است. روشن‌فکرانِ افغانی بسیاری از نظراتِ زمانِ صفویه را قبول نمی‌کنند به دلایلِ اختلافاتِ مذهبی.

البته قدم‌گاه‌های فراوانی هم برای این مسیرِ حرکتِ تابوتِ مطهر در منطقه‌ی خراسانِ بزرگ موجود است، مثلِ قدم‌گاهِ حضرتِ شاهِ ولایت‌مآب و زیارتِ سخی‌جان و شاهِ‌مردان جان و... در کابل و مرو و بخارا. در زیارتِ جامی از پیکرِ مطهر از سلامت و تازه‌گی کفن و حتا خونِ روی آن در بعضی کتب مثلِ روضه مبارکه، مواردی آمده است؛ هم‌چنین زیارتِ امیرعلی‌شیرِ نوایی و سلطان حسین میرزا مضبوط است که این سلطان به رسمِ ادب از مسافتی دور، از تختِ روان خود را به خاک انداخته بوده است و آن‌چنان که منقول است:

چون سلطان حسین میرزا مرضی داشت که به پای خود راه رفته نمی‌توانست بنابر آن از هرات تا نزدیکی روضه مبارکه به تخت روان آمد. از آن بیش‌تر به تخت روان آمدن را ادب ندانسته از تخت پائین آمد، روی زمین خوابیده طورِ سینه‌کش به طرف روضه مطهر حضرت شاه حرکت کرد که بعد از چند گام مسافه صحت‌یاب شد. خود به پای خود راه رفته توانسته و به زیارت

حضرت شاه مشرف شد.

اما دقیق‌ترین حرف را از زبانِ یکی از علمای مزار شـنیدم که قبر را مرتبط می‌کند به امام‌زاده‌ای به نامِ ابی‌الحسن علی بن ابی‌طالب بن عبیدالله... مرحومِ آیه‌الله مرعشی نجفی هم منشاء اشتباه را در همین تطبیقِ نام و کنیت دانسته‌اند.

بـا این توضیح، سـنگِ قبر روی مزار هـم که روش به خطِ کوفی حکاکی شده است «هذا قبر علی بن ابی‌طالب» معنا می‌یابد.

به هر رو روضه‌ی شـریف، محلی اسـت که پی‌وند می‌دهد میانِ برادرانِ شیعه و سنی را و اهلِ سنت بسیار از این روضه‌ی شریف (و در حقیقـت از حضـرتِ امیر در کنارِ قبـرِ یکی از فرزندان‌ش) حاجت می‌گیرند و نوعِ زیارت‌شان نیز بسیار شبیه است به زیاراتِ ما از اماکنِ مقدس.

هر سـال، عید نوروز هم مراسـمی دارند به نامِ توق‌افشانی. دقیقا مطابق با عیدِ نوروز ده‌ها هزار نفر گرداگردِ روضه‌ی شـریف جمع می‌شـوند و همـه می‌روند زیـرِ توقی به نامِ نامـی حضرتِ امیر و تبرک می‌جویند در این پاتوق و تا یک چله توق برپاست... عمدتا از بـرادرانِ اهلِ سـنت... و اهلِ دقت نیک می‌دانند که سـال‌گردِ خورشـیدی عیدِ غدیر، دقیقا مطابق اسـت با روزِ اولِ فروردین و روزِ نو شدنِ سال... فتامل...

* * *

گویند که مرتضی علی در نجف است

در بلخ بیا ببین چه بیت الشرف است
جامی نه عدن گوی و نه بین الجبلین
خورشید یکی و نور او هر طرف است

***

دروغ چرا! با احترام به روحِ شاعرِ شعرِ بالا بایستی اذعان کنم که روضه، چندان هم نگرفت مرا. کنارِ ضریح نشستم. هم زیارت امین‌الله خواندم و هم با دراویشی که گوشه‌ای ذکر گرفته بودند هم‌راه شدم... افاقه نکرد!

این تصور که دو جا زیارت کرده باشم حضرتِ امیرالمومنین را، کمی آزارم می‌داد. گویی نسبتِ به نجف، حسی مشرکانه می‌یافتم اگر در مزار شریف حسی خوب می‌یافتم! بسیار گرفتارِ این پارادوکس بودم. عاقبت فکری طنزآمیز آرامم کرد.

با خودم گفتم حالا که در مملکتِ آقازده‌ی خودمان به مهرِ مدعیان، -نعوذ بالله- دستِ کم، شانصد مدل آقا امامِ زمان داریم، برای این ورِ آب و آن ورِ آب، که یکی در مجالسِ خانمِ جلسه‌ای‌ها نور می‌پاشاند و دیگری در محافلِ سیاسی اظهارِ نظر می‌کند و بعدی راه‌بردهای توسعه مشخص می‌کند و الخ، اگر دو امیرالمومنین هم داشته باشیم، به جایی بر نمی‌خورد! یکی برای بین‌النهرین و دیگری برای ماوراءالنهر!!

نگاه می‌کردم به روضه‌ی شریف و سرخوش بودم و شاید هم کمی لب‌خند به لبانم نشسته بود از این تناظرِ طنزآمیز که درویشی

پیر ســراغم آمد و مجذوب فرض‌م کرد و به من گفت که پیش از نمازِ مغرب، در حجره‌ای کنارِ رواقِ قبله، مجلسِ ذکر داریم... از او تشکری کردم و هو مددی کشید و کشیدم!

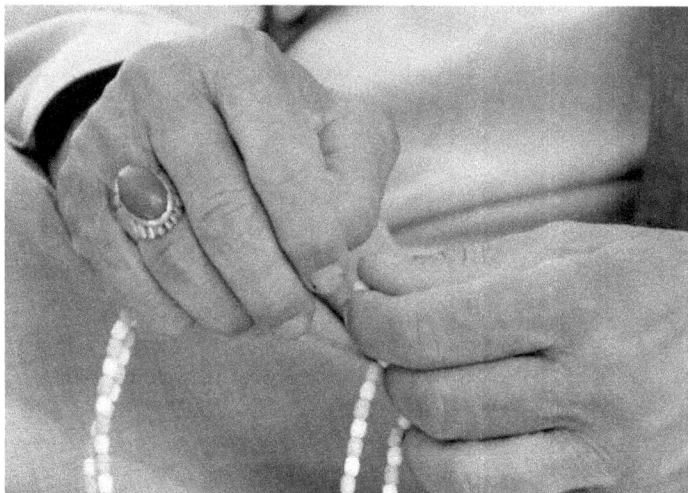

***

از روضه بیرون می‌زنم و اگر چه ساعتِ پیش‌چاشت گذشته است، می‌روم دنبالِ پیش‌چاشت و چاشــت. باز هم از یک دکان‌دارِ بازارِ بلــخ، کبابِ پره می‌گیرم دو ســیخ. خاک‌بــاد البته بی‌داد می‌کند. علاوه بر ســینه‌ام، پوســت‌م نیز به این مقدار از خاکِ معلقِ در هوا حساس شده است.

چاشت، دو سیخِ کباب را می‌خورم و انعامی هم می‌دهم به شاگردِ دکان که رفت و به احترام منِ غریبه، نانِ داغ گرفت از تنورِ هیزمی هم‌ســایه. افغانی‌ها شــاید در حفظِ محیطِ پیرامون، یا حتا پوشش

چنــدان در بندِ نظافت نباشــند، اما انصافــا در خوراک، پاکیزه‌اند. برای همین هم آدم گرســنه نمی‌ماند و همیشــه چیزهایی هست که اشتهای آدمی را تحریک کند. کنارِ روضه، شبیه به سایرِ اماکنِ زیارتــی، ســوپِ مرغ هم می‌فروشــند. هم‌چنیــن آبِ قلم و پاچه. دیگ‌هــا، شــبیهِ مجمعه‌ی لبویی‌های خودمان، روی گاری ســوار شده‌اند و فروشنده داد می‌کشد: «قوتِ زوار! قوتِ زائر!» زائر زار و نزارِ مزار، اما ترس‌ش از خوردن بر ضعف‌ش از نخوردن غلبه دارد! بلند می‌شــوم و می‌روم داخلِ بازارِ قدیمی مزار شــریف. خاک‌باد پوســتِ دســت را خشک کرده است. ســعی می‌کنم با دست‌مال، بپوشــانم‌ش. پوستِ دست ترشحِ خون‌آلودی هم دارد. تقریبا توی بازار همه‌چیز می‌فروشــند. از زیرپیراهنِ دستِ دوم تا طلا و نقره. آدینه بازارِ مزار است دیگر...

راســته‌ی مبایل‌بازها هم راســته‌ی جالبی است. با سنگِ رومیزی و فرچه، مبایلِ دســتِ دوم را می‌گیرند و می‌ســایند تا تمیز شود و نونوار! دیگری هم نوشــته اســت ثبت قــرآن روی مبایل! بعدتر می‌فهمم ثبت را به جای اینستال گرفته‌اند.

چیزی عجیب‌تر نیز توجه‌م را جلب می‌کند. مردی میزی گذاشته اســت وسطِ خیابان و روش مقدارِ زیادی باتری مبایل افتاده است و از گوشه و کنارِ میز هم صدها سیم آویزان است. باتری مبایل را می‌گیرد و روی‌ش شــماره می‌زند یا اســم می‌نویسد، بعد وصل‌ش می‌کند به شــارژری چینی تا ظرفِ کم‌تر از نیم‌ساعت باتری شارژ

شــود. گوشــی بی‌باتری هم می‌ماند دســتِ صاحب. بینِ ۵ تا ۱۰ افغانی هم مزد می‌گیرد. دور و بر میز هم پر از مردانِ افغانی است. این یعنی نمودی از یک ویژه‌گی مهمِ مردِ افغانی.

افغانی حتا شارژر را نیز بارِ زائد می‌داند. افغانی یعنی یک زنده‌گی متحــرک. جــوری که هر آن که اراده کنــی بتوانی جان‌ت را کفِ دست بگیری و فرار کنی. این یعنی همان مرده‌ریگِ باقی‌مانده از میراثِ درویشــی که آشــوبِ این سال‌ها هم با شکل‌ش کنار آمده اســت. از عالــم، کمی پول می‌خواهی و پتویی که هم دســت‌مال باشــد و هم دســتار و هم صافی و هم گونی و هم رواندازِ شــب و هم سایه‌بان و... حالا هم که گوشی مبایل از ضروریات شده است، به‌تر آن که مبایل‌ت چراغ‌قوه هم داشته باشد و ماشین‌حساب هم و پخشِ صوت هم... بنابراین همان انواعِ ابتدایی مبایلِ چراغ‌قوه‌دارِ نوکیا، جنسِ رایجِ بازارِ بلخ می‌شود. با ۵ افغانی هم می‌شود شارژر را حذف کرد... سبک‌بار بودنِ بیش‌تر... دنیا و آخرت‌ت را سرِ دست بگیری و یا علی!

همین اســت تفاوتِ غرب و شــرق. از غرب به شرق که می‌آیی به نوعی خودبســنده‌گی فردی می‌رســی... نوعی درویشی... عن جبرٍ و نــه از ســرِ اختیــار... در مردِ افغانــی و ویژه‌گی‌های‌ش همین را می‌بینیم... و برای همین وقتی از غرب به شرق می‌آییم، تا شلوار دو تا می‌شــود دنبالِ ساختِ خانه‌های بی‌ریختِ به شدت متفاوت هســتیم و... تا خودی نشــان دهیم... یا چنان بــه جانِ کامیون و

اتوبوس می‌افتیم و سراچه و ریکشا و زرنجِ رنگ به رنگ می‌سازیم که اصلِ جنس فراموش شود...

کنارِ روضه، بانکی هست به اسمِ مبارکِ غضنفربانک که از القابِ حضرتِ امیر است. نمی‌دانم این بانک شعبِ دیگری هم دارد یا نه. هنوز بستنی به شیوه‌ی سنتی هم تولید می‌شود و کسی با دست دیگی را که داخلِ دیگی دیگر جاسازی شده است، در واسطی از یخ و نمک می‌چرخاند و بستنی سنتی درست می‌کند. از هم‌پیاله‌های بستنی‌خور و به قولِ خودشان «شیریخ»خور، راجع به حمامِ عمومی سوال می‌کنم و جواب می‌گیرم. در راهِ حمام، همان‌جور که به دنبالِ دواخانه می‌گردم برای خریدِ کرمِ مرطوب‌کننده‌ی پوستِ خشک‌شده‌ی دست، راه‌نمایی می‌شوم به خیابانی کنارِ بازارِ روضه که راسته‌ی حکماست... چندین و چند حکیم‌جی نشسته‌اند کنارِ خیابان و بساط کرده‌اند و گره از کارِ مردم می‌گشایند.

می‌روم به سمتِ یکی که ریشِ بلندتری دارد. می‌نشینم روبه‌روش و دستم را دراز می‌کنم. به رختِ افغانی من نگاه می‌کند.

سلام علیک! آشنا نیستی؟

غریبه هم نیستم... علیک سلام...

پس به قبله بنشین مرد...

می‌فهمم که باید رو به قبله بنشینم. بعد می‌پرسد که خانواده‌دار هستی و جوابِ آری می‌دهمش. هنوز نمی‌دانم این سوالات چه ربطی دارد به سفره‌ی عطاری حکیم‌جی. دستم را می‌گیرد و فوت

می‌کند و وردی می‌خواند:

دوا از من، شـــفا از او... گپی نیســـت... شفا می‌گیری به برکت و به حرمتِ روضه‌ی شـــریف... تفصیل بـــده که چه بلامصیبتی آمده است؟

مانـــده‌ام که برای حکیم‌جی چه‌گونه شـــرح دهم عالمِ امروزی‌مان را... عالمِ صغیر را. در دشـــتِ بلخ و بندرگاهِ مزار، چه‌گونه برای‌ش از سرمازده‌گی کوهستانِ پربرفِ زاخگازورِ ارمن سالِ پیش حدیثِ مفصـــل بگویم منِ تهرانی ایرانـــی... عاقبت همین‌قدر مجمل به او می‌گویم که پوســـت، ســـرمازده‌گی کهنه‌ای دارد که خاک‌بادِ مزار گریبان‌ش را گرفته است...

بســـم‌اللّه‌ی می‌گوید و توبره‌اش را باز می‌کند و شـــروع می‌کند به توضیح دادن راجع به شیشه‌های رنگی...

انجکســـیون رومی می‌دهم به تو و شقاقلِ مصری به هم‌راهِ زیتِ زیتون... می‌دانی زیتون چیســـت؟ نه... هیچ هزاره و پشتون و ازبک و تاجیکی دانا نیســـت به زیتـــون... این زیت را از بـــلادِ دورِ عربی برای‌م آورده‌اند... انجکســـیونِ رومی را هم استادم یک شیشه قبل از مرگ داد، که این‌قدرش مانده اســـت... به پیمانه نریزم فیل را از پا در می‌آورد...

بُله نگاه‌ش می‌کنم و محوِ وردخوانی‌ش هستم. زیتِ زیتون‌ش تنها چیزِ باورکردنی اســـت! انجکســـیون، پودری است که رنگِ صورتی دارد و بسیار به چشمم آشناست... عاقبت پودر را تشخیص می‌دهم.

چیزی اســت شــبیه به همان فانی‌فیس!های ترش‌مــزه‌ی دورانِ کودکی که ترکیبی بود از اســید سیتریک و اسانسِ طعم‌دهنده... دســت می‌کنم توی شیشــه‌ای که او روش ورد می‌خواند و کمی با انگشــت ور می‌دارم که مزه کنم. شــاگردِ حکیم داد می‌زند که نخوری! می‌کشــدت... مزه می‌کنم! همان فانی‌فیسِ خودمان است بلاشک! حکیم‌جی هم که مریض را جسور می‌یابد، کوتاه نمی‌آید و سرِ شاگرد داد می‌کشد:

یله بگذارش... خون را صاف می‌کند انجکسیون رومی... ترش‌مزه بود؟

سر تکان می‌دهم. هم او فهمیده است و هم من! به هر رو مخلوطی را که ریخته است در شیشه‌ی کوچکِ زیتِ زیتون، از او می‌گیرم و تشکر می‌کنم و حق طبابت‌ش را هم می‌دهم. شاگردِ حکیم زیرِ گوشی می‌گوید:

خانه‌دار هستی، داروهای خوبی هم داریم برای مردان...

از همان حرف‌هایی که مردانِ شرقی و بل همه‌ی مردانِ عالم را خر می‌کند! حکیم‌جی اما فهمیده است که مریض، چندان هم مریض نیست. سر شاگرد داد می‌کشد:

رگِ دست‌ش را که گرفتم، سالم بود و خون داشت... غلط نکن!

بلند می‌شــوم. نمی‌دانم چرا، امــا از طبابتِ این حکیم‌جی حقه‌باز بدم هم نیامده است. خیلی به‌ز اتاق‌های درمان‌گاهِ مجمع‌الامراض و مجتمع‌المکاریبی است که از دور در همین سرک می‌بینم. بلند

می‌شـــوم و می‌روم به ســـمتِ حمامِ عمومی پاریس! به‌ترین حمامِ عمومی ولایتِ بلخِ باستان!! تا چهل افغانی بدهم و دلاک کیسه‌ام بکشـــد و یکی دو لایه خاکِ خاک‌باد را از پوســـتم برگیرد و شوخ البته پیشِ چشمان‌م نیاورد که دیارِ بلخ، دیارِ جوان‌مردان است...

***

حمـــامِ عمومی رفتن هـــم حکایتی دارد! ترسِ از حمامِ نمره رفتن در بـــلادِ غریب نمی‌دانم برمی‌گردد به قیصر و برادرانِ آب‌منگل یا خاطره‌ای که رفیقِ رزمنده‌ام، ســـیدجلیل، ســـال‌ها پیش از حمامِ نمره‌ی سقز و کومله‌ها نقل می‌کرد...

از همان سربینه‌ی حمامِ عمومی، تماس می‌گیرم با نادر، راننده‌ی آشنای عبدالرزاق و او دمِ حمام می‌آید دنبال‌م. «صحتِ آب‌گرم»ی می‌گویـــد و به‌ش می‌گویـــم تصمیم دارم تا بلخِ قدیم را ببینم. من و مـــن می‌کند و عاقبت قبول می‌کند تا ســـرِ جـــاده برویم. در راه البته آیه‌ی یأس می‌خواند که بلخِ قدیم خبری هم نیســـت... یک کهنه‌خانه‌ای هســـت که می‌گوینـــد خانه‌ی مولانا جلال‌الدین بوده است و کمی خرده‌خرابه... سرِ جاده که می‌رسیم، نادر از راننده‌های دیگر چیزی پرسان می‌کند و همه بالاتفاق منع‌ش می‌کنند. گویا مرا تازه هراتی معرفی کرده اســـت و نه ایرانی. معلوم می‌شـــود که در فاصله‌ی کوتاهِ مزار تا بلخ، یک پیچِ جاده دستِ طالب‌هاست و گاهی اوقات عشق‌شان می‌گیرد و موتر را نگه می‌دارند و چیزهایی پرســـان می‌کنند. خاصه اگر در موتر، سیاه‌ســـر نباشد. موتری که

سیاه‌سر مسافرش باشد، محترم است و نگه داشته نمی‌شود، اما موترِ تاکسی و مسافرِ هراتی را طالب‌ها به این راحتی رها نمی‌کنند. خلاصه از جایی که سوادِ شهرِ باستانی بلخ پیداست، مجبور می‌شویم برگردیم... نادر توضیح می‌دهد که پیش از ظهرِ جمعه، راه امن می‌شود و قاتی مسافرانِ مزار که برای چکر می‌روند بلخ، می‌توانستیم بر بخوریم و... کاش زودتر زنگ زده بودی... برای‌م باورش سخت است. جایی امن باشم و بیست کیلومتر آن‌سوترش ناامن باشد... تازه قلقِ کار دارد می‌آید دست‌م! حیف که فردا بایستی برگردم هرات...

از نادر می‌پرسم که سوغاتِ مزارِ شریف چیست. او نباتِ متبرک به روضه و چیزی شبیه نانِ کنجدی را معرفی می‌کند که البته مثلِ سنگ سخت است و همراه با چای خورده می‌شود. از او می‌خواهم تا مرا به بهترین دکانِ شهر ببرد تا برای عبدالرزاق از همین سوغات تهیه کنم. سوغات را می‌ریزم داخلِ یک گونی و از نادر می‌خواهم مرا به همان اوتلِ نظرگاه برساند. او اصرار می‌کند تا شب منزل‌شان بروم که عبدالرزاق زیاد سفارش کرده است. قبول نمی‌کنم. با نادر خداحافظی می‌کنم و واردِ قهوه‌خانه می‌شوم. قهوه‌چی مشغولِ داد و بی‌داد است.

مگر عقد کرده‌اید تله‌ویزیون را... بروید پس‌تر...

قهوه‌خانه مملو از جمعیت است. سرک می‌کشم. تله‌ویزیون روی شبکه‌ی سه‌ی خودمان است که از ماهواره پخش می‌شود! چه

اتفاقی در شـــبکه‌ی سه می‌تواند این همه جمعیت را به قهوه‌خانه بکشـــاند؟ جمعه دهمِ مهر ماه ســـیزده هشـــتاد و هشت است و تا چند ســـاعتِ بعد قرار است بازی پرسپولیس و استقلال به صورتِ زنده پخش شـــود. بحث‌ها شبیه به داخلِ استادیوم داغِ داغ است. پیرمردانی ریش‌سپید نشسته‌اند و راجع به تاج و پرسپولیس رجز می‌خوانند. پیرمردی می‌گوید:

به حقِ روضه‌ی شـــریف که اســـمِ امیرالمومنین علی دارد، تیمِ سلطان علی پیروز و به‌روز باشد...

ناخـــودآگاه بلنـــد آمینی می‌گویم برای تیمِ هنوز منتســـب به علی پروین! می‌روم بالا و گونی نبات و نانِ کنجدی را در اتاق می‌گذارم و پایین می‌آیم. دورترین میز به تله‌ویزیون را انتخاب می‌کنم که از آن‌جا فقط پرهیبی می‌بینم از ســـبزی استادیومِ آزادی. می‌نشینم و از داخـــلِ کوله، لپ‌تاپ را بیرون می‌کشـــم و شـــروع می‌کنم به نوشتنِ خاطرات...

آرام آرام، سر و صدای تله‌ویزیون و مردم را نمی‌شنوم و به آهنگِ دل‌نوازِ صفحه‌کلید مست می‌شوم...

«الان در مهمان‌خانه‌ی نظرگاه که روبه‌روی قبرِ منســـوب به مولا علی است، نشسته‌ام و دارم می‌نویسم! حالِ خراب و دستِ پوست پوست و مزاجِ افتضاح و آب‌ریزشِ بینی و... روی میزی شکسته با پایه‌ای لق لقو و کنارِ استکانی چای سبز. چای را قهوه‌چی شخصا لطف کرد و خود آورد و به شـــاگرد هم نداد. قهوه‌چی بسیار شبیه

است به حاج‌آقای ... و اتفاقا با همان کم‌حرفی. گمان نمی‌کنم هیچ ژورنالیستِ ایرانی پای‌ش به هم‌چه جایی رسیده باشد. در اتوبوسی نشسته باشد با لباسِ افغانی که هیچ هم‌وطنی در آن نداشته باشد، در قهوه‌خانه‌ای خوابیده...»

در پرونده‌ی خاطرات‌م همین مقدار نوشته شده است! چون یک‌هو احساس کردم که قهوه‌خانه ساکت شده است. به جلو نگاه کردم. از آن همه جمعیتی که چسبیده بودند عاشقانه به تله‌ویزیون جز تک و توکی باقی نمانده است. چنان محوِ نوشتن بودم که حواس‌م به دور و اطراف نبود. صدای نفس از کسی نمی‌آید. یک‌هو از پشتِ سرم صدایی می‌آید!

مردک جورنالیست است... سیر کن! دری هم می‌نویسد به کوم‌پیاتور...

پشتِ سرم، ده پانزده نفر آدمِ بی‌کار زل زده‌اند به مانیتور و مرا سیر می‌کنند! کم کم به غروب و وقتِ مجلسِ سماع هم نزدیک می‌شویم. شبِ آخرِ مزار است و شبِ آخرِ افغان. با این خیلِ مشتاقان و سوال‌های عجیب و غریب‌شان، صلاح نیست در قهوه‌خانه بیش از این بمانم. بی‌خیال بازی پرسپولیس و استقلال می‌شوم و دعادعا می‌کنم حالا که مجبورم نبینم، بازی به سنتِ سنیه مساوی تمام شود که بعدتر دل‌م نسوزد!

(دل‌م نمی‌سوزد و شب از قهوه‌چی می‌پرسم و می‌فهمم بازی دوباره مساوی شده است. قهوه‌چی می‌گوید، در ایران از بالا دستور

داده‌اند که بازی مساوی شود... به او جوابِ منفی می‌دهم. می‌گویم امید به خدا بازی بعدی را می‌بریم! نمی‌دانم یادش می‌ماند یا نه. حیف که بازی بعدی را که بعد از سال‌ها تساوی، قرمزها می‌برند، در مزارِ شریف نیستم.)

***

حسبِ دعوتِ درویشِ پیر، کنارِ ضریحِ روضه، بینِ نمازِ عصر و مغرب می‌روم به سمتِ حرم. در زاویه‌ای از روضه که قرار است مجلس سماعی باشد. شب‌های جمعه و بعد از ظهرِ جمعه، ساعاتِ مناسبِ مجالسِ ذکرِ نیمه‌عمومی است. رختِ افغانی به تن دارم. می‌گردم دنبالِ حجره‌ای که درویشِ پیر نشانی داده بود. عاقبت در یکی از رواق‌های آفتاب‌گیرِ حرم، عده‌ای را می‌بینم که به آداب واردِ حجره‌ای می‌شوند. جلو می‌روند. کفش‌م را از پا در می‌آورم، اما به رفتارِ دیگران دقت نمی‌کنم و جفت نمی‌کنم و زیرِ بغل نمی‌گذارم. دنبالِ جاکفشی یا کیسه می‌گردم. همین زود دست‌م را رو می‌کند. جوانی جلو می‌آید و تند تند چیزهایی می‌گوید که متوجه نمی‌شوم. به‌م با زبان و دست، حالی می‌کند که مجلس خصوصی است و فقط مالِ مریدان و مجذوبان است. رسما دستِ رد می‌گذارد روی سینه‌ام و هل‌م می‌دهد عقب. چشم می‌دوانم و کنارِ مرشدِ میان‌سال همان درویشِ پیر را می‌بینم. لافِ در غربت زدن، چندان خرجی ندارد.

درویش شیعه و سنی ندارد... درویش آشنا و غریب ندارد...

درویش با درویش آشناست...

پیرمرد نگاه‌ش که به من می‌افتد، چیزی درِ گوشِ مرشد می‌گوید و مرشد نیم‌خیز می‌شود. مرشد هم به مریدِ جوان تشر می‌زند.

راست می‌گوید... درویش غریب و آشنا ندارد... مهمان حبیب خداست...

جلو می‌روم که همان پشت‌ها بنشینم، اما مرشد دوباره می‌گوید:

نه... بیا به صدر نشسته شو...

جلو نشستن ایرادش این است که نمی‌توانم به راحتی اگر لازم شد از زیرِ پتویی که روی سر کشیده‌ام، چیزی ضبط کنم با گوشی مبایل! همین البته باعث می‌شود تا از نگاهِ توریستی خارج شوم و بیش‌تر دل بدهم به مجلس.

درویشِ پیر، کهنه حریفِ مزار شریف، مرا به کنارِ خود می‌خواند. مجلس با ذکرِ خداوند آغاز می‌شود و مرشد اشعاری به فارسی می‌خواند. تا پایانِ مجلس هیچ بیتِ غیرِ فارسی از مرشد و دو هم‌نوای جوان و نوجوان‌ش نمی‌شنوم.

اولین شعر، همان حافظ‌خوانی است در کنارِ بارگاهِ سخی‌جان... به قدری خوب خوانده می‌شود و جمع نیز مرتب هم‌راهی می‌کنند که مجلس حسابی می‌گیردم.

ما بدین در نه پی حشمت و جاه آمده‌ایم
از بد حادثه این جا به پناه آمده‌ایم

...

با چنین گنج که شد خازن او روح امین
به گدایی به در خانه شاه آمده‌ایم

لنگر حلم تو ای کشتی توفیق کجاست
که در این بحر کرم غرق گناه آمده‌ایم

آب‌رو می‌رود ای ابر خطاپوش ببار
که به دیوان عمل نامه سیاه آمده‌ایم

...

بعضـــی می‌گریند و رو می‌کنند به ســـمتِ ضریـــحِ مطهر که البته دیواری بینِ حجره و ضریح حائل است و طلبِ حاجت می‌کنند. بعـــد از غزلِ مدحی، شـــعری در مایه‌هـــای دمِ هیات‌های خودمان خوانده می‌شود. بعد مرشد، دم را می‌دهد دستِ نوجوانِ کناری‌ش تا با لحنی بسیار سوزناک اشعارِ ساده‌ای بخواند.

سراسر جمله عالم پر یتیم‌ست
یتیمی در عرب چون مصطفا کو؟
سراسر جمله عالم پر ز شیرست
ولی شیری چو حیدر با سخا کو؟
سراسر جمله عالم پر زنان‌اند
زنی چون فاطمه خیرالنسا کو؟

سراسر جمله عالم پر شهیدست

شهیدی چون حسین کربلا کو؟

امامان که در عالم بی‌شمارند (بیسیارند)

ولی مثلِ علی موسی الرضا کو؟

سراسر جمله عالم پر ز پیرست

ولی پیری چو خضر با صفا کو؟

سراسر جمله عالم پر ز حُسن‌ست

ولی حسنی چو یوسف دل‌ربا کو؟

(در تصحیحِ این متن می‌فهمم که شـعر از سـنایی غزنوی است، هم‌سایه‌ی بلخ و متولدِ غزنی... البته چند بیتی را نیز مرشد چنان با لحن خوانده بود که در ثبت اشتباه کرده‌ام!)

و بعد هم شـبیه می‌شـود به واحد و عاقبت هم شور. در این میانه گاهی هم کسـی از خود بی‌خود می‌شد. مجذوب‌ها بیش‌تر نسبتِ بـه خلفا ارادت داشـتند تا سـایرِ اولیا و انبیـا. در میانِ این جمعِ خصوصـی سـی-چهل نفره، دو-سـه نفر به خلیفـه‌ی اول و دوم مجـذوب بودنـد و ده-پانزده نفر مجذوبِ حضـرتِ امیرالمومنین بودند. دو-سـه بیتی از اشـعار در مدحِ خلفای سه‌گانه بود و بعد از آن مدحِ اهلِ بیت(ع) شروع می‌شد. یعنی با حذفِ دو-سه بیت در فقـدانِ طالبان که کلِ این مجالـس را ممنوع کرده بودند، تفاوتِ معناداری بینِ مجلسِ اهلِ سنت و مجالسِ ما نبود.

اشـعارِ شـور، با هو هو گفتنِ حلقه‌ی دراویش هم‌راه می‌شد. وقتی

شور بالا می‌گرفت، با هر بازدمی که در آن هو می‌کشیدند، بدن، از کمر به سمتِ جلو پرتاب می‌شد و طبیعتا این رفتارِ موزون همه‌ی جمع را به همین حال می‌کشید. کسی نمی‌توانست در جمع باشد و هم‌راهِ جمع نباشد. در این میانه حس و حالِ مجذوب‌ها گاهی در میانه‌ی جمع رسواگر می‌شد. اشعارِ شور، بیش‌تر از غزلیاتِ مولوی بود.

مجذوب بعد از شنیدنِ نامِ سرسلسله، مثلا نامِ مبارکِ مرتضاعلی‌حیدر، از خود بی‌خود می‌شد و سرش شروع می‌کرد به دور خوردن دورِ گردن. سرشان را می‌رقصاندند در حالتِ وجد. بعد از مدتی دوباره می‌ایستادند و مثلِ جمع هو می‌گفتند.

هر از گاهی، مراد که درویش پیر بود، به مریدان تشر می‌زد که:

بنده باید پنهان باشد!

این را که می‌گفت مرشد جوری شعر می‌خواند که مریدان فقط دم می‌گرفتند و دیگر حتا هوهو هم نمی‌گفتند. همه با هم نفس را یک‌جا بیرون می‌دادند انگار.

نزدیکِ اذانِ مغرب که شد، مرشد مجلس را آرام کرد و «و آخر دعوانا ان الحمدلله رب العالمین»ی گفت تا متنسکینِ نمازِ اولِ وقتی به‌ش کاری نداشته باشند. همه حسابی خسته‌اند و عرق کرده‌اند. بعد همه هم را بغل می‌کنند و می‌بوسند و التماسِ دعا می‌گویند و...

و این‌جاست که آدم می‌فهمد، میراثِ زبانی مشترک حتا می‌تواند

از سایرِ مواریث مهم‌تر باشد. وقتی اشعارِ مجلسِ سماعِ حنفی‌ها و حنبلی‌ها، مملو می‌شـــود از شیر خدا و دست‌گیرِ افتاده‌گان و شاهِ مردان و سرسلسله‌ی جوان‌مردان، مرتضا علی حیدر...

❋ ❋ ❋

این مجلس برای من، بسیار آموزنده است و دوست‌داشتنی. ما، که در هوای تشیع نفس می‌کشیم، هیچ‌گاه به فاصله‌ی میانِ طریقت و شـــریعت، نیاندیشیده‌ایم. چنان هیات و تکیه و حسینیه با منبر و مســـجد و محراب، ممزوج شـــده‌اند و چندان روحانی و آخوند به پیر و مرشـــد نزدیک‌ند که هیچ‌گاه نیازی ندیده‌ایم تا فتوت‌نامه‌ها را کنارِ رســـاله‌ها بگذاریم. اصلا به همین دلیل، خانقاه‌ها رفته‌رفته کنار رفته‌اند و حتا امروز نیز فاصله‌ی مســـجد و حســـینیه، چندان معنادار نیست.

امـــا به جز تشـــیع، در باقی مکاتب، فاصله‌ای جدی هســـت میانِ طریقت و شریعت. شاید در میانِ اهلِ تشیع، طریقت‌گرایانِ افراطی را مطـــرود بدانیم و نیازی به مجالســـی خـــارج از مجالسِ متعارف احساس نکنیم اما در مکاتبِ دیگر قصه گونه‌ای دیگر دارد. در سایرِ مکاتب، جریان‌های طریقتی، راهِ نجات از شریعتِ خشک است.

مجلسِ ســـماع از این دستی که نگاشتم، یعنی یک گام دور شدن از طالبـــان؛ یعنـــی یک قدم دور شـــدن از عملیاتِ انتحاری بر ضدِ پی‌روانِ سایرِ مکاتب. مجلسِ سماع از آن رنگی که در قونیه هست یا از این رنگی که در مزار دیدم، شاید عالمِ حوزه‌نشینِ ما را خوش

نیاید، اما سدی است برای جلوگیری از نفوذِ وهابیت.

دینی با این رنگ، قطعا برتر می‌نشـینند از دینی بدونِ رنگ. دینِ بـدونِ رنگ، دینِ شـریعت‌مدارِ محض، همان دینی اسـت که در مدارسِ دیوبندی پاکسـتان، تدریس می‌شود و به مرور، هم‌ریخت می‌شود با وهابیت. با همان عقایدِ تندِ صفر و یکی. نوعِ دفاعِ فرقه‌ی دیوبندی از مذهبِ حنفی، و عدمِ تحملِ نظرِ مخالف، شباهت‌های رفتاری فراوانی دارد با انسدادِ اجتهاد و در حقیقت، تعطیلی عقل در مـرامِ وهابیت. وهابیت -با کمی اغماض- یعنی شـریعتِ بدونِ طریقت.

و اگر ما می‌توانستیم، طلابِ افغانی را به عوضِ مدارسِ دیوبندی، جیش صحابه و در حقیقت آموختنِ آموزه‌های وهابیت، در مدارسِ کشـورمان آموزش دهیم، نه فقط افغانستان را از گرفتاری طالبان می‌رهاندیم، بل‌که امروز نگرانِ نفوذِ وهابیت در میانِ اهلِ تسـنن خود نبودیم. بد کِشتیم و بد می‌درویم...

اتفـاقِ عجیبی که این مجلسِ سـماع، به ذهـنم متبادر می‌کند، رابطه‌ی میانِ طالبان است و القاعده. یا حتا دقیق‌تر، رابطه‌ی میانِ وهابیت و القاعده.

وهابیـت، آموزه‌هـای مدارسِ دیوبندی و آن‌چـه ملامحمدعمر را می‌سازد، ریشه در سنت دارد، اما القاعده، رفتارهای کورِ تروریستی، اسـتفاده از تکنولوژی روزآمد بـرای اهدافِ ناجوان‌مردانه و آن‌چه اسامه بن لادن را می‌سازد، ریشه در مدرنیته دارد. این دوگانه‌گی

چه‌گونه آینده‌ای را برای این جنبش رقم خواهد زد؟

اتفاقـا با آن‌چه ریشـه در مدرنیته دارد، مذاکـره و مجادله و حتا مخاصمه، راحت اسـت و سـهل. گرفتـاری در مباحثه‌ی با طالبِ دیوبندی و وهابی اسـت که دل در گروِ سـنتِ ناپسندیده‌ی خود دارد.

سال‌هاست که مطمئن‌م ما بایستی تفاوتِ سیدحسن نصرالله را با اسامه بن لادن برای جهانیان شرح دهیم. و همین یعنی تفاوتِ ما با ایشان؛ تفاوتِ پی‌روانِ ولایتِ فقیه با پی‌روانِ القاعده.

آیا ما نیز گرفتارِ همین مشـکل هسـتیم؟ ریشـه در سـنت‌های غیرعقلانی و تنه در دنیای مدرن؟ ریشـه در عقایدِ شـریعت‌محورِ سنتی و تنه در کشاکشِ حکم‌رانی در دنیای مدرن؟

مـن هرگز انقلابِ اسـلامی را پدیده‌ای سـنتی یا حتا سـنت‌گرا نمی‌دانم. انقلابِ اسلامی ایران، یک پدیده‌ی عمیقا مدرن است. و برای همین این دوگانه‌گی در ذاتِ انقلابِ اسـلامی وجود ندارد و باز به همین دلیلِ مدرن بودنِ انقلابِ اسلامی، اساسا پروتستانیزمِ شـیعی بی‌معنا اسـت. (کاملا به خلافِ نظرِ موافقـانِ افراطی که انقلاب را بازگشـت به سـنت می‌نامند و عملا راه را برای مخالفانِ افراطی طرف‌دارِ پروتستانیزمِ شیعی هم‌وار می‌کنند.)

امام خمینی، چرا پدیده‌ای به نامِ جمهوری اسلامی را طرح می‌کند؟ و در چه شـرایطی آن را مطرح می‌کند؟ آیا می‌توان پذیرفت که هیچ عالمِ شیعی تقربی به موضوعِ حکومتِ دینی نداشته است؟

بــه گمــانِ من، در حکومتِ ســنتی، ذاتِ حکومت، ممزوج اســت با رفتارهایی خشــن. مصلحت حکم می‌کند که ســلطان چشم در بیاورد و گوش ببرد و شانه سوراخ کند تا عین باشد و سمع باشد و ذوالاکتاف. سلطان چاره‌ای ندارد تا برای گرفتنِ خراج، از اخلاقیات بکاهــد و بر مبلغ افزاید. و در این میان، عالمِ دینی، شــیرین‌عقل نیســت که دین را پی‌وند بزند به چنین سلطنتِ وحشیانه‌ای. پس کارِ قیصر را به قیصر وا می‌گذارند و همین که گاه‌گاهی برای دنیا و آخرتِ بنده‌گان کاری کنند، می‌شود اهمِ تکالیفِ اجتماعی! کار که خیلی گره بخورد، دستِ اجانب که خیلی رو شود، تحریمِ تنباکو و فتوای جهاد و از این دست می‌شود بالاترین قسمتِ اجتماعی فقه. اما حضرتِ امام سید روح‌الله خمینی، که از نوجوانی گرفتارِ صحنِ مجلس شــورای ملی می‌شــود و مدرس و بعدتر کاشانی را تجربه می‌کند، ره‌یافتی دیگرگون می‌یابد. وی کشــف می‌کند در دنیای مــدرن، امــکانِ وقوعِ حکومــتِ دینی را. پس، حکومــتِ دینی ما چیزی است پس از رنسانس در جانِ روحانیت و نه پیش از آن. و همین باعث می‌شــود تا امام، عمر بگذارد برای براندازی سلطنت. بــه خلافِ علمای ماضی و حتا روشــن‌فکران که هیچ‌کدام طرحی خارج از ســلطنت، دستِ بالا سلطنتِ مشروطه در ذهن نداشتند. پس انقلابِ اسلامی ایران، اساسا پدیده‌ای است مدرن و در دنیای مــدرن معنا می‌یابد. فقط کمی بیاندیشــیم کــه چرا امام خمینی بعد از تبعیدِ عراق و دوره‌ی نهضت‌سازی، به گزینه‌ی پاریس -در

مقابلِ گزینه‌های شــرقی- برای ادامــه‌ی تبعید اعتراض نمی‌کند. کمی بیاندیشــیم که چرا امام در نوفل‌لوشــاتو، روزی چند ساعت را برای مصاحبه‌های پرشــمارش وقــت می‌گذارد؟ مگر نه این که رســانه، مهم‌ترین سلاح و سرمایه اســت در دنیای مدرن؟ ابزارِ او برای مبارزه چیست؟ چرا او با مبارزه‌ی مسلحانه مخالفت می‌کند و مبارزه‌ی فرهنگی و مردمی را مهم‌ترین راه اسقاطِ سلطنت پهلوی -بــه عنوانِ کارگــزارِ امریکا- می‌داند؟ در زمانِ او نوارِ کاســت، به عنوانِ مدیومِ انتقالِ پیام، آیا مدرن‌ترین ابزار نیست؟ به یاد بیاوریم که پیش از انتشــارِ نوارهای ســخن‌رانی امام، در خانه‌ی بســیاری از متدینان حتا دســت‌گاهِ پخش‌وضبطِ‌صوت وجود نداشــته است. همه‌ی این‌ها نشان می‌دهد که انقلابِ اسلامی با شناخت اقتضائاتِ دنیای مدرن و استفاده‌ی از آن‌ها به پیروزی می‌رسد... فتامل...

و حالا اگر مســوولی میانی در همین جمهوری اســلامی مصلحت را در این ببیند که مثلا برای ســرکوبِ آشــوب‌های خیابانی پس از انتخابــات، بــه جای یک رفتارِ مدرن، مثلا ماشــینِ آب‌پاش که از صد ســالِ پیش در اروپا مرســوم بوده است، از لباس‌شخصی و زنجیر و میل‌گرد اســتفاده کند، او فقط یک خطای ســاده مرتکب نشــده است. خطای او یک خطای ســاده نیست که بگوییم افکارِ عمومی نســبت به این رفتار معترض خواهند بود... خطای او یک خطای ریشــه‌ای اســت. او از ابزارِ دنیای ســنتی، در یک پدیده‌ی مدرن اســتفاده کرده اســت. او یک خطا در موردِ انقلابِ اسلامی

نکرده است. او مثلِ حکومتِ همان سلطانِ سنتی، مصلحتی سنتی را لحاظ کرده است... پس با ذاتِ امروزی انقلابِ اسلامی مخالفت کرده است و... فتامل‌تر!

* * *

همه‌ی این‌ها زائیده‌ی یک مجلسِ سماع است در غربت... و من فردا باید این ملک را و این مجلس را و این مردم را بگذارم و برگردم به کشورم... شبِ آخرِ ماندن است در افغانستان. صبحِ فردا برخواهم گشت به هرات و بعد با لی‌جی و هم‌سفرِ اول می‌رویم به مرز و بعد هم با گاری خودمان تا مشهد و زیارت و عاقبت هم تهران...

به سمتِ هوتلِ نظرگاه برمی‌گردم و با حسرت به آخرین تصاویرِ مزار می‌نگرم. گه‌گاهِ دست‌مالی روی زخمِ دستم می‌کشم و از داخلِ جیبِ کوله، شیشه‌ای در می‌آورم. مخلوطی از زیتِ زیتون و انجکسیونِ رومی و شقاقلِ مصری می‌مالم روی زخمِ دست! -در کمالِ بلاهت، پنداری مجذوبِ حکیم‌جی شده‌ام! دکان‌های مزار، شاید به خاطرِ فضای زیارتی، کمی بعد از غروب هم باز می‌مانند و این فرصتی می‌دهد به من برای خیابان‌گردی در شامِ آخر. این میان، تلفنی هم دارم از خویشانِ ایران‌نشین که مجبورم جوری از زیرِ تقاضاشان برای صحبت با هم‌سفرِ اول و لی‌جی در بروم و مثلا بگویم که الان کنارِ هم نیستیم و من در راهِ هتل -آب‌روداری کنم و به اوتل بگویم هتل- هستم و بعدتر زنگ می‌زنم و اصلا

چرا زنگ بزنم وقتی فردا از مشـــهد می‌توانیم با خطِ ایرانی با هم صحبت کنیم و الخ...

آن‌قدر در خیابان‌های گرداگردِ روضه راه می‌روم که عســکری به‌م فرمان می‌دهد که پس بروم و بخسبم! می‌گوید:

ناامنیتی داریم در این سرک‌ها این وقتِ شب!

بــه لحنِ آمرانه‌ی عســکر گــردن می‌نهم و تلــخ، وداع می‌کنم با خاک‌بادِ خریفِ مزارِ شریف. صدالبته پرواضح است که براتِ هرات بــود که عجاریفِ مزارِ شــریف را حاصــل کرد... که اگر از گوهری هری صدفی به من رسید، صیرفی مزارِ شریف، همان صدفِ مکتومِ بی‌هدف را به درِ درخشــانِ جان و لعلِ بدخشــانِ روح صرف نمود و نه یک صیرفی که چندین و چند صیرفی که یکی کهنه حریفِ مزار بود و دیگری خلیفه‌ی سه صد و سه و پیش‌تر فردینِ هم‌سفر و پس‌تر قهوه‌چی نظرگاه... از گوهری هری به صیاریفِ مزارِ شریف رسیدم و فردا وداعی دارم با ابلخِ بلخ که همان قهوه‌چی باشد... شبی، بدجور حال‌م گرفته است... حسِ خویشی دارم با این مردمان... در اتاقِ اوتل نظرگاه که دیوارهاش از نئوپان ساخته شده، نشسته‌ام و سجع می‌نویسم پنداری... رایانه‌ی دستی را خاموش می‌کنم که شب از نیمه گذشته است و صبح، بایستی بروم به میدانِ هوایی برای بازگشتِ به هرات... شــاید هم سودایِی بچه‌های کنسول‌گریِ مزار باشم که در همین شـــهر به دستِ طالب‌ها شهید شدند و یادِ حسینِ جعفریان‌م که چه‌گونه جان‌ش را سرِ دست گرفت و شبانه گریخت از این شهر...

بلخ، الخ...

شنبه یازدهم مهر ۸۸

■■■

بلخ، الا آخِر! صبح است ساقیا و می‌دانم قدحی پر شراب خواهی کرد، کز سنگ ناله خیزد روزِ وداعِ افغان... حال‌م عجیب گرفته است و حالا از عمقِ جان می‌فهمم که این خاک، کَش دارد... بدم نمی‌آید که اگر روزی خواستم سفرنامه‌ای بنویسم، نام‌ش را بنهم، «کَشِ هندوکُش».

ساعتِ هفت و نیمِ صبح است و از اوتلِ نظرگاه بیرون می‌زنم. پیش از بیرون آمدن، چای سبزی می‌خورم با لقمه‌ای نان و پنیر، که هر چه می‌کنم، قهوه‌چی، حساب نمی‌کند و این را می‌گذارد

به حسابِ انعامی که اضافه کرده‌ام به حسابِ دو شب اتاق. عجیب مردمـی هسـتند مردمِ این دیار. هنـوز روی تخت‌های قهوه‌خانه، عده‌ای مسـتِ خواب‌اند. پتـوی افغانی روی صورت کشـیده‌اند و کیسه‌ی مال و منال زیرِ سر نهاده‌اند و خرناس می‌کشند. بی‌خیالِ عالـم و مافیها و بدخوابی ما، مرفهانِ نقرس‌زده‌ی قرصِ‌خواب‌خور! یکی هم سیمی از زیرِ کیسه‌ی مال و منال‌ش بیرون آمده است و رفته است تا پریزِ برق. شاید این یکی شارژرِ مبایل باشد یا پخشِ موسیقی یا هر چیزِ دیگری. اما مجموعا همه‌ی دارایی مردِ ره‌گذرِ افغان همان است که شب زیرِ سرش می‌گذارد!

چهره‌ی قهوه‌چی به شـدت مرا به یادِ قیافه‌ی یکی از وعاظِ شهیر می‌اندازد، که شـاید ده-پانزده سـال پیش، بعضی شـب‌های ماهِ مبـارک -وقتـی بیش از امروز واعظ بـود و در عوض هنوز به این

قاعده شهیر نشده بود، او را در مسجدی که پاتوق‌م بود، می‌دیدم و با او گپ می‌زدم... به عشقِ آن روزهای دور از قهوه‌چی می‌خواهم که کنارم بایستد تا عکسی بگیریم به یادگار با خدمت‌گزارِ مزار... ساعتِ هفت و نیمِ صبح است و از اوتلِ نظرگاه بیرون می‌زنم و سلامِ تودیعی می‌گویم به امام‌زاده‌ی مدفونِ در روضه‌ی شریف و صد البته در دل «سلام»ی می‌کنم به نفسِ نفیسِ حضرتِ امیر صلوات الله علیه. نادر، راننده‌ی تاکسی آشنای عبدالرزاق، قسم‌م داده بود که صبح تماس بگیرم تا او مرا به میدانِ هوایی برساند، اما دل‌م نمی‌آید این ساعت صبح بیدارش کنم. روزها در افغانستان برای شهرنشینان دیرتر شروع می‌شود. شهرنشینان را کاری نیست که مجبور شوند هشتِ صبح را ببینند، به خلافِ ساعتِ خورشیدکوکِ روستاییان...

کنارِ قهوه‌خانه، تاکسی کرا می‌کنم به دوصد افغانی یعنی چهار هزار تومان، برای میدانِ هوایی مزارِ شریف. از یک نان‌وایی که تازه دکان باز کرده است، قرصِ نانی می‌خرم به پنج افغانی، یعنی صد تومان. کوله‌ی رایانه و گونی سوغات را می‌اندازم روی صندلی عقبِ تاکسی. نان را با راننده نصف می‌کنیم و می‌زنیم به چاکِ جاده‌ی خروجی شهر به سمتِ جنوبِ شرق. خلافِ جهتِ بلخ. در راه، مبایل را هم روشن می‌کنم. تا مبایل را روشن می‌کنم، زنگ می‌خورد و راننده خیال می‌کند حکماً با آدمی حسابی طرف است که ساعتِ یک ربع به هشتِ صبح، تلفن‌ش زنگ می‌خورد!

زنگِ اول، از هم‌سفرِ اول است که می‌گوید لی‌جی هنوز خواب است و حسابی منتظرند تا بیایم و برویم دسته‌جمعی به سمتِ ایران. می‌داند که دهِ صبح پرواز دارم. با او خداحافظی می‌کنم و خداحافظی نکرده، زنگ دوم از راه می‌رسد که نادر است. می‌گوید از صبح مدام زنگ می‌زند تا اگر از خواب بیدار شدم، بیاید دنبال‌م و توضیح می‌دهد که از خانه بیرون زده است و تا چند دقیقه‌ی دیگر، کنارِ نظرگاه خواهد بود. مجبور می‌شوم کلی قسم بخورم و آیه ردیف کنم که از مزار بیرون زده‌ام و عاقبت راننده‌ی تاکسی را که مشغولِ خوردنِ نصفِ قرصِ نانِ داغ است، به شهادت می‌طلبم تا نادر کوتاه بیاید.

ساعتِ ده پرواز دارم و هنوز ساعت هشت نشده است. از اضطرابِ جا ماندن است که این‌قدر زود راه افتاده‌ام. از راننده می‌پرسم تا میدانِ هوایی چه‌قدر طول می‌کشد؟

گیر و گرفتی نباشد، به خیر، یک ربعه می‌رسیم...

خنده‌ام می‌گیرد. می‌گویم:

جاده‌ی خارجِ شهر و به این خلوتی، گیر و گرفت‌ش کجاست؟!

هنوز تای کجاست از دهان‌م خارج نشده است که سقِ سیاه‌م، چشم‌م را تیره و تار می‌کند. وسطِ جاده، خاک‌باد است انگار یا... نزدیک‌تر که می‌شویم، می‌بینیم که ترافیکِ وحشت‌ناکی درست شده است. بعضی روی آسفالت و بعضی دیگر در شانه‌ی خاکی جاده ایستاده‌اند. ماشین‌های لنگ‌دراز می‌زنند به بیابان و از وسطِ

سنگ و خارِ بیابان جلو می‌روند و خاک هوا می‌کنند. راننده، خیلی آرام، انگار نه انگار، پتوش را مثلِ دست‌مال می‌پیچد دورِ صورت‌ش و سوییچ را می‌چرخاند و تاکسی را خاموش می‌کند.

نگفتم... گیر و گرفت شد دیگر...

حسابی مضطرب‌م. نکند که به پرواز نرسم. اضطراب‌م را به زبان می‌آورم. راننده سر تکان می‌دهد و می‌گوید:

ها! ممکن است نرسی! تکتِ کجا را داری؟

جوش آورده‌ام حسابی از این همه روحیه دادن‌ش. از آن‌سو، میدانِ هوایی، فرودگاهِ فرانکفورت نیست که دقیقه‌ای شستاد پرواز داشته باشد. زیرِ لب یا انیس المستوحشین‌ی می‌خوانم بل که آرام شوم، به نظرم خودِ خدا هم رخ نمی‌دهد! پس روبرمی‌گردانم به سمتِ شهر و روضه و زمزمه می‌کنم، یا امیرالمومنین حیدر کرار! بعد می‌گویم:

با کام‌ایر!

تصحیح می‌کند.

کامی‌یر! ها... به هرات می‌شوی... به خیر... به خیر... امروز همین یک پرواز را هم دارد... تعطیل می‌شود تا چهارشنبه که یکی به کابل دارد و دوباره پنج‌شنبه که دیگری به کابل دارد و همین... اما کامی‌یر سرِ وقت هم می‌آید...

روحیه می‌دهد. لجم گرفته است از همین آرامش. موترها همه خاموش ایستاده‌اند. از روبه‌رو و داخلِ شانه‌ی خاکی، گام به گام و

قدم به قدم، یک تریلی و کامیون و به قولِ افغان‌ها لاری و قطاری از موترهای خرد و به قولِ افغان‌ها تیزرو، پشتِ سرش به سمتِ ما می‌آیند. راه‌ش را لنگ‌درازهایی که از جاده بیرون زده‌اند، سد کرده‌اند. تریلی نزدیک می‌شود. برای این که کمی راننده‌ی تاکسی را از آن حالِ رخوت‌آلود در بیاورم و تکان‌ش بدهم، ازش خواهش می‌کنم تا از راننده‌ی تریلی بپرسد چه شده است. مطلبی که هیچ راننده‌ی دیگری دنبالِ فهم‌ش نیست. یعنی همه جوری ایستاده‌اند و موتر را خاموش کرده‌اند و از فلاسک چای می‌ریزند که انگار جمعا با هم قرار گذاشته بوده‌اند برای هواخوری وسطِ جاده‌ی خارجِ شهرِ مزار، راسِ ساعتِ هشتِ صبحِ روزِ شنبه!!

راننده‌ی تریلی که تازه از ترافیکِ لنگ‌درازهای خلاف‌کار جسته است و آماده است که بیاید داخلِ جاده و سرعت بگیرد، به خلافِ انتظارِ من، و به رغمِ بوقِ موترهای خردِ پشتِ سرش می‌ایستد و دنده را خلاص می‌کند. راننده‌ی تاکسی جلو می‌رود و علتِ ترافیک را می‌پرسد. آن‌قدر که من سر در می‌آورم، می‌گوید، دو ساعت، آن‌طرفِ پل گیر کرده بوده است و گویا پل را دی‌شب طالب‌ها خراب کرده‌اند و...

یعنی امکان دارد دو ساعت در این ترافیکِ چند ده اتومبیل گیر بیافتم؟ مگر امکان دارد؟ ایران، با همه‌ی گرفتاری‌ها، مردم به هم راه می‌دهند و این تعداد اتومبیل هرگز این‌قدر معطل نمی‌شوند. هنوز راننده سوارِ تاکسی، نشده است. دو صد افغانی می‌گذارم روی

صندلی‌ش و پیاده می‌شوم. او رفته است کنارِ چند راننده‌ی دیگر و شناس و ناشناس، مهمانِ فنجانی چای شده است. صداش می‌زنم:

دوصـد افغانـی گذاشـتم روی صندلی، مـی‌روم آن طرفِ پل. می‌ترسم به پرواز نرسم.

می‌دود به سمتِ تاکسی.

حرام! حرام! نرسـانده‌امت میدانِ هوایی هنوز... شتاب نکن... راه باز می‌شود بالاخره...

شـتاب می‌کنم و همان‌جور که کوله را به دوش کشیده‌ام و گونی را به دست گرفته‌ام، فریاد می‌زنم:

حلال! حلال!

صد متر یا دستِ بالا دویست متر جلوتر به پل می‌رسم. پل از کمر ریخته اسـت. معلوم نیسـت کارِ انفجار باشد. این همان پلی است که پری‌شب با سه‌صد و سه از روش گذشته بودم. یک تریلی با بارِ سنگین، کفِ رودخانه‌ی خشکی که سیل‌آب را به دریا! (رودخانه‌ی اصلی) می‌ریخته اسـت گیر کرده است. اما کنارِ تریلی به راحتی، جای عبور و مرورِ دو طرفه هست. یعنی یک تریلی می‌تواند بیاید و کنارش یک سـواری به راحتی برود. مشـکل جای دیگری است. از طرفِ ما، هشـت لاین ماشـین ایسـتاده است و از طرفِ روبه‌رو هم هشـت لاین. کانه شده اسـت میدانِ جنگِ تن به تن. همه‌ی ماشین‌ها توی دنده‌اند و نیم‌کلاچ جلو می‌آیند. مثلِ اسبِ وحشی که سـم بکوبد. قدم قدم جلو می‌آیند. هیچ کس به هیچ کس راه

نمی‌دهد. البته جالب این‌جاست که کسی هم عصبانی نیست. لااقل در ظاهر. کســی هم دنبالِ پادرمیانی و میان‌جی‌گری نیســت! در همین حیص بیص، تریلی تکانی می‌خورد و از سمت ما یک لاین آزاد می‌شــود. یک‌هو بساطِ چای سبز و فلاسک و فنجان برچیده می‌شود. خاک‌بادی راه می‌افتد که نگو و نپرس. می‌دوم و در عینِ دویدنِ میانِ موترها، دست تکان می‌دهم. به نظرم باید بروم روی جاده. در همین شــلوغی که مشغولِ دویدن‌م تا پلِ شکسته را رد کنم و آن سو منتظرِ اولین موتر بایستم، آینه‌ی تاکسی به دست‌م می‌خورد و راننده‌اش همان‌جور که دو صد افغانی را گرفته اســت دست‌ش، فریاد می‌کشد:

شِشــته شــو... (می‌بیند که نفهمیده‌ام.) نشســته شو داخل که ایستادن نمی‌توانم!

می‌نشینم و دو صد افغانی را می‌اندازد روی پام و می‌گوید:

میدانِ هوایی ازت می‌گیرم! این کار حرام بود...

جوان‌مــرد مردمی هســتند مــردمِ این دیار. از او تشــکر می‌کنم. می‌رویم و کم از یک ربعِ بعد، یعنی هشــت و نیم، می‌رســیم به میدانِ هوایی. ورودی این میدانِ هوایی هم دســتِ کمی ندارد از ورودی نامیزانِ میدانِ هوایی هرات. زمینِ خاکی و یک خط سیمِ خــاردار. جلوتــر از ما یک خانواده‌ی افغانی، یک مرد و یک ســیاه ســر و دو طفلِ خرد و یک طفلِ شــیری که زیرِ برقعِ مادر، جیغ و داد می‌کند، رســیده‌اند و کنارِ ســیم‌خاردار ایستاده‌اند. با راننده‌ی

تاکسی حساب می‌کنم که برود. او می‌رود و چند متر جلوتر از سیم‌خاردار می‌ایستد. به من می‌گوید:

همین‌جا چرتی می‌زنم، طیاره‌ی شما که برسد میدانِ هوایی، به لطفِ خدا، مسافری هم برای ما درش هست...

راست می‌گوید. خداحافظی می‌کنم و می‌روم به سمتِ ورودی. اما عسکری کلاش به دست جلو می‌آید و سرِ راننده داد می‌کشد:

بروا اِستاد نشو آن‌جا... طیاره نداریم امروز...

من مبهوت مثلِ همان لطیفه‌ی مشهور، می‌گویم:

طیاره نداریم؟! تکت‌ش این‌جاست! طیاره نداریم یعنی چه؟

عسکر می‌گوید:

تکت داری؟ کامی‌یر است؟ به‌ت تیلفون نزده‌اند از کامی‌یر؟ خوب... پس تو هم قطار شو پشتِ همین مردک...

می‌گویم:

پرواز هست؟

من نمی‌دانم... قطار شو، به خط شو، اِستاد شو پشتِ سیم‌خاردار... اگر گپی باشد باید با قوماندان بگویی.

رسما بریده‌ام. یعنی چه؟ من برای دهِ صبح پرواز دارم و قاعدتا گنجایشِ یک پرواز، از مزار تا هرات، بیش از پنج-شش نفرِ من و خانواده‌ی مردک بایستی باشد. عاقبت بعدِ کلی وقت، قوماندان، از یک کانکس بیرون می‌آید. عسکر جلو می‌رود و می‌گوید:

یکی مردک هم اضافه شده است... می‌گوید کامی‌یر به‌ش

تیلفون نزده‌اند.

قوماندان دستی به گونه‌اش می‌کشد و جلو می‌آید. تا به من نگاه
می‌کند، سری تکان می‌دهد:

اجنبی هستی؟

از هرات آمده‌ام و به هرات برمی‌گردم.

یعنی از این هراتی‌هایی هستی که از ایران آمده‌ای؟

شک دارم که بگویم ایرانی هستم یا نه. سوال‌ش را می‌توان دوپهلو
جواب داد. فقط «بله»ای می‌پرانم. به لحنِ قوماندان می‌خورد که
ازبک باشد. به جای غریب، اجنبی گفته بود بـه مـن. مضطرب
می‌پرسم:

کام‌ایر چه شد؟

کامی‌یر... خوب گوش بگیرید! (به خانواده رو می‌کند.) با شما هم
هستم! از این میدانِ هوایی امروز طیاره به سمتِ هرات نمی‌پرد.
روشن شد؟!

چی؟!

فریاد می‌کشم! به جای هم‌دردی، همه چپ چپ به من نگاه
می‌کنند. ساکت می‌شوم و به خانواده‌ی هم‌دردم نگاه می‌کنم، تا
ببینم آن‌ها چه می‌کنند. مرد و خانواده‌ی سه-چهار نفری‌ش از
قوماندان تشکر می‌کنند و جامه‌دان‌های قفل و کلید دارِ قدیمی‌شان
را بر می‌دارند و می‌روند به سـمتِ تاکسـی. همان تاکسی که مرا
آورده بود. تعجب می‌کنم. کم‌ترین اعتراض، کم‌ترین ابرازِ شگفتی،

کم‌ترین ناراحتی... ابدا!

واقعا مستاصلم. به لی‌جی و هم‌سفرِ اول فکر می‌کنم که آماده شده‌اند تا کم از دو ساعتِ دیگر من در هرات باشم و دستِ آن‌ها را بگیرم و با هم برویم به تایباد و بعد هم مشهد و... از فریادِ «چی» رسیده‌ام به استیصال... به قوماندان می‌گویم:

یعنـی چه که پرواز نداریـم؟ زن و بچه‌ی من در هرات منتظرم هستند.

گپی نیست... تیلفون کن بگو طیاره ندارند...

عسکر هم جلو می‌آید و می‌زند پشتِ من.

خیریت است... حتم خیریت است در این کار...

یعنی چه؟! من تکت دارم...

پرسان کردیم، گفتند طالب‌ها روی میدانِ هوایی هرات موشک می‌زننـد... حالا می‌خواهند باندِ میدانِ هوایی را دوباره از آن سـو قیرپاشی کنند... چند روزی میدانِ هوایی بسته می‌ماند... خیریتی است...

جوش آورده‌ام اساسـی. یادم می‌افتد که به تلفنِ دی‌شـبِ ایران، جواب داده‌ام که فردا یعنی همین امروز از مشـهد باشـان تماس می‌گیـرم... «خیریتِ» عسـکر توی گوشـم زنـگ می‌خورد. فریاد می‌کشم:

خیریت یعنـی چه! زن و بچه‌ام منتظرنـد... بچه‌ی خُرد دارم... می‌خواستیم برگردیم خیر سرمان به ولایتمان!

این بار قوماندان سرم داد می‌کشد که:

خیریـــت یعنی این کـــه پندار کن می‌رفتی و طالب‌ها موشـــک می‌زدند به طیاره‌ات و دود می‌شدی! گفته می‌کنیم خیریت است، گوش بگیر دیگر...

از کنارِ تاکسی، مردِ خانواده برمی‌گردد و زیرِ بغلِ مرا می‌گیرد که آرام شوم.

خیریـــت اســـت... موتـــرران می‌گوید که تـــو هم بیـــا، جمع‌تر می‌نشینیم، برت می‌گرداند مزار.

قوماندان هم آرام‌تر شده است، جلو می‌آید. آرام می‌گوید:

گپی نیســـت... گپی نیست... الان برو آسوده، اوتل بگیر تو مزار، شب بخســـب، هفته‌ی بعد، همین شنبه، بیا همین‌جی، مرا بخواه، بدونِ تکِت سوارت می‌کنم... گپی نیست که...

مردکِ خانواده هم سر تکان می‌دهد و می‌گوید:

ها! گپی نیست... هفته‌ی بعد بیا، قوماندان کارت راه می‌اندازد...

شـــگفت‌زده‌ام ناجور. زمان، رسما بی‌ارزش است. چه‌گونه می‌شود کســـی بلیتِ هواپیما گرفته باشـــد و راجع به تاخیرِ یک هفته‌ای این‌ســـان آرام باشد؟ قبلا فقط فکر می‌کردم، جان بی‌ارزش است، حالا می‌فهمم که زمان نیز...

بـــا قومانـــدان که به گمان‌م ازبک بود و آخرش هم خوب با من راه آمد و به هفته‌ی بعد وعده داد، خداحافظی می‌کنم و کوله بر پشت و گونی در دســـت، ناکام و ناامید، از میدانِ هوایی پس می‌گردم و

می‌روم به سمتِ تاکسی.

راستی چه‌گونه باید به هم‌سفرِ اول خبر بدهم نیامدن‌م را؟! آن‌ها چه خواهند کرد؟ اصلا الان نزدیک‌ترین راه برای برگشـتن، چیست؟ اگر میدانِ هوایی هرات، برای قیرپاشی، بسته باشد، یعنی از کابل هـم پـرواز گیر نمی‌آورم. این‌جا هم کـه یعنی تا یک‌هفته‌ی بعد، خیریت در آن است که بمانم مزار... چه کار باید کنم؟! خودکرده را تدبیر نیسـت، فقط تدبیر نیسـت، اما عوض‌ش تا دلت بخواهد پشیمانی هست، گرفتاری هست، بلاهت هست، جهالت هست! یکه برای چه بلند شدی و آمدی به مزار؟!

٭ ٭ ٭

راننده متوجهِ حالِ زارِ من شـده اسـت. می‌خواهد مرا برگرداند به سمتِ اوتلِ نظرگاه. بهش می‌گویم، نه... مرا ببر به سرحده‌ی بلخ... جایی که موترهای کرایه‌ای می‌ایستند. می‌خواهم موتر کرایه کنم برای هرات... جیغ می‌کشد:

هِرات؟! هیچ مجنون رضا نمی‌دهد که با موتر به هرات بشود... بهش می‌گویم مرا به سرحده‌ی بلخ برساند فقط. یک کاری می‌کنم. در دل حاضرم به اندازه‌ی پولِ پرواز بدهم تا کسـی مرا به هرات برسـاند. نقشـه را از داخلِ کوله در می‌آورم. مسیر را نگاه می‌کنم. مـزار و میمنه و مرغـاب و هرات. فاصله‌ی هوایـی مزار تا هرات، نباید بیش از چهارصد کیلومتر باشد. این یعنی در بدترین شرایط، مثلِ سـفرِ کابل به مزار، چیزی در حدودِ دوازده سـاعت. باز هم

سبک و سنگین می‌کنم. حاضرم دو برابرِ پولِ پرواز هم بدهم، اما دوازده ساعتِ بعد هرات باشم... نه... حاضرم هزار دلار نقد بدهم، اما مثلِ همین پرواز کامی‌یر، یک ساعتِ بعد هرات باشم و دستِ هم‌سفرِ اول و لی‌جی را بگیرم و برگردیم به سمتِ ایران... تلفن زنگ می‌خورد...

باید الان سوارِ هواپیما شده باشی...

نه... مشکلی پیش آمده...

تاخیر...

اِی...

چه‌قدر؟ بیش از یک ساعت؟!

بیش‌تر... بیش‌تر از چند ساعت... مشخص شد به‌ت زنگ می‌زنم.

این‌جا هم اوضاع کمی به هم ریخته است. البته خانمِ مدیر و عبدالرزاق به من نمی‌گویند چه شده است. اما گویا بازارِ هرات بسته شده است...

عجب... راهی شدم به‌ت خبر می‌دهم...

راننده می‌گوید، قولِ برگشت نده... اقلا چند روزی گرفتاری... از این‌جا کسی نمی‌بردت هرات. سرحده‌ی بلخ هم اصلا گاراژ ندارد. همان سرحده‌ی کابل باید پیاده شوی و ببینی موتر گیر می‌آوری یا نه. با کرولا اصلا نمی‌شود رفت تا هرات... باید سراچه‌ی لنگ‌دراز کرا کنی که کسی هم جگر نمی‌کند. جاده، جا به جا، دستِ طالب‌هاست...

عصبی‌م. سر راننده انگار داد می‌کشم.

شـــما مرا برسان به ســـرحده‌ی بلخ. خودم می‌دانم چه خاکی به سرم بریزم...

راننده دست‌ش را می‌گذارد روی پای من. آرام می‌گوید:

صبح را یادت هســـت؟ دمِ اوتل نظرگاه. اِســـتاد شدم. رفتی نانِ داغ خریدی و نصفانصف با هم خوردیم. یادت هست؟ اگر به مَ نان نداده بودی، می‌بردمت سرحده‌ی بلخ ویلان و هلای‌ت می‌کردم... نـــه... اصلا همان صبح کـــه حرام حرام کردم و حلال حلال کردی، همان‌جا پس می‌رفتم به مـــزار و نمی‌آمدم تا میدانِ هوایی... حالا گوش بگیر حرفِ مرا. گاراژ همین سرحده‌ی کابل است. همین‌جی پرسان کن از سراچه‌ی لنگ‌دراز... اما هش‌یار باش که نفهمند پولی داری... از مَ گوش بگیر و از این راه پس نشـــو به هرات... یک هفته بمان همین‌جی و بـــا طیاره برگرد... بیا خانه‌ی ما، هر چه خواهی، برات تیار می‌کنم...

رانـــنده‌ی مـــزاری، زائرِ زارِ مزار را به خانـــه‌ی خود دعوت می‌کند. جوان‌مرد مردمی هستند مردمِ این دیار. نرسیده به مزار، سرحده‌ی کابل، گاراژی اســـت که همان‌جا پیاده می‌شـــوم. از راننده تشـــکر می‌کنم و از این که بلند با او گپ زدم، عذرخواهی می‌کنم.

موترها ایستاده‌اند برای کابل و مدام فریاد می‌کشند تا مسافر سوار کنند. همان اولِ کار یکی دستِ مرا می‌چسبد که:

با ســـه‌صد و ســـه می‌روی یا با کرولا... بیا بنشین کرولای من...

یک مسافر هم دارم...

نه، پی سراچه‌ی لنگ‌دراز می‌گردم.

نشـــانی می‌دهد و می‌فرستدم به گوشـــه‌ی گاراژی که چندان هم وسـیع نیسـت و چهار پنج هزار متر بیش‌تر وسعت ندارد. پشتِ اتوبوس‌هـا یکـی دو لندکروز ایسـتاده‌اند و مسـافر می‌زنند برای روستاهای صعب‌العبور. روسـتاییانی که برای زیارت آمده‌اند، با دستِ پر و بار و بندیل سوارِ لندکروزها می‌شوند. از یکی از راننده‌ها می‌پرسم که چه‌قدر می‌گیرد تا هرات ببردم؟

نمی‌روم...

یعنی چه... قیمتی دارد دیگر... رقم‌ش را بگو...

تو بگو هزار دلار... باز هم نمی‌روم...

چرا؟

به میمنه و مرغاب هم نمی‌رسـی... لهجه‌ات ایرانی است... خطر دارد برادر... من خطر نمی‌کنم...

لندکروزِ دیگر هم همین جواب را می‌دهد. می‌پرسم، حالا اصلا من پشتون... چه‌قدر می‌گرفتید؟ چه‌قدر طول می‌کشید؟

زیاد... دو روز راه است...

دو روز؟!

بـاور نمی‌کنـم. خیال می‌کنم می‌خواهند مرا از سـر باز کنند. اما بعد از سفر، از عابس، دوستِ مشهدی‌م می‌شنوم که این مسیر را سه روزه آمده‌اند. تازه در دوره‌ای امن که فقط مشکل‌شان راهزنانِ

عادی بوده اســت که با چند اســکناسِ هزاری آرام می‌شــده‌اند و تــازه به سلامتی‌شــان تیرِ هوایی هــم در می‌کرده‌اند! عابس مثلِ افسانه‌های پریان تعریف می‌کند که لندکروز می‌رسید پای کوه به دو راهی و می‌گفت، چپ اگر برویم، چشــمه‌ای هســت که آب‌ش جاده را برده، راســت اگر برویم، ســنگ ریخته اســت از کوه و راه را بســته اســت... می‌گفت همین‌گونه مدام از کوه‌ها بالا و پایین می‌رفتیم و راه بیش از سه روز کش آمده بود...

از خیــرِ لندکروزها می‌گذرم. مثلِ این که راهی برای رفتنِ زمینی نیســت. زنــگ می‌زنم به دفتــرِ کامی‌یر در هرات کــه بلیت ازش خریده‌ام. تا می‌آیم حرف بزنم، می‌گوید:

ها! ام‌روز میدانِ هوایی هرات بســته اســت... دی‌روز رخصتی ما بود... جمعه بود دیگر... نشد به شما تیلفون بزنم!

کی باز می‌شود؟

حالا که می‌گویند دارند قیر می‌پاشــند... پرسان کردیم، گفتند هر وقت قیر خشــک بشــود... فردا؟ پس‌فردا؟ پسان‌فردا؟ هفته‌ی بعد؟ الله اعلم...

هم‌راه را قطع می‌کنم. انگار نه انگار که یکی از همه‌ی زنده‌گی‌ش ساقط شده است. با سرعتی بالا شروع می‌کنم به فکر کردن. وقتی میدانِ هوایی هرات بسته باشد، تنها راه، رفتنِ زمینی است. از مزار بــه هرات، که ســراچه‌ی لندکروز گیر نیــاورده‌ام. می‌ماند یک راهِ دیگــر. برگردم کابل و از آن‌جا راهِ دورترِ کابل به قندهار و قندهار

به هرات را امتحان کنم. فاصله‌ی زمینی، چیزی نزدیک به هزار و سیصد کیلوتر است، حال آن که فاصله‌ی هوایی نزدیک است به ششصد و پنجاه کیلومتر. و این یعنی راهی کوهستانی... اگر خودم را به سرعت، به کابل برسانم، غروب می‌توانم وسیله کرایه کنم و هزار و سیصد کیلومتر را در شانزده ساعت بپیمایم و بعد فردا صبح، همین ساعت‌ها برسم به هرات... یعنی یک روز تاخیر... این یعنی به یک روز تاخیر قانع شده‌ام!

به‌دو می‌آیم سرِ گاراژ. این بار دو راننده، سرِ من با هم دعوا می‌کنند. یکی می‌گوید:

شِشته شو، به این کرولا، یک مسافرِ دیگر می‌خواهم، فقط به هشتصد افغانی...

نگاه می‌کنم، اصلا ماشینش کرولا نیست... حتا تویوتا هم نیست. هوندا است! دیگری جلو می‌پرد.

این مسافرِ من است. همان اول، از من پرسان کرد جای سراچه‌ها را... بیا ششته شو این‌جا...

می‌پرسم:

ازکابل موتر هست برای هرات؟

ها... ها... از این جی به‌تر است... شِشته شو... اول هم از من پرسان کردی...

این دومی فقط یک مسافر دارد. اما راست می‌گوید، من اول از او پرسیده بودم. می‌روم سوارِ کرولا می‌شوم. گونی نان کنجدی را

هم می‌گذارم به جعبه‌ی عقب. راننده می‌گوید:

کرایه‌ی ما هزار افغانی می‌شودها!

شاکی هستم ناجور. پیاده می‌شوم. می‌گویم:

اولی که مسافر هم داشت، گفت هشت‌صد افغانی، حالا تو می‌گویی هزار؟! بسیار بلند می‌گویی!

راننده می‌گوید:

انجینِ او، ۱۶۰۰ است، مالِ من ۲۰۰۰ است... کور که نیستی، پشتِ موتر را سیر کن! ۱۶۰۰، هشت‌صد افغانی هم زیادش است. اما ۲۰۰۰، هزار هم کم‌ش است.

پیاده می‌شوم و گونی را از پشتِ کرولا بر می‌دارم و غر و لند می‌کنم. برای این که روی راننده‌ی دومی را کم کنم، به راننده‌ی اولی می‌گویم:

هفت‌صد افغانی می‌بری تا کابل؟

هفت‌صد سال! هفت‌صد سال نمی‌برم... تا بوده همین بوده... هشت‌صد افغانی...

در همین حال، افغانی دیگری می‌آید و سوار هوندا می‌شود و هشت‌صد افغانی هم می‌دهد و ماشینِ اولی راه می‌افتد! حالا یک ۱۶۰۰ دیگر جلو می‌آید؛ اما خالی... مجبورم انتخاب کنم. ۲۰۰۰ با یک مسافر و دوهزار افغانی اضافی، یا ۱۶۰۰ خالی... با شرمنده‌گی، سینه‌خیز می‌روم و جعبه‌ی عقبِ کرولای ۲۰۰۰ را باز می‌کنم و گونی را می‌اندازم داخل و می‌نشینم روی صندلی

عقب. تازه می‌فهمم که این‌جا، مثلِ سه‌صد و سه که به هر اتوبوسی می‌گویند، به هرِ تاکسی بینِ شهری هم کرولا می‌گویند!

نشسته‌ایم منتظرِ مسافر. تا دو مسافرِ دیگر، برای صندلی عقبِ ۲۰۰۰ بیایند، دو ۱۶۰۰ دیگر پر می‌شوند و راه می‌افتند. راننده‌ی ۲۰۰۰ هم مدام می‌آید و دل‌داری می‌دهد:

یک نیشِ گاز بدهم، همه‌ی این قراضه‌ها را گرفته‌ام... این ۲۰۰۰ انجین دارد. تمامِ سینه‌ی سالنگ را کولر می‌گیرم از این حیوان و سر خم نمی‌کند...

مسافرِ جلوی هم مرا آرام می‌کند:

هر دو هفته، می‌روم کابل... انجین لارج به‌تر است از انجینِ اسمال. چه در گرما، چه در سرما...

مسافرِ جلوی جوانی است سبیلو. لباسِ افغانی پوشیده است و شمرده شمرده حرف می‌زند. شاید پشتون باشد. راننده می‌آید کنارِ پنجره و متوجهِ صحبتِ ما می‌شود.

ها... دو غریبه خوب گرم گرفته‌اید!

زودتر از من جلوی می‌پرسد:

ایرانی استی؟

من سر تکان می‌دهم. او می‌گوید:

من هم اهلِ پاکستان هستم. این‌جا درایورِ لودر اَستم... فارسی هم همین‌جا آموختم...

تا می‌فهمم که پاکستانی است، یک‌هو حس می‌کنم که باید با او

دشـمن باشـم. همین‌جور الکی... بعدتر این حسِ نفرت را در سرم سـبک و سـنگین می‌کنم... چرا باید با او دشمن باشم؟! او مگر به من چه کرده اسـت؟ چهره‌ی مهربانی هم دارد اما... ندید، حسابی از او بـدم می‌آید! ناخودآگاه، مطابقِ معمول، سـریع‌تر از خودآگاه تصمیم گرفته اسـت. نیامدنِ پروازِ من، مرتبط اسـت با قیرپاشی بانـدِ فرودگاهِ هرات. بانـدِ فرودگاهِ هرات، در تیررسِ طالب‌ها بوده اسـت و طالب‌ها مولودِ مدارسِ دینی پاکستان‌اند... پس من باید با این مسافرِ جلوی دشمن باشم!

دو مسافرِ دیگر سوار می‌شوند و خلیفه کرولا را روشن می‌کند. به طفلی که جلوِ انجینِ ۲۰۰۰ش را سـد کرده اسـت، چیزی صدقه می‌دهد و به ما می‌گوید:

یک دعای خیر!

و راه می‌افتد. روی پوسـتِ خشک‌شـده‌ی دسـتم زیتِ زیتون و انجکسـیونِ رومی می‌زنم و بلاهتم را تمدید می‌کنم. سـاعت را نگاه می‌کنم. ده گذشـته اسـت. امید دارم سریع برود و مرا چهار ساعتِ بعد برساند به کابل. سه‌صد و سه، دوازده ساعت، طول داده بود این راه را!!

خلیفـه در راه مدام می‌خواهد مـرا قانع کند، انجینِ ۲۰۰۰ موتر، بهـتر اسـت از قراضه‌های ۱۶۰۰ و ۱۸۰۰. هر جا به سینه‌کشـی می‌رسد، نیش گازی می‌دهد و اشاره می‌کند به من:

حـارِّ گرما، کولر را می‌زدم، آخ نمی‌گفـت... آن‌وقت‌ها ۱۶۰۰ها

کم می‌آورند...

توضیحات هم می‌دهد فراوان:

این تونل سالنگ را به سالِ سیزده چهل شروع کردند به ساختن... اما روس‌ها تمام‌ش کردند... جلوتر زمین‌های مزرعه‌ی پدری ماست که شد قرارگاهِ مجاهدین...

راه بسیار شبیه است به چالوسِ خودمان. حتا کمی سردتر. و البته به همان زیبایی. جنگلی نیست، اما هنوز در مهرماه، دامنه‌ها سبز هستند و بالاتر نمه‌برفی هم روی زمین نشسته است. شاید هم بیش‌تر شبیه باشد به گردنه‌ی حیران، بینِ آستارا و اردبیل. در همین حین که پیش از تونل سالنگ، سربالایی می‌رویم و خلیفه هم تبلیغات می‌کند از انجین، یک‌هو از کنارمان با کلی صدای بوقِ تحقیرآمیز، یک کرولای مسافرکشِ دیگر سبقت می‌گیرد. نگاه می‌کنم. پشت‌ش زده است ۱۶۰۰ سی سی! جوش آورده‌ام ناجور از دستِ خلیفه. طعنه می‌زنم که:

۱۶۰۰ بعدی هم که از ما جلو زد!

خلیفه کم مانده است دستی بکشد و مرا پیاده کند. دو مسافرِ عقب هم، چپ چپ نگاه می‌کنند. فقط مسافرِ پاکستانی است که گردن می‌چرخاند و دست می‌گذارد روی لب‌هاش، یعنی که ساکت شوم. خلیفه حسابی عصبانی شده است.

اجنبی! تو چه می‌دانی درایوری توی این جاده یعنی چه؟! این که دیدی چوب می‌زند به کفلِ ۱۶۰۰ و پدرِ انجین را در می‌آورد.

مَ سالم سوار می‌کنم، سالم پیاده می‌کنم...

مسافرانِ کناری می‌خواهند دعوا را خاتمه بدهند. بلند می‌گویند، «یک دعای خیر برای خلیفه» و همه دست‌ها را می‌آوریم بالا تا نزدیکِ صورت. خلاصه، تا خودِ کابل راننده، غر می‌زند. یکی دو پیچ جلوتر، همان‌طور که پشتِ سرِ ۱۶۰۰ می‌رویم، خلیفه آرام‌تر می‌شود و به من می‌گوید:

این خلیفه‌ی ۱۶۰۰ که دیدی، مجنون است... صد افغانی هم بگیرد به جای هشت‌صد افغانی، گران است. تو حق بود با هم‌او می‌رفتی... اما مسافرِ مَ هرگز با او نمی‌رود...

مسافرانِ عقبی بله بله می‌کنند. خلیفه می‌گوید:

همه می‌دانند، سه‌صد و سه‌ها با این کرولا دشمنی دارند. می‌پیچند تو دل‌ش... یکی دیگر هم این‌گونه بود، که شش ماهِ پیش، بهار، تلف شد. زشت می‌رفت تو جاده، سه‌صد و سه‌ها نشان‌ش کرده بودند...

مسافرانِ عقبی بله بله می‌کنند و اسم‌ش را هم می‌گویند. می‌پرسم:

یعنی چه که تلف شد؟

سه‌صد و سه آمد تو شکم‌ش، او هم رفت تهِ دره!

در همین حین با چشم می‌بینم که دو پیچ بالاتر صدای ساییده شدنِ لاستیک روی آسفالت بلند می‌شود. پیچِ بالایی، سه‌صد و سه می‌پیچد جلوِ کرولای ۱۶۰۰ که سبقت‌گرفته بود و بوقِ شیپوری هم می‌زند. خلیفه می‌گوید:

دیدی؟!

راست می‌گوید. سه‌صد و سه که می‌رسد سرِ پیچِ ما، سرعت‌ش را کم می‌کند. خلیفه برای‌ش دست تکان می‌دهد و شیشه را می‌کشد پایین:

خر است... آدم نمی‌شود...

راننده‌ی اتوبوس و راننده‌ی ما، دو تایی می‌خندند و باز خلیفه شروع می‌کند به نصیحت کردن:

موتر، آدمی‌زاد نیست، زبان ندارد؛ اما ساخته‌ی دستِ آدمی‌زاد است. پس منطق دارد. حرف می‌فهمد... نباید به‌ش زور گفت...

خلاصه، یک‌ریز راننده حرف می‌زند و سرِ دوازده می‌ایستد، کنارِ یک قهوه‌خانه تا نماز بخوانند و دوباره می‌ایستد دمِ قهوه‌خانه‌ای دیگر تا ناهار بخورند که کباب است با چای سبز و... حرصِ مرا در می‌آورد ناجور. خیال می‌کنم اگر با سه‌صد و سه هم می‌رفتم، زمانی خیلی فرق نمی‌کرد!

نرسیده به چاریکار، این بار نوبتِ پاکستانی است که حرص‌م را در آورد! به خلیفه می‌گوید که لختی بایستد. پایین می‌پرد و از مِوستانِ کنارِ جاده، دو جعبه انگور می‌خرد به دویست افغانی. جا می‌دهد در جعبه‌ی عقب. مسافران از او می‌پرسند که خراب نمی‌شود؟

نه... هر دو هفته یک‌بار که پس می‌شوم پاکستان، انگور می‌خرم. از کابل هم دوباره با موتر می‌روم تا سرحدِ پاکستان. بچه‌ی خردی

دارم که انگور دوست دارد...

از دشمنی‌م با او کم شده است انگار... اثرِ بچه‌ی خرد است که مرا یادِ لی‌جی می‌اندازد... خلیفه، کنارِ قهوه‌خانه‌ی سوم، که برای نمازِ پسین می‌ایستد، دیگر حوصله‌ی خوردن و نوشیدن هم ندارم. نمازِ ظهر و عصر را هم با هم خوانده‌ام. می‌روم تو نخِ شاگردِ قهوه‌خانه، که چه‌جور به سرعت از سرِ چشمه، آب مهیا می‌کند و ابر و پودرِ شـوینده می‌آورد، تا موتر را برای بارِ سوم بشوید. در هر قهوه‌خانه رسـم بر همین اسـت، که فی‌الفور موترِ کرولا، اعنی مسافرکش را می‌شـویند. نگاه‌ش می‌کنم. همان‌طور که فرز، پودر را توی سطل می‌ریزد و هم می‌زند، ناگهان آرام می‌شـود و میخ‌کوب می‌ایستد. سـطلِ آب را که برداشـته است، روی زمین می‌گذارد و به سپر و رادیاتـورِ موتـر نگاه می‌کند. جلو می‌روم، ازش می‌پرسـم که چرا یک‌هو خشـک‌ش زد. با دست روی سـپر را نشان‌م می‌دهد. آرام می‌گوید:

سـیر کـن! دارنـد از جانورهایی که چسـب شـده‌اند این‌جا، می‌خورنـد... زنبورها را می‌گویم... خدا را خوش نمی‌آید، آب بریزم به سفره‌شان...

عجب شاگردی دارد قهوه‌چی... اگر قرار بود تذکره الاولیا بنویسم، حتمـا این حکایت را مـی‌آوردم... مو نمی‌زند بـا حکایتِ قدیمی تذکره الاولیا که عارفی در سفر کاروان را رها کرده بود و از منزلی به منزلِ پیشین برگشته بود تا موری را که در کشکول‌ش نشسته

بود، برگرداند به لانه... این یکی فقط کمی ام‌روزی‌تر است و البته معقول‌تر...

تو نخِ شـــاگردِ قهوه‌چی‌م که دســـتی از پشت، استکانی چای سبز می‌گذارد کنارِ دست‌م. برمی‌گردم. هم‌سفر پاکستانی است. به من می‌گوید:

بخور... این‌جا باید نرمال باشـــی... ایرپِلین نیامده دیگر... این که ناراحتی ندارد...

چای ســـبز را می‌خورم و از هم‌سفرِ پاکستانی تشکر می‌کنم. کلی بـــد و بی‌راه می‌گویم بـــه ناخودآگاهی که این‌چنیـــن قومیت‌ها را پررنگ کرده است در ذهن‌م... حالا می‌فهمم که در چنین مملکتی، مصلح، چاره‌ای ندارد الا این که خود را از تعصبِ قومی و مذهبی رها کند...

حالا می‌فهمم که چرا روشن‌فکرِ اصیلِ افغانی، رمانِ بادبادک‌باز را دوست ندارد. این درست که او از هزاره‌ی شیعه‌ی همیشه مظلوم دفاع کرده است، اما باز هم دامن زدن به اختلافِ قومی و مذهبی، برای چنین مملکتی از ســـم خطرناک‌تر است... گسل‌ها را بایستی فرامـــوش کـــرد نه تعمیق... کاری که مـــا در مملکتِ خودمان نیز، هیچ به آن دقت نمی‌کنیم. بگذریم... این هم از برکتِ چای ســـبزِ هم‌سفرِ پاکستانی بود...

* * *

خلیفـــه بـــه هر جامپر یا همان ســـاندویچ‌های آســـفالتی جاده که

می‌رسد و پیش از هر راه‌بند و ایستِ بازرسی، در جلو را باز می‌کند و سرش را می‌برد پایین. پنداری چیزی را وارسی می‌کند در چرخِ جلو. سر در نیاورده‌ام که این دقتِ مهندسی برای چیست. سلامتی لاستیک‌ها؟ جلوبندی؟ فنرها؟ عاقبت بعد از ده‌بار باز کردنِ درِ جلو می‌فهمم که هر وقت سرعت را کم می‌کند برای جامپر، در را باز می‌کند و ناسِ توی دهان‌ش را تف می‌کند روی آسفالتِ جاده! راهِ چهارصد کیلومتری را، خلیفه در هشت ساعت می‌پیماید. آرام و سرخوش. در نشئه‌گی ملسِ ناس! هر از گاهی شل می‌کند و توضیح می‌دهد. به سرحده‌ی مزار که می‌رسیم در کابل و نزدیک که می‌شویم به پغمانِ سه، ساعت حدود پنج و نیمِ بعد از ظهر است و دمِ غروب... یعنی دستِ کم سه ساعت بیش از تخمینِ عادی واقع‌بینانه‌ی من. تنها و بی‌کس، در آخرین ایست‌گاه پیاده می‌شوم. نه کسی را می‌شناسم و نه می‌دانم بایستی به کجا بروم. به خلیفه، دروغ می‌گویم:

خلیفه، از اخلاق‌ت خوش‌م آمد! درست است که به من گفتی اجنبی، اما آشنایی کردی با من... چند می‌گیری مرا ببری تا هرات؟!

گونی را از جعبه‌ی عقب محکم می‌اندازد پایین! بعد لب‌خندی می‌زند و چشم‌ش را تنگ می‌کند.

هِرات؟! آن هم با غریبه‌ای مثلِ تو؟! میلیون دلار! مگر از جان‌م سیر شده‌ام... سفرِ قندهار که شنیدی؟ قندهار دستِ طالب‌هاست

دیگر... مَ تا امروز که چهل و پنج ســال از خدا عمر گرفته‌ام، هزار بار رفته‌ام تا مزار و برگشته‌ام، اما یک‌بار هم تا قندهار نرفته‌ام...
یـادم می‌آید که در مــزار گفته بود، که در کابل موتر برای هرات، فراوان هســت... از دســت‌ش حسابی شــاکی‌م... گونی را به دست می‌گیرم و کوله را بر دوش...

* * *

حتا نمی‌دانم از چه کســی باید چه ســوالی بکنــم. فقط در فکرم که زودتر خودم را برســانم به گاراژِ ماشین‌ها و اتوبوس‌های هرات. از آن ســو مدام مشــغولِ تخمینِ زمانِ رســیدن‌م به هرات‌م. این وســط، در این گاوگیجه‌ی عظما، که قاتی شــده اســت با سوزشِ پوســتِ دســت و البته هنوز حالِ مزاجی نه چندان درســت، مغز، مثلِ سی.پی.یو.ی آخرین مدل، کار می‌کند! یک‌هو فکری به سرم می‌زند. حالا که دستِ کم، تا فردا شب، گرفتارِ رسیدنِ به هرات‌م، ببینم، یک‌شنبه که فردا باشد، پروازِ کابل به مشهد، داریم یا نه... اگر بود، تکت می‌گیرم برای مشــهد و از آن‌جا -ســیصدکیلومتر- برمی‌گردم به مرزِ دوغارون با تاکسی مسافرکش و از آن‌طرف هم به عبدالرزاق می‌گویم که خانواده را بیاورد دمِ مرز... فکرِ بدی هم نیســت. بلافاصله می‌نشینم روی جدول جاده‌ی ورودی به کابل و شــروع می‌کنم به تلفن گرفتن. دفترِ کامی‌یر در هرات که تعطیل اســت انگار. از طریقِ راه‌نمای تلفنی که پشــتو اســت، به زحمت، دفتــری دیگر می‌یابم در کابل و عاقبت بعد از ســه-چهار تماس،

متوجه می‌شوم که اولین پرواز، از کابل به مشهد، روزِ جمعه است! یعنـــی هفت روزِ بعـــد!! با خودم می‌گویم، پیاده هم بروم به هرات، زودتر از جمعه می‌رسم.

انــرژی می‌گیرم انگار. در حضیضِ بدبختی، همین که دل، یک‌دله می‌شود و می‌بینی یک راه بیش‌تر نداری و آن‌هم برگشتنِ زمینی است به هرات و عملا شقِ بدیلِ دیگر حذف شده است، خوش‌حال می‌شـــوی! به جای ناراحتی از فقدانِ پروازِ کابل به مشـــهد، کلی خوش‌حال می‌شوی!! این هم از قدرتِ عجیبِ سازگاری بشر است! انــرژی می‌گیـــرم و از جا می‌پرم. اولین تاکســـی را کرایه می‌کنم. می‌گویم:

سرحده‌ی قندهار!

و او می‌پرسد که می‌خواهی بروی قندهار و من سر تکان می‌دهم. بـــه من می‌گویـــد که به آن‌جا می‌گویند، «کتلِ ســـنگی». ســـوار می‌شـــوم. می‌گوید یک ســـاعتی طول می‌کشـــد و دویست افغانی هـــم طی می‌کند که به نظرم منصفانه اســـت. توضیح می‌دهد که خانه‌اش آن‌جاست وگرنه کسی با این رقم، مسافر نمی‌برد تا کتلِ سنگی. در راه از کنارِ پوئن‌تونی رد می‌شویم که دانش‌جوهاش دمِ غروبـــی ریخته‌اند توی خیابان و منتظرِ تاکســـی‌اند. به‌ش می‌گویم اگر در مسیر هستند، صندلی عقب را مسافر بزن. می‌ایستد و عقب می‌رود و دو دانش‌جو سوار می‌کند. به‌شان توضیح می‌دهد:

این اندیوالِ ایرانی، مهربانی کرد و گفت شما بیایید...

دو دانش‌جو که خرده محاسنی هم دارند، پشتون هستند و به زحمت، فارسی حرف می‌زنند.

اندیوال نیست این ایرانی... رفیق هم نیست... اخوی است... برادر است... انما المومنون اخوه...

شروع می‌کنیم به گپ زدن و راه را کوتاه می‌کنیم... دانش‌جوها پشتون هستند و اهلِ تسنن و البته بسیار مطلع. از اوضاعِ داخلی ایران به خوبی آگاه‌اند. برای‌شان از خاطرات‌م در سیستان و بلوچستان می‌گویم و کردستان... حسابی سرِ کیف می‌آیند. یکی‌شان می‌گوید:

به سخن‌رانی‌های آیه‌الله محسنی می‌ماند... ایشان هم راجع به تقریب همین‌گونه صحبت می‌کنند. اخیرا ایشان گفتند که قانون احوال شخصیه بین هر دو فقه جعفری و حنفی تا بیش‌تر از نود فی‌صد مشترک است...

دیگری می‌گوید:

ایشان به وجهِ سیاست اظهار نمی‌کنند اما حقا نماینده‌ی آیه‌الله خامنه‌ای هستند.

به‌شان می‌گویم:

مگر شما پای صحبت‌های ایشان هم می‌نشینید؟

هر دو سر تکان می‌دهند و می‌گویند با این که اهلِ تسنن هستند اما به مسجدِ ایشان سر می‌زنند و البته سایتِ ایشان را هم می‌بینند. راه را کوتاه می‌کنیم و نرسیده به «کتلِ سنگی» پیاده می‌شوند.

راننده‌ی تاکسی را جوِ سخن‌رانی من بدجور گرفته است. بدجورتر از دو جوانِ دانش‌جو. بالاخره یکی ما را آدم حســابی فرض کرده است در این سفر که او هم از بدِ حادثه راننده‌ی تاکسی است! مرا نصیحت می‌کند که:

شــما در این راهِ هرات، حیف می‌شــوی! باید که خطیب باشی شــما... اما به خدای احد و واحد حیف می‌شــوی... سفره‌ی دل‌ت را مبادا باز کنی. دوِ نیمه‌شــب به بعد برو به ســمتِ قندهار. وگرنه می‌کشندت توی راه. خیلی آرام باش. اصلا حرف نزن توی سه‌صد و سه و... از این حرف‌ها که اصلا و ابدا! مِیده بگذار برای صدقه در جیــبت، میده یعنی پولِ خــرد، صدقه هم خودت می‌دانی، یعنی رشوه دیگر...

دیدم که نه... اوضاع انگار خیلی بی‌ریخت اســت. پرســیدم شــما خودت رفته‌ای این مسیر را؟

گفت:

مَ به همین کابل کلان شــده‌ام. شــمال (طرفِ مــزار) هم بارها رفته‌ام... اما پای‌م را از این سوی سرحده بیرون نگذاشته‌ام!

کم‌کم متوجه می‌شوم که به کجا نزدیک می‌شوم. شب است و هر چه به «کتل ســنگی» نزدیک‌تر می‌شویم، وهم بیش‌تر می‌گیردم. خانه‌ها کوچک‌تر می‌شــوند و خیابان‌ها شــلوغ‌تر. پر از اتوبوس و تریلی و کامیون. همه در هم فرورفته. ســپر به ســپر لاری پشــتِ لاری صف کشــیده اســت و در این میان تک و توک تیزروی هم

می‌بینی که کجکی بینِ آن همه لاری فشرده شده است. ترافیکی بیش از حدِ تصور. فضایی به شـدت مردانه. چهره‌هایی خسـته و جـدی؛ نه چندان مهربـان. همه‌ی این‌ها در خاک‌بادِ کابل، دیوانه می‌کند آدمِ سالم را، چه برسد به دیوانه‌ای مثل من...

جمعیـت در هم می‌لولند. نمی‌توانم این‌جا را به هیچ‌جای دیگری در عالم تشـبیه کنم. نوعی شکوه در عینِ ویرانی، نوعی هیبت در عینِ خاک‌سـاری... هیکلِ فروریخته‌ی سلیمانی شاید... از شلوغی و در هم تنیده‌گی آدم‌ها در کنارِ جاده و در دلِ خاک‌های بیابان، کنارِ اتومبیل‌ها و اتوبوس‌ها و تریلی‌ها، یادِ عرفات می‌افتم و مشعر. از بوی‌ناکی و پراکنده‌گی قراضه و زباله و در هم لولیدنِ جمعیت، یادِ دهلی قدیم می‌افتم و حاشیه‌نشین‌های بمبئی. از وهم و ترس و تاریکی و خشونتِ پنهان در فضا یادِ خیابانِ صد و چندم هارلم. از شـلوغی و صدای بوق و فریادِ شـاگرد راننده‌ها و راه گرفتن‌ها یادِ ترمینالِ جنوبِ بیسـت سالِ پیشِ تهران... و همه‌ی این‌ها که نوشتم، هیچ نمی‌تواند کسی را ره‌نمون کند به حاقِ حقیقتِ کتلِ سـنگی در شبِ شـنبه یازدهم مهرماهِ هشتاد و هشت... شبی که طبقِ حساب و کتاب من و تدبیر عبد قرار بود در مشهد باشیم و حسبِ حالِ روزگار و تقدیر پروردگار، وسطِ کتلِ سنگی‌م...

تلفـن زنگ می‌خورد. از ایران هسـتند و نگـران... «مگر قرار نبود مشـهد باشـید الان؟ هر چه به شـماره‌ی ایران‌ت زنگ می‌زدیم، جوابی نمی‌دادی... همه خوبید؟ چرا نیامده‌اید؟ امشـب نمی‌آیید؟

چند روزِ دیگر؟ آخر چند روز؟ مشکلی که پیش نیامده است؟ خوب... گوشی را بده به... نه، اول بده به لی‌جی... می‌خواهیم با او صحبت کنیم...»

می‌گویم:

الان کنارِ هم نیستیم. برسم پیش‌شان به روی چشم! البته اگر باتری داشتم...

حسابی به فکر فرو رفته‌ام. حالا اگر به تهران بگویم که من در کابل‌م و آن‌ها در هرات و بین‌مان هزار کیلومتر فاصله است و اصلا معلوم نیست چه وقت ببینم‌شان که دیگر نورِ علی نور می‌شود! از آن‌طرف می‌خواهم زنگ بزنم به هم‌سفرِ اول و بگویم به تهران زنگ بزند... باز می‌ترسم از این که اختلافِ شماره‌هامان لو بدهدمان... از آن طرف اصلا زنگ زدن از این‌جا به تهران کارِ حضرتِ فیل است و حضرتِ هدهدِ سلیمانی هم بایستی دو ساعت معطل یک اتصالِ مخابراتی شود. حسابی در فکرم...

راننده‌ی تاکسی می‌رسد به یک ترافیکِ عجیب و غریب. هر دو مسیرِ رفت و برگشت، کور شده است. رفت و برگشت، آینه به آینه کنار هم ایستاده‌اند و بسیاری در دوره‌ی «قیمتِ بلندِ تیل» و بهای زیادِ بنزین، انجین‌ها را خاموش کرده‌اند. به من می‌گوید:

خانه‌ی من کمی آن‌سوترک است. سرکِ بعدی... شب بیا خسبیده شو خانه‌ی ما و آن‌جا تیر کن...

تشکر می‌کنم. باز نصیحتم می‌کند که نیمه شب راه بیافتم به

سـمتِ قندهار و مراقب باشم و پولِ خرد داشته باشم برای صدقه یا همان رشوه...

پیاده می‌شـوم. سرکِ ورودی به کابل، یک خیابانِ باریکِ دوطرفه اسـت. یک سرکِ ده-دوازده متری. هر دو سو، پر است از اتوبوس و کامیون. عسکرها مدام سعی می‌کنند، موترهای خارج از سرک را که خاک هوا می‌کنند، متوقف کنند. گرهِ کوری است ترافیکِ کتلِ سـنگی. از چند افغانی ره‌گذرِ مندیل‌سیاه، می‌پرسم که کرولاهای قندهار از کجا راه می‌افتند؟ متوجه نمی‌شـوند. پشـتون هستند. عاقبت یکی راه‌نمایی‌م می‌کند که گاراژِ اصلی قندهار، جلوتر است. جلوتـر می‌روم. مجبورم مردم را کنـار بزنم و دقت کنم که پای‌م آلوده نشود به تفاله‌ی ناس و نسوار...

واردِ گاراژ می‌شوم. چند دکه، تابلو دارند به نامِ شرکت‌های حمل و نقل. بیش‌تر سه‌صد و سه و می‌بینم که همه‌گی می‌روند به سمتِ قندهار. می‌پرسم از سه‌صد و سه‌های هرات. معلوم می‌شود که آن شب، یعنی شبِ یک‌شنبه، فقط سه چهار سه‌صد و سه داریم برای هرات. پرسان می‌کنم بهای تکت را. می‌گویند تیزروترین سه‌صد و سـه مالِ ابدالی‌هاست و هفت‌صد افغانی هم بهای تکت‌ش. ساعتِ پنجِ صبح هم راه می‌افتد. هنوز جا دارد. از کسی که پشتِ دکه‌ی تکت‌فروشـی نشسته اسـت می‌پرسم که از این‌جا تا هرات چه‌قدر طول می‌کشد:

یک‌شنبه که راه بیافتی، دوشنبه بعد از ظهر، هراتی!

دیگری می‌گوید، ابدالی ۱۶ ساعت هم رفته! می‌روم سراغِ خلیفه‌ها که نشسته‌اند در اتاقی و چای می‌نوشـند. بینِ ۱۶ساعت تا ۴۰ ساعت، عددِ ساعات، کمی محلِ اختلاف است! حتا یکی دو تا هم می‌گویند، اگر قندهار گیر و گرفت باشد، دو روز هم بیش‌تر طول می‌کشد! خلیفه‌ای جاافتاده‌تر می‌گوید:

سـنت نیست از خلیفه وقتِ رسیدن پرسان کنی... دعای خیر می‌کنیم که همه‌ی مسافرها به مقصد برسند... درایوری از ماست... رسیدن با خداست...

سـاعتِ هفتِ شب است و من هنوز نتوانسته‌ام تصمیم بگیرم که چه کنم. رختِ افغانی پوشـیده‌ام و شـلوارِ شـش‌جیب و پیراهنِ سـفری توی کوله‌ی لپ‌تاپ اسـت و گونی نانِ کنجدی در دست. دستی که حسابی زخم شده است و دیگر رسما ازش خون می‌آید. برای این دست از دستِ زیتِ زیتون و انجکسیونِ رومی هم کاری برنمی‌آید!

می‌روم جلوتر سـراغِ کرولاها تا قیمت بگیرم. پرس و جو می‌کنم و جایی پیداشـان می‌کنم. هوا آن‌قدر سـرد نیسـت. اما دورِ یک پیتِ حلبی، پر از هیزمِ نیم‌سوخته نشسته‌اند. مندیلِ سیاه بر سر. می‌پرسم:

از شما کسی هرات روانه می‌شود به شب؟

همه سر بالا می‌اندازند.

نه! خطر... خطر... هراتی هستی؟ صباح، پنجِ صبح راه می‌افتیم...

تا قندهار...

می‌گویم:

سه‌صد و سه‌ها که سه راه می‌افتند...

هــا! دو ســاعت زودتر... برای این که آفتاب زده باشــد وقتی به نیمه‌ی راهِ قندهار می‌رسیم. راه امن نیست...

یعنی هیچ کس حاضر نیست شبانه مرا ببرد؟ دربست! صدا می‌کنند کسی را. داد می‌کشند «خلیفه! جوان‌خلیفه! محبلا!» جوانی جلو می‌آید. پشــتون اســت و به سختی دری حرف می‌زند. قیمت می‌گیرم ازش.

به زبانِ بی‌زبانی بهم می‌گوید الان اگر بخواهی راه بیافتی، مســافر نداریم و بایستی دربست برویم. ۱۰۰۰ دلار بایستی بدهی!

خیلی بلند می‌گویی! هزار تا؟! پایین‌تر بیا...

عاقبت کلی تخفیف می‌گیرم و می‌رسانم‌ش به سه‌صد دلار. می‌ارزد به گمانم. حالا حلقه‌ی خلیفه‌ها دورم تنگ‌تر شــده اســت و همه از جــوش خــوردنِ این معامله خوش‌حال‌نــد. محبلا که فکر کنم اســمِ اصلی‌ش محب‌الله باشد، دستش را جلو می‌آورد که سیصد دلار را بگیرد. دلارها در کیفی است آویخته به گردنم. یک‌هو در محاصره‌ی حلقه‌ی خلیفه‌ها احساسِ خطر می‌کنم از این که کیف را در بیاورم. می‌گویم حالا باشــد بعدتر... یکی‌شــان جلو می‌آید و دست می‌کشد به کوله‌ام. سفتی لپ‌تاپ را حس می‌کند.

چی است تو این که رهاش نمی‌کنی؟ گنج داری؟!

می‌خندم و می‌گویم:

نــه... من اصلا پول ندارم... پول‌م هِرات اســت. پول داشــتم که صبح تکت می‌گرفتم و از میدانِ هوایی می‌رفتم...

یکی‌شان می‌گوید:

نه... یقین کرده بودیم پول داری... نمی‌بریمت... اصلا شــاید به جامپــرِ اول هم نرســی... رختت به هراتی‌ها نمی‌خــورد... ایرانی اَستی؟

اوضاع حســابی به هم ریخته است. دوره‌ام کرده‌اند. یکی‌شان جلو می‌آید:

می‌ترسی؟! ها! می‌ترسی از ما؟!

نه! چرا باید بترسم!

دروغی به این بزرگی نگفته بودم تا آن ساعت! برای این که بحث را خاتمه بدهم، به محبلا می‌گویم:

من به اوتَل می‌روم آن سوی سرک که کمی بخسبم، بعد می‌آیم... فامیل‌ت چیســت؟ (چپ چپ نگاه می‌کند، دوباره می‌گویم) اســمِ فامیل‌ت چی است که وقتی آمدم صدات کنم؟!

یک‌هــو محب‌الله یک لگــد حواله‌ی پیتِ آتش می‌کند و می‌دود و یقه‌ی مرا می‌گیرد.

ناموس نداری؟ چرا ناســزا می‌گویی؟ مگر ما چه گفته کردیم به تو؟ اجبنی نامرد...

داد و بی‌داد می‌کند. مشــت و لگد می‌پراند. من نه می‌توانم کوله

را زمیـــن بگـــذارم و نه گونی را. هیچ راهِ دفاع هـــم ندارم... از بینِ مردمی که دورمان جمع شده‌اند، عسکری را خدا می‌رساند. عسکر می‌گوید:

چه‌تان شده؟!

می‌گوید:

غریبه ناموس ما را پرسان می‌کند!

غریبه غلط کرده!

من متعجب به عسکر و محبلا نگاه می‌کنم... می‌گویم:

چیزی نگفتم... پرسان کردم اسم‌ش را که وقتی برگشتم پیداش کنم...

نه! غلط نگو! اسمِ فامیل پرسیدی!

بله... اسمِ فامیل...

دوباره می‌پرد جلو و این‌بار مردم آرام‌ش می‌کنند. عاقبت می‌فهمم که فامیل در افواه به معنای زن و هم‌سـر به کار می‌رود و من از طرف پرسیده‌ام که اسمِ زن‌ت چی است!!

این وسط گوشی مبایل هم زمین افتاده است و همه‌چیزش از هم وا رفته اســت که این می‌شـود نورِ علی نور وسطِ این بلامصیبت. عسکر ردم می‌کند که بروم و من فقط بخت یارم است که عسکر از راه رسید. از پشت می‌بینم که یکی از مندیل سیاه‌هایی که دورِ آتش بود، دنبال‌م می‌آید. همان است که دست زده بود به کوله... حســابی ترسـیده‌ام. می‌روم ســمتِ قهوه‌خانه‌ی روبه‌روی سرک.

سردرش نوشته است اوتَل!

* * *

مبایل را درست می‌کنم و می‌بینم باتری‌ش در حالِ تمام شدن است. باتری را در می‌آورم و به بیست افغانی می‌دهم به مردی که در فضایی خاک‌آلود پشتِ میزی نشسته است و سیمی کشیده است از موتور برقِ گاراژ و کارش شارژِ باتری است با شارژرهای چینی. روی باتری با تعجب می‌نویسد رضا و می‌گوید که نیم ساعتِ دیگر شارژ می‌شود!

واردِ اوتل می‌شوم. از پشت می‌بینم که هنوز مردکِ مندیل سیاه دنبال‌م است. تو نمی‌آید. اما باز هم هول بر می‌داردم. بایستی تا موقعی که باتری مبایل شارژ شود، فکری به حالِ کوله‌ی لپ‌تاپ کنم. روی تخت پام را دراز می‌کنم. قهوه‌چی جلو می‌آید و استکانی چای سبز جلوِ روم می‌گذارد. ابروهای به هم پی‌وسته‌ای دارد و خوش‌تیپ است. می‌پرسد:

شام می‌خوری؟ بعد هم خسبیده می‌شوی همین‌جا؟ یا نه؟

می‌گویم شام می‌خورم، اما معلوم نیست خسبیده شوم! غذاها را بلند بلند می‌گوید:

قابلی پاچه، قابلی ماهی‌چه، قورمه، کباب سیخی، دوشی...

عجیب است که در آن فضا، این همه غذا پیدا شود. دوشی را نخورده‌ام و نمی‌دانم چیست. اما با آن حالِ نزارِ مزاج، جراتِ امتحان ندارم. باز هم می‌گویم کبابِ سیخی... بعد قهوه‌چی می‌رود.

منتظرم تا چند دقیقه بعد با دستِ پر برگردد. ده دقیقه‌ای می‌گذرد و خبری نمی‌شود. این‌میان گوشه‌ای از قهوه‌خانه هم دعوا شده است. روی تختِ روبه‌رویی کسی داد می‌کشد:

خلیفه! اِنَمی پرِ پشه کرده همین‌جی را! بیندازش بیرون...

چنان خسته‌ام که انمی را اِنِمی به معنای دشمنِ انگلیسی فرض می‌کنم! نمی‌دانم این ذهنِ بی‌دین چه‌طور این‌جور موقع‌ها زبان‌ها را به هم پاس می‌دهد. جیغ و داد از آن سو بلند است.

ای کثیف است... اِنَمی جی را کثافت کرده...

حدس می‌زنم که انمی جی، این همین‌جا باشد! یعنی این همین‌جا یا همه‌جا را کثافت کرده است. نگاه می‌کنم. پیرمردی است خوابیده و پتوش را روی صورت‌ش کشیده. راست می‌گویند. انصاف باید داد، پوستِ کبره‌بسته‌ی پاش اصلا پیدا نیست!

چند نفری می‌خواهند بیاندازندش بیرون. این وسط، مندیل سیاهِ بیرونی هم داخل شده است. نزدیک به تختِ من ایستاده است و دست و پای پیرمرد را گرفته است که بیرون بیاندازدش. مگس‌ها دور و بر پیرمرد پرواز می‌کنند. مدام هم عقب می‌آید و می‌نشیند کنارِ لبه‌ی تختِ من و بلند می‌شود. رسما می‌ترسم! به نظرم چشم‌ش دنبالِ کوله است. کوله را می‌گذارم پشت‌م و تکیه می‌دهم. خلیفه‌ی قهوه‌خانه که عاقل‌مردی جاافتاده است از راه می‌رسد. او هم ابروی پی‌وسته دارد. بایستی پدر یا برادرِ بزرگ‌ترِ قهوه‌چی باشد. پیرمرد را می‌برد کنارِ درِ پشتی قهوه‌خانه که به

بیابان باز می‌شود و می‌گوید همان‌جا دراز بکشد تا شام را بیاورند. مـن از فرصـت اسـتفاده می‌کنم و به قهوه‌چی کـه دارد بقچه‌ی پیرمردِ کثیف را می‌برد، می‌گویم:

چه شد این دو دانه کبابِ سیخی ما؟!

عجله کار شـیطان است... هنوز وقتِ غذا نشده است... هر وقت سفره انداختم و به همه غذا دادم، به تو هم می‌دهم!

تازه فهمم بیجک می‌گیرد! همه باید بنشینند تا موقعِ شام شود... قبل از اعتراضِ من هم کسـی به پشتو اعتراض می‌کرد که خلیفه در جواب‌ش گفت:

هر که شـتاب دارد، بیرون! الان که سـه‌صد و سـه ای از کتل سنگی بیرون نمی‌رود... همه‌تان تا چاشت مهمان‌ید همین‌جی!

ایـن یعنی تاییدی بر همان چه پیش‌تر دریافته بودم! بی‌ارزشـی زمان. و البته مویدی اسـت برای چیـزی بزرگ‌تر و آن نیز ارزش سفره، حتا در دنیای ام‌روزی.

مندیل‌سیاه دور و برم می‌پلکد. معلوم است پشتون است و فارسی خوب بلد نیسـت تا سـرِ صحبـت را باز کند. می‌ترسـم. نه بابتِ لپ‌تاپ، که بیش‌تر بابتِ نوشته‌هایی که درش دارم! از مرامِ خلیفه خوش‌م آمده است. بایستی بروم دنبالِ باتری مبایل. می‌روم پشتِ قهوه‌خانـه و داخـلِ آش‌پزخانه. از خلیفه می‌خواهـم تا لوازمم را نگه دارد امانت. دسـت می‌کند داخل گونی و بی‌کنج‌کاوی نگاهی می‌اندازد به نان کنجدی‌ها و بعد هم می‌گوید تا درِ کوله را باز کنم.

لپ‌تاپ را وارسی می‌کند و لباس و شـــلوارِ معمولی‌م را می‌بیند. می‌گوید:

هرات می‌روی؟ ایرانی هم هستی؟!

چیزی نمی‌گویم.

دروغ نگو... ایرانی هستی. از همان اول هـــم معلوم بود. این‌جا جای تو نیسـت... به جوانی‌ت رحم کن. طالب انصاف ندارد. همین دی‌شـب سه نفر را ســر بریده‌اند... بمان... خیریت در آن است که بمانی در کابل و بعد تکت بگیری و هوایی روانه شوی...

چیزی نمی‌گویم. می‌خواهم کوله و گونی را بردارم که می‌گوید:

نه... امانتت قبول... تا هزار سال امانت‌دارت اَستم... به زیرِ خاک بروم، همین برادرکم امانت‌دارت است... اما از من بشنو و نرو.

چیـــزی نمی‌گویم. مـــی‌روم از قهوه‌خانه بیرون و از لابه‌لای موترها به آن‌ســوی سـرک خودم را می‌کشانم و باتری مبایل را از مردک می‌گیرم. اسمم را می‌پرسد و باتری را برمی‌گرداند:

رضا! ایرانی اَستی؟

هِراتی‌م...

باتـــری را جا می‌اندازم و برمی‌گردم به ســمتِ قهوه‌خانه که روش درشـــت نوشـــته‌اند اوتَل! قهوه‌چی همان جای قبلی را روی تخت، کنارِ دخل، برای‌م نگه داشته است. تلفنِ همراه را روشن می‌کنم. ســاعت، حدودِ ده و نیمِ شـــب است و نماز هم هنوز نخوانده‌ام. با این دسـتِ خون‌آلـــود که البته هنوز وضو را جبیره نکرده است.

می‌خواهم بلند شـــوم برای نماز که تلفن زنگ می‌خورد. حســـابی نگران هستم مبادا از ایران باشد... اما نه... بخت یارم است و تلفن از هرات اســـت. گپی می‌زنیم و می‌گویم اگر خدا بخواهد فردا بعد از ظهر یا شب می‌رسم. نمی‌توانم زیاد توضیح بدهم. فقط می‌گویم اوضاع خیلی خوب است و با یک اتوبوسِ تر و تمیز خواهم آمد. با لی‌جی هم حرف نمی‌زنم که بهانه نگیرد... شب به خیری می‌گویم و توضیح می‌دهم که من هم مثلِ شماها در هتل هستم! این یکی دیگر دروغ نیست... روی شیشه، بدخط نوشته است، اوتَل!

حسابی تو فکر فرو رفته‌ام. نکند دستی دستی خودم را به کشتن بدهـــم؟! پا را دراز کـــرده‌ام و الکی با تلفن بازی می‌کنم که بعد از دعوای ناموســـی! با محبلا درب و داغان‌تر هم شـــده است. یک‌هو بغل‌دســـتی‌م که سن‌ش بالای پنجاه سال است، شرغ می‌زند روی ران‌م...

پات را بکش! برکت خدا آورده...

نگاه می‌کنم. قهوه‌چی، سفره‌ای بزرگ و پلاستیکی را روی تخت‌ها پهن می‌کند. جوری که ته‌ش هم می‌رسد جلوِ پای من، روی تختِ آخری. بعد می‌رود و چند پارچِ فلزی بدونِ لیوان با فاصله می‌گذارد روی ســفره. باید سی-چهل نفری باشیم توی قهوه‌خانه. کانه یک مراســمِ ســنتی، قهوه‌چی جوان، سفره را آماده می‌کند. بعد با یک بغل نانِ افغانی که بینِ بربری و تافتون است و سی سانتی‌متر قطر دارد، از راه می‌رسد و جلو هر کس یکی، یک نان می‌گذارد.کسی

به نان دســت نمی‌زند. نگاه می‌کنم. پیرمردی که چرک و چروک
بود و یکی دیگر، نان‌شــان را جایی پنهان می‌کنند و دوباره طلب
نان می‌کنند.

بعــد قهوه‌چــی جلو می‌آید و از هر کس، پــول می‌گیرد و غذایش
را می‌پرســد. بســیار ارزان. بیست افغانی یا سی افغانی می‌گیرد از
هــر نفــر. از بعضی هم کمی بیش‌تــر و از بعضی کمی کم‌تر. مثلا
ده افغانی پیرمردِ چرک را می‌گیرد و چیزی نمی‌گوید. از آن ســو
پنجــاه افغانی من را هم کــه می‌گیرد، چیزی پس نمی‌دهد. مدام
غذاها را می‌پرسد و داد می‌کشد سرِ خلیفه که داخلِ مطبخ است.

قابلــی یک... قابلی دو... پاچه یک... قورمه یک... کباب ســیخی
دو... دوشــی یــک... و بعد فریاد می‌کشــید قابلی جملــه دوازده...
سیخی جمله پنج...

بعد خلیفه یک‌هو داد می‌کشد که پاچه ته کشید...

غذاهــا را می‌آورد و با حافظه‌ای غریب، جلوِ هر مســافر می‌گذارد.
خبری از قاشــق و چنگال هم نیست. همه با دست می‌خورند. نان
اگر تمام شــود، غرولندی می‌کند و تک تک و دست به دست نان
می‌دهد. این وسط بعضی هم زرنگی می‌کنند و جا عوض می‌کنند
و دوباره غذا می‌گیرند. می‌پایمشان. بعضی هم نان را زیرِ مندیل و
پتو قایم می‌کنند. قهوه‌چی و خلیفه هم قطعا متوجه هســتند. اما
انگار رسمی است که به روی خودشان نیاورند.

مشــغولِ خوردنِ غذا هســتم که از حرف‌های ســه-چهارنفری که

روبه‌روم نشسته‌اند، می‌فهمم که انگار مرز کمی شل شده است به تعبیـرِ افغانی‌ها و حالا همــه می‌خواهند بروند هرات تا غیرقانونی به ایران بروند. مطمئن نیسـتم و مقایسـه‌ای هم ندارم نسبت به روزهـــای قبـل. اما وقتی قهوه‌چی به مهمانـانِ تازه وارد می‌گوید، «امشب سفره‌ی دوم نداریم! غذا خلاص شد!»، می‌فهمم که انگار شبِ شلوغی باشد در کتل سنگی.

غذا که تمام می‌شود قهوه‌چی می‌نشیند کنارِ دستم، پشتِ دخل و می‌گوید:

مانده نباشی...

حسابی مانده‌ام...

بعدتر می‌فهمم که مانده نباشـی، تعارفی اسـت از جنسِ سلام و احوال‌پرسی. قهوه‌چی می‌گوید:

شب برو کابل بخسب... این‌جا جای تو نیست.

ســر تکان می‌دهم و معلومم می‌شــود که هنوز غریبه‌ام! اسـتتارم در لباسِ افغانی و این همه خاک که روی ســر و صورتم نشســته است، کاری از پیش نبرده است. در همین حال تلفن دوباره زنگ می‌خــورد. بــاز هم از هرات... این بار عبدالرزاق، ســلطانِ راننده‌ها پشتِ خط است:

خواهرِ ما گفت که گرفتار شــده‌اید. کابل ان شاء الله کدام هتل شب را تیر می‌کنید؟ یک آقا سیدی هم هست درکابل که درایورِ موترهای دیپلمات صاحب‌ها بوده است. اگر خواستی چکر بزنی در

شـــهر این شماره‌ی اوست... شما تا هر وقت که طیاره باشد، بمانید در کابل. از راهِ دیگری نیایید. خواهرِ ما گفتند، هتل هســـتید. کارِ خوبی کردید...

دلِ خوشی دارد عبدالرزاق. تلخ می‌گویم:

نه... کتل ســـنگی‌م و امشـــب با سه‌صد و ســـه روانه می‌شوم به سمتِ هرات...

عبدالرزاق فریاد می‌کشد:

نکنید هم‌چه کاری... ما خودمـــان آن‌جا نمی‌رویم... من زمینی تا قندهار هرگز نمی‌روم. یک‌بار هم که خواستم تا نزدیکی قندهار بروم و طیاره نبود، لباسِ گچ‌کارها به تن کردم...

رختِ من هم الان تعریفی ندارد...

بچکِ شما چشـــم‌انتظار اســـت... به این بچه رحم کنید... مبادا زمینی بیایید!

چشمی می‌گویم و خداحافظی می‌کنم. اسمِ لی‌جی را که می‌آورد، دل‌م می‌ریـــزد، اما چاره‌ای ندارم. پای‌م را دراز کرده‌ام و آماده‌ام تا بخوابم مثلِ باقی. زیرِ چراغِ روشـــن. پتو را می‌اندازم روی تخت و تا می‌زنم، تا نصف‌ش رواندار باشـــد و نصف زیرانداز... یک‌هو یادم می‌آید که نماز نخوانده‌ام هنوز. دارم با خدا حساب و کتاب می‌کنم که دوباره تلفن زنگ می‌خورد، این‌بار شـــماره ناآشناســـت... الو که می‌گویم، متوجه می‌شـــوم، همان دوســـتِ ادیبِ افغانِ مقیمِ ایران است. غریب، هوای غربا را دارد! ماوقع را برای‌ش شرح می‌دهم.

شما به هیچ عنوان، به هیچ عنوان حق ندارید زمینی برگردید!

بهم برخورده است. بهش جوابِ سربالا می‌دهم. می‌گوید:

آقــای امیرخانی عزیز! اگر زمینی برگردید، مرا و خانواده‌ی خود را و دولــتِ مرا و دولتِ خــود را در زحمتِ بزرگ‌تری قرار خواهید داد...

رفیقِ ادیب، همان‌جور شمرده شمرده و ادبی حرف می‌زند. اما من حوصله‌ی بحث هم ندارم. بهش از این همه آدم می‌گویم که کنارِ هم در کتلِ ســنگی خوابیده‌ایم و قرار اســت سحر راهی شویم. او باز هم آرام، و انصافا منطقی، توضیح می‌دهد:

اول جایی که موتر یا اتوباسِ شما را نگاه دارند، بسته به آن کس که نگاه داشته است، برای شما اتفاقی می‌افتد که از این چهار شق، خارج نیست. اگر گیرِ طالب‌ها بیافتید، قطعا اول سرتان را خواهند برید و بعد پی‌گیرِ اسم و رسمِ شما خواهند شد! دوم این است که بختیار باشید و راه‌زنان شما را بیابند. اختطاف خواهند کرد و طلبِ پول می‌کنند. ســوم این است که نیروهای خارجی شما را بگیرند. شــاید هم یک‌هو در قندهار، جاســوس تلقی شوید و تشریف برده شــوید گوانتانامو! (هر دو می‌خندیم.) آن‌جا فرصتِ کافی خواهید داشــت تا چند جلدِ دیگر، «بیوتن» بنویسید! و چهارمی این است که پلیسِ افغان شما را بازداشت کند...

می‌پرم وسطِ حرفِ رفیقِ ادیب:

که این از همه به‌تر است...

نه... حسبِ اتفاق نه... چون اگر پلیسِ افغان شما را بگیرد و مشکوک شود، می‌شوید یک برگه‌ی کاغذ و می‌روید در یکی از پرونده‌های قطورِ وزارتِ خارجه‌تان!

رفیقِ ادیب راست می‌گوید، این یکی از همه بدتر است. حتا در موردِ اول هم باز طالب‌ها حسابِ کار را یک‌سره می‌کنند! اما این که آدم برگه‌ای شود در یک پرونده‌ی قطورِ وزارتِ خارجه، از تحملِ مثلِ منی خارج است. از او تشکر می‌کنم و نیم‌چه قولی هم می‌دهم که جایی خوب در کابل بمانم. با این همه تلفن را که قطع می‌کنم، باز هم به فکر رفتن هستم...

می‌روم سراغِ خلیفه و از او می‌پرسم که کجا وضو بسازم. آفتابه‌ای را نشان‌م می‌دهد و درِ پشتی قهوه‌خانه را. بیرون می‌روم. یک بیابان دست‌شویی و وضوخانه هست...

روی پتو نشسته‌ام زیرِ آسمان خدا بعدِ نمازِ مغرب و عشا... مانده‌ام که چه کنم. اهلِ استخاره نیستم. اما انگار چاره‌ای نیست. یک بار استخاره می‌گیرم برای رفتن و بد می‌آید... دوباره، و باز هم... سه‌باره... گفتم، اهلِ استخاره نیستم. برای همین دوباره از قهوه‌خانه بیرون می‌زنم پی رفتنِ زمینی به هرات!!

این بار بخت یارم است و راننده‌ی اتوبوسی مشغولِ صحبت است با راننده‌ی دیگر. قاتی صحبت‌شان می‌شوم در آن شلوغی. افاقه نمی‌کند و تحویل‌م نمی‌گیرند. از یک چای‌فروش دوره‌گرد که با فلاسک چای می‌فروشد، سه استکان چای می‌خرم و به دو راننده

تعـــارف می‌کنم. کم کم جوری حـــرف می‌زنند که من نیز بفهمم. یکی از قندهار برگشته است و می‌گوید:

غیرپشـــتون هر که در سه‌صد و سه بود، پایین ریختند... به جز آن‌ها که سیاه‌سر هم‌راه‌شان بود...

چاره‌ای نیســـت... باید به اســـتخاره‌ها! عمل کنم... می‌روم ســـراغِ خلیفـــه‌ی امانت‌دار و گونی و کوله را ازش می‌گیرم. به او می‌گویم که قرار شده است در کابل بمانم. چنان خوش‌حال می‌شود که من یکه می‌خورم. جلو می‌آید و مرا بغل می‌کند. برادرکِ قهوه‌چی‌ش را شاهد می‌گیرد و می‌گوید:

رفتی که وضو بســـازی به این برادرکم گفتم که حیفِ این جوان است... اگر می‌شد، بدعهدی می‌کردم و امانت‌ش پس نمی‌دادم که همین‌جی بماند...

بعد من به او می‌گویم:

فهمیـــدم که بـــه بعضی چند خورش می‌دادیـــد و می‌دیدید که نان پنهان می‌کنند... این گونه مهمان‌داری، صفتِ حضرتِ ابراهیمِ خلیل، علی نبینا و علیه السلام اســـت که خداوند به شـــما داده است...

انگار سال‌هاســـت که با هم رفیق هستیم. چای می‌خوریم با هم و او برادرک‌ش را با آن ابروی پی‌وسته راهی می‌کند تا از جایی امن برای من تاکسی بگیرد و مرا بفرستد کابل...

این سلطان کتل سنگی بود در ردای قهوه‌چی... جوان‌مرد مردمی

هستند مردمِ این دیار.

* * *

و حالا ساعت یازده و نیمِ شب است و هم‌الان دارم خاطراتِ امروز را می‌نویسم که بعدتر بدل شود به «بلخ... الخ» و شاید هم نام می‌گذاشتم این فصل را به «اَبلَخِ بلخ» که همان خلیفه‌ی قهوه‌خانه باشد که صفتِ ابراهیمِ خلیل داشت... و حالا ساعت یازده و نیمِ شب است و هم‌الان با عبدالرزاق صحبت کردم و به‌ش اطمینان دادم که به شهر برگشته‌ام، که در حالِ سکته بود رسما... و حالا ساعت یازده و نیم شب است و هم‌الان با ایران تماس گرفتم و دروغ نگفتم و گفتم که همه خواب‌اند به جز من و در هرات گرفتاری هست و بعدتر می‌آییم ایران... و حالا ساعت یازده و نیمِ شب است و در گست‌هوسِ لاکی رستورانتِ شهرِ نوِ کابل، اتاقی کرایه کرده‌ام به بیست و پنج دلار... و حالا ساعت یازده و نیمِ شب است و تازه، نجیب، سرای‌دارِ رستورانت، سرزده و بی‌دعوت، به اتاقِ من آمده است که گپ بزند که از این‌جا تا ارومچی چین فقط دو ساعت و نیم راه است و حالا من در عینِ خواب‌آلوده‌گی می‌فهمم که چه‌قدر بی‌خود ذوق‌زده بوده‌ام از فارسی‌زبانان و مسلمانانِ چین که دو ساعت و نیم فاصله تا کابل راهی نیست... نجیب از گرفتاری‌های مهاجرانِ افغان می‌گوید و این که قلیان و سیگار از ایران می‌آید این‌جا و بعضی چیزهای دیگر هم به هم‌چنین و...

و حالا ساعت از دوازده هم گذشته است...

تقابل با کابل

شنبه یازدهم تا دوشنبه سیزدهم مهر ماه ۸۸

■■■

صبح، ساعتِ هفت، از جا می‌پرم و تصمیم می‌گیرم در گست هوس! یا همان مهمان‌خانه دوش بگیرم. بیست و پنج دلارِ گست هوس بایستی فرقی با سه‌صد افغانی اوتَلِ نظرگاه داشته باشد. آب قطع است. می‌آیم بیرون و سرِ نجیب که مشغولِ تهیه‌ی صبحانه‌ی من است، کلی غر و لند می‌کنم. او پیش‌نهاد می‌دهد در حمامِ پایین، که مالِ خودش است، دوش بگیرم. اهلِ معنا تواضع دارند دیگر! به‌دو می‌روم پایین و این‌بار استفاده‌ی دیگری از پتو را نیز -بدل از حوله!- کشف می‌کنم. شلوارِ شش‌جیب و تی‌شرت می‌پوشم. اما هر دو حسابی خاکی‌اند. با تکاندن هم اوضاع به‌تر

نمی‌شود. حمام و صبحانه‌ی نجیب حسابی سرِ حال می‌آوردم. بلند می‌شوم و اتاق را تخلیه می‌کنم و از نجیب می‌خواهم تا اسباب و اثاثم را برای یکی دو ساعت نگه دارد تا بعدتر برگردم.

لاکی رستورانت در سرکِ شمالی پارکِ شهرِ نوِ کابل است. قسمت نوسازِ کابل را شهرِ نو می‌گویند. دنبالِ چیزی هستم شبیه به رخت‌شویی سکه‌ای که در آن بتوانم یکی-دو ساعته شلوار و تی‌شرت‌م را بشویم و خشک کنم. تصمیم می‌گیرم دورِ پارک، قدم بزنم. هنوز کسی سرِ کار نیامده است. داخلِ پارک تعدادی نوجوان را می‌بینم که با شلوارِ ورزشی مشغولِ فوتبال هستند. اولین بار است در این سفر که گروهی را مشغولِ ورزش می‌بینم. کنارِ پارک، دو مردِ به گمان‌م فرانسوی را می‌بینم، که در جا نرمش می‌کنند. از سرکِ شمالی پارک می‌روم به سرکِ شرقی و آن‌جا عاقبت یک اتوشویی پیدا می‌کنم. هنوز کرکره‌ها پایین است. ده دقیقه‌ای پیاده راه می‌روم و عاقبت صاحبِ مغازه را می‌بینم که با پسرِ نوجوان‌ش کنارِ کرکره می‌رسند. قبل از بالا بردنِ کرکره، دعا می‌خوانند و دست به صورت می‌کشند. جلو می‌روم و سلام و علیک می‌کنم. چیزی از برکتِ دشتِ اول می‌گویم که فهمیده-نفهمیده تایید می‌کنند. بعد ازشان راجع به دست‌گاهِ لباس‌شویی می‌پرسم و پدر، سر تکان می‌دهد و می‌گوید که فوری آماده می‌شود... فوری آماده می‌شود... خوش‌حال به پشتِ دخل نگاه می‌کنم تا جایی بیابم برای پوشیدنِ رختِ افغانی و در آوردنِ شلوار

و تی‌شرت... بخت یارم است که دوباره می‌پرسم:

پس فوری آماده می‌شود این شلوار و تی‌شرت؟

ها... مســـافری دیگر... تا فردا صبح آماده می‌شود، یا خیلی طول بکشد، ظهرِ فردا!

دســـت از پا درازتر از مغازه‌ی اتوشویی بیرون می‌زنم. کمی جلوتر پیرمردی بســـاطِ پیراهن‌فروشـــی‌ش را باز می کنـــد. پیراهن‌ها را روی بنـــدِ رخت‌هایی کناره‌ی پیاده‌رو باز می‌کند. به مارک‌ها نگاه می‌کنم. چینی و امریکایی به نظر اصل. تعجب‌آور اســـت. قیمت‌ها هم مناســـب. فی‌الفور یک پیراهنِ نســـبتا مناسب انتخاب می‌کنم. موقعِ حساب و کتاب شک برم می‌دارد. از پیرمرد می‌پرسم:

این‌ها دستِ دوم که نیستند؟

پول را پس می‌دهد.

ما حرام‌فروش نیستیم. شک داری بو بکش پیراهن را!

عذرخواهـــی می‌کنم و پیراهن را می‌خرم. اما عاقبت نمی‌فهمم که دستِ دوم است یا نو! برای خریدِ شلوار به جایی نمی‌رسم. خاصه این که شـــلوارِ جین می‌خواهم و به قولِ پیرمرد، کابویی! مغازه‌ها گویا دهِ صبح به بعد باز می‌کنند که تا آن موقع دو ســـاعتی باقی مانده است.

کمی در شهر می‌گردم و در می‌یابم که قطعا آن روز میدانِ هواییِ هرات بسته خواهد بود و پروازی در کار نیست.

شـــهر، مرتب‌تر از باقی شهرهاســـت. به یک شـــهرِ درجه دوِ ایران

می‌ماند. البته اگر از خاک‌بادش صرفِ نظر کنیم. شـــاید شـــبیه به زابل یا بیرجند. و در بعضی قسمت‌ها سبزتر البته. تک ساخت‌مانِ بلند سیزده طبقه‌ای دارد و باقی ساخت‌مان‌ها در قسمتِ شهرِ نو، پنج شـــش طبقه‌اند. شـــهر، روحی دارد که بعدتر می‌فهمم متعلق اســـت به سال‌های سیزده‌چهل تا سیزده‌شصت. به نظر می‌رسد از دهه‌ی پنجاهِ شمسی تا سی سال بعد، پیش‌رفتِ جدی نکرده باشد شهر و هنوز زیبایی و کهنه‌گی همان سال‌ها را دارد. سال‌های اوجِ کابل...

آرام آرام یکی دو دفترِ هواپیمایی هم پیدا می‌کنم. یکی‌شـــان تازه باز کرده است. از مسوول‌ش راجع به تکتِ هرات می‌پرسم. می‌گوید که دی‌روز میدانِ هوایی بســـته بوده است و ام‌روز هم بسته است. شاید برای فردا باز شود. بسیار خوش‌حال می‌شوم. از او می‌خواهم تا به‌م برای فردا تکت بدهد که می‌گوید، خط‌های کامپیوتر هنوز خاموش هستند. به هر رو اسم و شماره‌ی هم‌راه‌م را به او می‌دهم تا بیزینس کلاس برای‌م رزرو کند در اولین پرواز. می‌گوید احتمالا بلیت‌های عادی به محض باز شـــدنِ خط، پر می‌شـــوند. او هم از شایعه‌ی شل شدنِ مرزها می‌گوید که همه را به صرافتِ رفتن به هرات انداخته اســـت... صحبت‌مان گل انداخته اســـت که صاحبِ اصلـــی مغازه با کت و شـــلوار و کـــراوات و یک خانمِ مانتویی از راه می‌رســـد. سرِ هم‌صحبتِ من که خیال می‌کنم دستِ کم، مسوولِ فروشِ تکت‌های داخلی باشـــد، داد می‌کشـــد که آب و جارو کند،

پیاده‌روِ خاک‌گرفته‌ی جلوِ مغازه را!
اسم و شماره‌ی هم‌راهِ مرا برای رزروِ تکتِ بیزینس‌کلاس در جیبِ روپـوشِ خدمت‌ش می‌گذارد و جارو بر می‌دارد و می‌افتد به جانِ پیاده‌رو...

***

داخلِ کابل چندتایی دختر با مانتو و روسری هم می‌بینم. در عوض خبری از آن برقع‌های آبی هرات نیسـت. چادرِ مشـکی هم تک و توک دیده می‌شـود. البته هیچ اجباری برای حجاب وجود ندارد، اما جامعه عمیقا مذهبی اسـت. سـاعتِ آغازِ کار هم تقریبا همان هشتِ صبح است، با یکی دو ساعت تخفیف به کاسب‌ها که معمولا کمی دیرتر سـرِ کار می‌آیند. تا یکی دو سـاعت حسـابی مشغولِ گشـت و گذارم. کشف می‌کنم که مثلا روی پیه‌سوزِ عتیقه‌ای که از هـرات خریده‌ایم، پانصد افغانـی ضرر کرده‌ایم و یا پیراهنی که برای جلسه‌ی ظهر گرفته‌ام، به احتمالِ قوی دستِ دوم بوده است، یا... از همین دست کشفیاتِ ساده‌ی اقتصادی...
در این میان همان‌جور که دارم در یکی از سـرک‌های اصلی شهر نـو، راه مـی‌روم، یک‌هـو از دور پرهیبی می‌بینـم از یک کاروانِ نظامی. یک نفربرِ هامر که جلو جلو می‌آید و پشـتِ سـرش یک زره‌پوشِ مسـلح به توپِ کالیبر پایین و چند هامرِ دیگر. زیرِ بیرقِ ایتالیا به گمان‌م. ایسـتاده‌ام و نگاه‌شان می‌کنم. موترهای شخصی مردمِ عادی سـریع می‌ایسـتند کنارِ خیابان و راه را برای‌شـان باز

می‌کنند. مردم اما هراسان فرار می‌کنند. من خیلی جهان‌گردوار و توریست‌مذهب، شیشه‌ی زیتِ زیتون را در آورده‌ام و به پوستِ آسیب‌دیده می‌مالم و متعجب‌م از این فرارِ مردم. یک‌هو کسی از پشت دستِ مرا می‌گیرد و می‌کشاندم به سمتِ راه‌روی پاساژی تازه‌ساز. شگفت‌زده به مردمی نگاه می‌کنم با قیافه‌های متفاوت که در راه‌روِ پاساژ جمع شده‌اند و در نگاه‌شان می‌بینم که آن‌ها نیز هاج و واج به من می‌نگرند. از مردی که دستم را کشید، دلیلِ کارش را می‌پرسم. می‌گوید:

ایرانی استی؟ ها... روزِ اول‌ت هم هست که به کابل آمده‌ای؟ نی؟

بله... ایرانی هستم، روزِ اول هم هست.

مگر ندیدی کاروانِ نظامی‌ها را؟ خوب بایستی دوری کرد دیگر.

باز هم نمی‌فهمم. مگر کاروانِ نظامی‌ها همین‌جور بی‌دلیل به ما شلیک می‌کنند؟ برای‌م توضیح می‌دهد:

نی... نی... شما غلط کردی! (یعنی اشتباه کردی!) آن‌ها به ما کاری ندارند. اما اگر کسی از راه رسید که انفلاقِ انتحاری بکند، یک چقوری دورِ این کاروان درست شود، که تا دوصد متر این‌سوتر همه خاک می‌شویم! یارو از بی‌گانه عقده‌مند است، می‌خواهد او را تلف کند، اما من و توی هم‌زبان و هم‌دین را کشته می‌کند!

تازه می‌فهمم شدتِ ناامنی را. یک عملیاتِ انتحاری، حتا ضدِ بی‌گانه، برای شهروندِ کابلی خطرناک‌تر است تا بی‌گانه.

***

هنوز از شرِ کاروانِ نظامیان نرهیده‌ام که یک‌هو تلفن زنگ می‌خورد. گوشی را بر می‌دارم و می‌بینم که ای دلِ غافل... از ایران تماس گرفته‌اند و می‌خواهند با علی‌جی صحبت کنند... خرابی گوشی را بهانه می‌آورم و می‌خواهم که ده دقیقه‌ی بعد زنگ بزنند. با خودم فکر می‌کنم چه‌گونه از این گرفتاری به آن‌ها خبر بدهم. خبرِ بد، آن هم از کشوری ناشناخته، تاثیری صدچندان خواهد داشت. تخیلِ آن‌ها شرایط را به مراتب سخت‌تر تصویر خواهد کرد. در این ده دقیقه مدام در این فکرم که چه‌گونه فاصله‌مان را توضیح بدهم. باز هم سی.پی.یو.ی زنگ‌زده در این اوضاعِ روحی و جسمی خراب، کار می‌کند و امکانِ زائدی در تلفنِ هم‌راه را چنان برجسته می‌کند که با یک امتحان، متخصص‌ش می‌شوم! به یاد می‌آورم که با امکانِ کنفرانسِ گوشی هم‌راه، می‌شود دو تماس را روی هم انداخت. حالا باید این تکنولوژی را تمرین کنم! تماس می‌گیرم با هم‌راهِ خانم و صبر می‌کنیم تا ایرانی‌ها دوباره به من زنگ بزنند. بعد دو تماس را در حالتِ کنفرانس روی هم می‌اندازم تا معلوم شود عند الاضطرار آدمی عامی مثلِ من، به چه فوقِ تخصصِ های‌تکی بدل می‌شود!!

حالا این وسط، ایرانی‌ها تصمیم می‌گیرند تا بروند سراغِ منظورِ اصلی‌شان از تماس. می‌خواهند با علی‌جی هم حال و احوالی کنند و او هم برای‌شان بل‌بلی بکند... من هم از لی‌جی دعوت می‌کنم

تا بیاید پشـــتِ خط. لی‌جی به جای حرف زدن با ایرانی‌ها، پشـــتِ خط می‌گوید:

بابابیه! من را بغل کن!!

مــدام همین را تکرار می‌کنــد. ایرانی‌ها هم که از کنفرانسِ تلفنی بی‌اطلاع‌اند، مدام تذکرات می‌دهند که:

عجب پدرِ بی‌محبتی! آن طفلِ معصوم را بغل کن دیگر...

و من نمی‌توانم برای‌شـــان از فاصله‌ی چند صد کیلومتری و چند ســـاعته و شـــاید هم چند روزه‌ی بغلِ خودم با آن طفلِ معصوم، چیزی بگویم!

* * *

تلفـــن، لختی بعد دوباره زنگ می‌خورد. این بار عبدالرزاق اســـت. حدودِ ســـاعتِ ده تماس می‌گیرد و خیال می‌کند که تا آن ساعت در رخت‌خـــواب بوده‌ام. می‌گویم‌ش که صبحِ زود بیرون زده‌ام و... چیـــزی نمی‌گوید. اما چنـــد دقیقه‌ی بعد دوباره تلفن زنگ می‌زند و این‌بار حســـابی طرف ناآشناست. کمی پرس و واپرس می‌کنم و در می‌یابم که این همان آقا ســـید است! رفیقِ راننده‌ی عبدالرزاق که دی‌شـــب شـــماره‌اش را داده بود و من ننوشـــته بودم. سلطانِ راننده‌های هرات نیســـت، ســـلطانِ راننده‌های افغانستان است این عبدالرزاق! آقا سید اصرار می‌کند که باید بیاید دنبال‌م. عاقبت نرم می‌شـــود و قبول می‌کنم. حالا تازه اولِ گرفتاری است. برای دادنِ نشـــانی حســـابی مشکل دارم. عاقبت جایی کنارِ پارکِ شهرِ نو، که

مشـــخص است قرار می‌گذاریم برای چند دقیقه‌ی بعد. نیم ساعتِ بعـــد، با توجه به ترافیـــکِ غیرقابلِ پیش‌بینی کابل، بنزِ آقاســـید، پیدا می‌شـــود! اولِ کار از او که پیرمردی اســـت کراواتی و مرتب، اجازه می‌گیرم و گونی نانِ کنجدی را می‌گذارم در صندوقِ عقب. لباس‌های افغانی‌م را نیز می‌چپانم توی همان گونی.

زود گرم می‌گیریم با آقا سید. برای‌م توضیح می‌دهد که در جوانی و زمانِ ظاهرشاه، یک‌بار راننده‌ی محمدرضاشاه بوده است و باری دیگر هم در سال‌های اوجِ کابل، یعنی سیزده پنجاه و دو تا سیزده پنجاه و شش، راننده‌ی خانمِ گوگوش! بعد اضافه می‌کند:

این‌طـــور که عبدالرزاق فرمـــود، حالا بعد از ایـــن می‌توانم فخر بفروشم که موترِ نویسنده‌ی ایرانی را هم رانده‌ام!

می‌خندم و می‌گویم عبدالرزاق چوب‌کاری کرده اســـت با آقا سید می‌افتیم داخلِ شهر برای گردش. از کنارِ اداراتِ شهر رد می‌شویم و می‌بینیم که متاسفانه سردرِ ادارات هم به زبانِ پشتو تابلو زده‌اند، اما تابلوهای قدیمی و سنگی، همه به زبانِ فارسی است.

راه می‌افتیم در ســـرک‌های مرکزِ شهر. این سو و آن سو می‌رویم. وضعِ روزنامه‌ها را می‌بینم و کتاب‌ها را. اول جایی که سر می‌زنم، یکـــی دو تا دکه‌ی مطبوعاتی اســـت. روزنامه‌هـــای کم‌تیراژ فراوان می‌بینم که بسیاری تاریخ‌گذشته‌اند و همین نشان از کم‌شماره‌گان بودن اســـت، در عینِ تعددِ عناوینِ روزنامه‌ها. هنوز مسائلِ مربوط به انتخابات و اختلافِ میانِ کرزی و عبدالله، تیترِ یک اســـت. کنارِ

روزنامه‌ها، بعضی کتاب هم می‌فروشـــند. کتاب‌های عمومی عمدتا عنوان‌شـــان با اســـرار مرگ شروع می‌شود؛ اســـرارِ مرگِ ظاهرشاه، اسرارِ مرگِ احمد ظاهرِ خواننده، اسرارِ شهادتِ احمد شاه مسعود... این همه تلاش برای فهمِ اسرارِ مرگ، ستودنی است!

از یکی از مطبوعاتی‌ها پرس و جو می‌کنم راجع به کتاب‌فروشی‌ها. همه مرا راه‌نمایی می‌کنند به کتاب‌فروشی شاه محمد. و می‌گویند که از نزدیکِ وزارتِ خارجه، یک ســاعتی پیاده بایســتی راه رفت و تاکســی به‌تر اســت که من با تبختر بنزِ آقا ســید را نشان‌شـــان می‌دهم!

عاقبــت، مغازه‌ی کتاب‌فروشـــی شـــاه محمـــد را پیـــدا می‌کنیم. کتاب‌فروش، چهره‌ی آشـــنایی دارد. انگار می‌شناسم‌ش. بعدتر در قفســـه‌ی کتبِ خارجی، عکس‌ش را روی جلدِ کتابی می‌بینم و به جا می‌آورم‌ش.

«کتاب‌فروشِ شهرِ کابل» کتابی است بر مبنای زنده‌گی شاه محمد که آســـنه سیرستاد، نویسنده‌ی نروژی آن را به رشته‌ی تحریر در آورده اســـت و باعثِ کلی شـــکایتِ حقوقی شـــده اســـت، خاصه از طرفِ هم‌سرِ دومِ شاه محمد که مقیمِ اروپاست. و البته این کتاب ســـببِ خیر هم شـــده است، که خودِ کتاب‌فروش به صرافتِ کتاب نوشـــتن بیافتد و کتابی بنویســـد به نامِ «روزی روزگاری در کابل کتاب‌فروشی بود.»

شـــروع می‌کنم در کتاب‌فروشـــی‌ش دور زدن. انصافا کتاب‌فروشی

پرپیمانی دارد. کتاب‌فروشی به لحاظِ مساحت خیلی بزرگ نیست، اما سه طبقه دارد و از همه‌ی فضاها برای نمایشِ کتاب استفاده شده است. طبقه‌ی اول، در ده-بیست قفسه، کتابِ انگلیسی و فرانسوی دارد. عمدتا راجع به افغانستان و طالبان و بعد هم حوزه‌های نزدیک‌تر مثلِ ایران و خاورمیانه. طبقه‌ی دوم و سوم، بیش‌تر کتابِ فارسی دارد و مجموعا شاید سه-چهار قفسه هم کتاب پشتو و اردو. در طبقه‌ی دوم، می‌روم سراغِ رمان‌ها و می‌بینم کتاب‌فروشِ خوش‌ذوق، رمان‌های خوش‌خوان‌ترش را در قفسه‌ای جداگانه چیده است. یک‌هو چشمم می‌افتد به رمانِ «منِ او»ی خودم و کلی ذوق‌مرگ می‌شوم که در خارج! هم کتاب‌مان خریدار پیدا کرده است. در آن قفسه کتاب‌هایی از سیدمهدی شجاعی، محمود دولت‌آبادی و مصطفا مستور هم پیدا می‌کنم. موقعِ پایین آمدنِ از پله‌های طبقه‌ی دوم، مسوولِ طبقه، که جوانی است با رختِ افغانی و لکنت هم دارد، می‌گوید:

شم... شم... شما ایرانی استی؟ رضا... رضا... رضا امیرخانی استی؟!

نگاه می‌کنم. در صفحه‌ی دومِ کتاب، عکسی از من هست و معلوم می‌شود که ذوق‌زده‌گی‌م چندان هم زیرِ پوستی نبوده است و مسوول، قبل از رفتنِ من فهمیده بوده است که این کتاب با من نسبتی داشته.

او زودتر از من پایین می‌رود و به شاه محمدِ رییس، می‌گوید:

شــاه محمد جــان! این مردک همین کتاب «منِ او» را نوشــته کرده است...

شاه محمد جلو می‌آید و مرا در آغوش می‌گیرد و می‌گوید:

خــوش آمدی... خــوش آمدی... جور اَســتی ان‌شــاءالله! مانده نباشی...

چنــان گرم می‌گیرد کــه انگار هم را می‌شناســیم. دفتری از آثارِ داستانی ایرانی‌ش می‌آورد و پیدا می‌کند که یک-دو کتابِ دیگر از من را نیز دارد. بعد برای‌م از مشقتِ آوردنِ کتاب به کابل می‌گوید و هزینه‌های حمل و نقل که رســما ســی-چهل فی صد تخفیفِ پشتِ جلد را می‌پوشاند...

از آخرین نوشــته‌ی من می‌پرســد و می‌گویم که چیزی می‌نویسم راجع به یکی از دلایلِ عقب‌افتاده‌گی کشورم به نامِ نفحات نفت و او نیز برای‌م از آخرین نوشته‌اش می‌گوید که آن‌هم به زبانی دیگر شــرحِ پس‌مانده‌گی مملکتِ اوست. می‌گوید فصلِ آخرِ کتاب‌ش را نام گذاشته است: «جنگ با توریسم یا جنگِ با تروریسم؟»

او نظرش بر این اســت که افغانســتان نه نیازی به نفت دارد و نه نیــازی به معدن؛ فقط از راهِ گردش‌گری می‌تواند خودکفا باشــد. قبول نمی‌کنم حرف‌ش را. اما واقعیت آن اســت که در همان یک ساعتی که نشسته‌ایم و گپ می‌زنیم، بیش از دوصد یا سه‌صد دالر کتاب می‌فروشــد به مشــتریانِ خارجی. از تهــران می‌گوید و این که در تحریمی‌ترین شــرایطِ بین‌المللی، تهران چندین برابرِ کابل،

توریست و مقیمِ اروپایی دارد. و این یعنی اگر یک کتاب‌فروشی مثلِ او، قسمتی را برای اجنبی‌ها در نظر بگیرد و نیازِ آن‌ها را بشناسد، بسیار سودآور خواهد بود. باورم نمی‌شود که این همه کتاب‌فروش، به ایده‌ی او فکر نکرده باشند. اما او مصر است که عمده‌ی کتاب‌فروشی‌های تهران را دیده است، از انقلاب تا زیرِ پلِ کریم‌خان تا حتا شهرِ کتابِ نیاوران را؛ و آن‌ها هیچ‌کدام به نیازِ یک خارجی مقیمِ تهران، آن‌چنان که او به نیازِ خارجی مقیمِ کابل اندیشیده، نیاندیشیده‌اند.

هر بار مشتری می‌آید، او مجبور است برای حساب و کتاب، از جا بلند شود و برود سراغِ دخل. بارِ اصلی صحبت با مشتری‌ها را پسرش بر دوش می‌کشد که انصافا انگلیسی را روان حرف می‌زند. به پسر دست‌مریزاد می‌گویم که تلخ می‌خندد و می‌گوید ساعتی

بعد برمی‌گردد به کانادا! تا موقعِ رفتنِ پسر، در کتاب‌فروشی هستم. پسر، پیش از رفتن، از من و پدر می‌خواهد که با هم عکسی بگیریم که شادمان حرف‌ش را گوش می‌کنیم. گمان می‌کنم که محمد شاه، به خاطرِ من برای بدرقه‌ی پسر به میدانِ هوایی نرفت، اما خودش می‌گوید که بنا نداشته است از ابتدا برای رفتن. پسر، موقعِ رفتن دولا می‌شود و دستِ پدر را می‌بوسد... صحنه‌ای که در میانِ وداعِ فرزندانِ هندی نیز زیاد دیده‌ام...

هنوز پسر از مغازه دور نشده است که مشتری دیگری از راه می‌رسد. ریشِ بلندی دارد، اما بور. وضعِ مو و محاسن و پوشش‌ش به افغانی‌ها می‌خورد، اما چهره‌اش حکایت دیگری دارد. کمک می‌کنم به شاه محمد و به انگلیسی از او می‌پرسم که آیا می‌توانم کمکی به‌ش بکنم که به فارسی جواب می‌دهد:

نه... هفته‌ی پیش از آقای رئیس کتابی خواسته بودم راجع به آموزشِ دینی در طالبان...

محمد شاه می‌آید و خوش و بش می‌کند با جوانِ موبور. بعد از کنارِ دخل، کتابی فارسی، با جلدی پاره به جوان می‌دهد و می‌گوید:

البته به پشتو هم کتابی دارم که به کار شما نمی‌آمد...

شکسته بسته می‌توانم بخوانم!

مجبور می‌شوم با جوان بیش‌تر صحبت کنم. در کمالِ ناباوری می‌فهمم که جوان انگلیسی است و دقیقا هم‌سنِ من. یعنی در نیمه‌ی دومِ دهه‌ی چهارمِ عمر و نرسیده به مرزِ چهل ساله‌گی.

دو سال است که در قندهار ساکن شده است و می‌خواهد رمانی بنویسد راجع به زنده‌گی یک طالب... یک انگلیسی از لندن بنه‌کن می‌شود به این سوی عالم در قندهار تا بنویسد...

محمد شاه مثلِ یک ناشرِ هراتی دیگر، بهم پیش‌نهاد می‌دهد که کتابی برای نشر به انتشارات‌ش بدهم. البته او حرفه‌ای‌تر درخواست می‌کند:

به هر دلیل، اگر کتابی در ایران نتوانست منتشر شود، ما می‌توانیم منتشرش کنیم. این‌جا فقط شکایت از کتاب بعد از انتشار ممکن است، آن هم به دلایلِ قومی یا مذهبی...

به ناشرِ هراتی طعنه زده بودم که گیرم تو کتاب را چاپ کنی، مشتری ایرانی از کجا کتاب را بیابد. ناشرِ هراتی جوابم داد:

موتر-موتر، کامیون-کامیون، نفر-نفر، هر روز از این مرز رد می‌شود و کسی نمی‌فهمد چه نهان کرده‌اند، گذرِ چند هزار نسخه کتاب، چه زحمتی دارد؟!

جوابِ ناشرِ هراتی، چنان قاطع بود که دیگر از محمد شاه دوباره نمی‌پرسم سوال را...

با محمد شاهِ رئیس گرم خداحافظی می‌کنم و کارتم را به او می‌دهم تا اگر دوباره گذرش به تهران افتاد، هم را ببینیم و بتوانم جبران کنم مهمان‌نوازی‌ش را...

***

آقا سید مرا جایی می‌برد در محلاتِ مرفهِ کابل و خانه‌هایی بسیار

آب‌رومند را نشــان‌م می‌دهد تا شــاید از خاطراتِ کتل سنگی که از عبدالرزاق شنیده بود و خودم هم به طورِ زنده! برای‌ش تعریف کرده‌ام، دورم کند.

ترافیکِ کابل را طی می‌کنیم تا برســیم به محله‌ی مرفهی که آقا سید دوست دارد مرا به آن‌جا ببرد. بعضی سرک‌ها، فقط به دلیلِ عقب ننشســتنِ یک خانه، پیچ‌های عجیبی دارند و همین پیچ‌ها ترافیک درســت می‌کند. آقا سید توضیح می‌دهد که تنها خانه‌ای که راهِ ســرک را بسته اســت، خانه‌ی کسی است که ادعا می‌کند مهم‌ترین ریاضی‌دانِ کابل اســت و فیلسوفِ افغانستان! او با توجه به نفوذی که دارد، منزل‌ش را حفظ کرده است و اجازه‌ی تخریب نداده اســت. برای همین در دو ســوی خانه، موترها باید هر کدام چندین دقیقه معطل شــوند و به قولِ آقا ســید، ریاضی‌دان، اهلِ دو دو تا، چهارتا نیســت؛ والا می‌فهمید که با این سخت‌سری چه ضربه‌ای می‌زند به شهروندان!

ســرکِ فرعی، سرکی است خاک‌آلود. طرحِ جمع‌آوری زباله‌ها هم چنــدان تعریفــی ندارد؛ اگر چه می‌گویند، یکی از معاونانِ ســابقِ شهردارِ اسبقِ تهران، مشاورِ شهردارِ کابل است... با موترِ آقا سید، در این ســرکِ خاکی، می‌رسیم به خانه‌ای که گویا آقا ســید با نگه‌بان‌ش رفیق اســت. محافظی، کلاش به دست، در را با ریموت باز می‌کند. آقا سید برای‌م توضیح می‌دهد که ای محافظِ منزل، از سردارانِ جهادی بوده است و حالا شده است نگه‌بانِ خانه‌ی یکی

از متمولانِ کابل! داخلِ خانه، هیچ ربطی به فضای بیرون ندارد. خانه بسیار شبیه است به خانه‌های ویلایی شمالِ تهرانِ خودمان. سرکِ بیرونی خانه، هنوز خاک‌آلود بود، اما داخلِ خانه، استخر دارد و سونا و جکوزی. البته این فاصله‌ی عمیقِ بیرون و داخل را، طبیعتا بایستی محافظی با کلاشینکوف، محافظت کند. حسابی به فکر فرو می‌روم... سردارِ محافظ...

خانه را می‌بینیم و صاحب‌خانه هم از مهمانِ ایرانی حسابی پذیرایی می‌کند. اما برای ناهار نمی‌ایستم و خداحافظی می‌کنم. بیرون، با کلی زحمت و خواهش و التماس، آقا سید را هم راضی می‌کنم که مرا رها کند تا بروم و شهر را بگردم. پول‌ها را می‌گیرم جلوش و دستم را پس می‌زند. گویی اصلا به‌ش برخورده باشد... عاقبت با تردستی مقداری پول می‌گذارم کنارِ دسته دنده و فرار می‌کنم از دستِ این سیدِ جوان‌مرد... جوان‌مرد مردمی هستند مردمِ این دیار...

* * *

من از پرسه زدنِ در شهرها بیش‌تر چیز آموخته‌ام تا از پرسشِ از کتب در کتاب‌خانه‌ها! برای فهمِ روحِ یک شهر، هیچ چاره‌ای نیست الا پرسه زدن. روحِ شهر، عاقبت خود را نشان خواهد داد. شاید زیرِ سطلِ زباله‌ای باشد، یا روی سقفِ آسمان‌خراشی، یا پشتِ جعبه آینه‌ای...

نزدیکِ چوکِ شیپور در محله‌ی نسبتا مرفهِ شهرِ نوِ کابل، قدم

می‌زدم که رسیدم به یک قهوه‌خانه‌ی بزرگ. همان‌جور که از کنارش رد می‌شدم، ناگاه چشمم افتاد به یک جعبه آینه که توش پر بود از عکس‌های قدیمی و اصیل. به نظر عکسِ پهلوانانِ کابل بود. نزدیک‌تر رفتم و سرک کشیدم از درِ قهوه‌خانه به داخل. بزرگ‌ترین عکس که در مرکزِ جعبه آینه بود، عکسی بود از مرحوم

غلام‌رضا تختی. جهان‌پهلوان ایستاده بود در فضایی باز، با دوبنده‌ی کشـــتی و یکی-دو نفرِ دیگر، کوتاه‌قد و اما خوش‌هیکل، با دوبنده کنارش ایســـتاده بودند. از خوش‌حالی بال در می‌آورم. تختی، باید خارج از تبلیغاتِ رســـانه‌ای امروزی، این‌چنین پرواز کرده باشد تا وسطِ چوکِ شیپور! این همان ویژه‌گی فرامرزی آیینِ جوان‌مردیِ مردمانِ جغرافیای بزرگِ فرهنگیِ ماست...

داخــل مــی‌روم و یــک صندلی را برمــی‌دارم و می‌کشـــانم طرفِ پیش‌خوان. به خلیفه، که میان‌سالی است هیکل‌مند، می‌گویم:

بگو چای بیاورند که رفیق گیر آورده‌ام...

می‌خندد و دلیل می‌پرســـد. عکسِ آقاتختی را نشان‌ش می‌دهم و می‌گویم:

این عکسِ کیست؟

همه‌ی کابل این عکس را می‌شناسند! این پهلوان ابراهیمِ افغانی است!

خنده‌ام می‌گیرد. با تعجب به انگشـــتِ اشاره‌اش نگاه می‌کنم. نه... به تختی اشـــاره نمی‌کند. به نفرِ خوش‌هیکلِ کنارِ دســـتِ او اشاره می‌کند. خنده‌ی مرا که می‌بیند، می‌پرسد:

چرا خنده کردی؟

خیال کردم تختی را می‌گویی پهلوان ابراهیم!

نه! جهان‌پهلوان تختی را که کسی پرسان نمی‌کند. همه‌ی عالم می‌شناسندش... تنها کسی است که زمین خورد که حریفِ اجنبی،

جلوِ نام‌زدش، در سالن شرم‌گین نشود...

جوان‌مردی چه‌گونه پر می‌کشد و از مرزهای زمان و مکان می‌گذرد؟ از داخلِ گوشی تلفنِ هم‌راهم یک عکس از مرحومِ غلام‌رضا تختی را به‌ش نشـــان می‌دهم و بـــرای‌ش از خاطراتِ دور می‌گویم که از دور و بری‌ها شنیده‌ام. کیف می‌کند و همان‌جور که دو سیخ کبابِ نطلبیده، جلوِ روی من می‌گذارد، قصه‌ی پهلوان ابراهیم را شـــرح می‌دهـــد. این که تمامِ ورزش‌کارانِ زورخانه‌های کابل، حتا خودِ او که آن موقع، طفلکِ خردی بوده اســـت، پول روی هم می‌گذارند، تـــا پهلـــوان ابراهیم به تهران برود و با جهان‌پهلوان عکس بیاندازد! پهلوان ابراهیم به تهران که می‌رسد، پول‌ش تمام می‌شود و مجبور می‌شود گوشه‌ی خیابان بخوابد. دست‌ش هم به تختی نمی‌رسیده است. تا عاقبت در محله‌ای -که باید خانی‌آباد باشد- رفقای قدیمی جهان‌پهلوان را پیدا می‌کند و ماجرا را شرح می‌دهد. تختی، همان فردا با او در امجدیه، قرار می‌گذارد و با این که در اردو خبرنگار راه نمی‌داده‌اند، عکاس می‌آورد و با پهلوان ابراهیمِ خوش‌هیکل عکس می‌اندازد و هزینه‌ی برگشت‌ش را نیز می‌دهد...

خلیفه می‌گوید:

مگر می‌شـــود در عالم، کســـی ایـــن پهلوانِ محـــبِ مولاعلی را نشناسد، هم‌وطن؟

از لقمه گرفتن دست می‌کشم. با تعجب می‌پرسم:

به من گفتی هم‌وطن؟!

ها... هم‌وطن‌یم دیگر... حالا خط کشیده کردند بین‌مان... ما هم ایرانی اَستیم.

یعنی ایرانی هستی؟!

ها! نه فقط از ایرانِ بزرگ اَستیم، هم شیعه اَستیم، هم فارس... البته من به این عمر، هنوز ایران را ندیده‌ام.

پس چه‌طور ایرانی هستی؟

ما قزل‌باش‌یم! از قزل‌باشان شاه‌عباسی که ارث رسیدیم به نادر. نادرشاهِ افشار، پدرانِ مرا که در لشکرش بودند به کابل گذاشت تا سلطانی کنند، اما آن‌ها سستی کردند و سلطانی به دیگران واگذاشتند و ما کبابی شدیم!

هر چه می‌کنم، خلیفه‌ی جوان‌مرد راضی نمی‌شود تا از من بابتِ چای و کباب پول بگیرد. چند قلم جنسِ دیگر ازش می‌خرم، بل‌که جبران کنم گوشه‌ای از مهمان‌نوازی‌ش را. اما او چیزِ دیگری می‌خواهد، عکسِ مرحومِ جهان‌پهلوان تختی را با یکی از بسته‌گان‌م...

بلوتوث‌ش کن تا ثبت‌ش کنم در گوشی!

با او گرم خداحافظی می‌کنم و راه می‌افتم در شهرِ یادها... حالا هر که را می‌بینم، می‌پندارم که اگر جعبه آینه‌ای به دست می‌گرفت، عکسی از تختی را نیز در آن می‌گذاشت. قدم می‌زنم در شهرِ خودم...

* * *

گاهی اوقات راه را گم می‌کنم. چوکِ شـــیپور را مجبور می‌شـوم پرســان کنم از مــردم. اما بعدتر راهی راحت‌تــر می‌یابم. رفتنا به مزارِشـــریف، وقتـــی در همین کابل، بالاســرِ یکـــی از پای‌گاه‌های امریکایی، بالونی بزرگ دیدم، متوجه نشدم که به چه کار می‌آید. گرفتنِ تصویرِ هوایی می‌توانســـت یکی از وظایفِ بالون باشـــد، اما همـــان ســـال وقتی در بغـــداد هم یک زیپلنِ دیگـــر را دیدم روی آسمان، فهمیدم که در کابل درست دریافته بودم، وظیفه‌ی بالون را. در شهری که نشانه‌های محیطی کافی برای پیدا کردنِ جهاتِ اصلـــی وجود ندارد، وجـــودِ این بالون می‌تواند بـــه عنوانِ نقطه‌ی مرجـــع، برای ســـربازِ غریبه، در فقدانِ جی.پـــی.اس. و قطب‌نما و جهتِ تابشِ خورشید، بسیار مفید باشد. از بالون امریکایی استفاده می‌کنم و به مسجدِ شیعیان می‌روم و برمی‌گردم!

مـــا تهرانی‌هـــا، با وجودِ کوهِ بلندِ توچال در شـــمال که قابل رویت اســـت از هر نقطه‌ی شـــهر و شـــیبِ طبیعی شمال به جنوبِ شهر، هرگز متوجهِ گم کردنِ جهاتِ اصلی نمی‌شویم! خداوند که یحتمل تنبلی ما را در هوا کردنِ بالون می‌دانست، از همان ابتدا برای‌مان رشـــته‌کوهِ به آن بلندی تعبیه کرد در شـــمالِ شـــهر! در بعضی از شـــهرهای مرفهِ دنیا هم، در فقدانِ برجســـته‌گی‌های طبیعی مثلِ کـــوه، به جای بالون و زیپلن، هم برای جهت‌یابی و نشـــانه‌گذاری برای مردمان و هم برای مســـائلِ مخابراتی، برج‌های بسیار بلندی می‌ســـازند... و البته خلق را تقلیدشـــان بر باد می‌دهد وقتی کنارِ

توچالِ به آن عظمت، میلاد هوا کنند! بگذریم... از بالونِ امریکایی می‌گفتم...

* * *

می‌توانم از کابل باز هم بنویسم... کابلستان، همان تکه‌ی گم‌شده‌ی وجودِ ماست.

روحِ کابلستان همان روحِ مشترکِ ما، اهالی این گوشه‌ی خاک بود: آیینِ جوان‌مردی.

و همین است که حضرتِ رسول(ص) پیش از بعثت، به پیمانِ جوان‌مردان پیوسته بود و پس از فتحِ مکه نیز فرموده بود که هنوز حلف الفضول را گرامی می‌دارم...

انتخاباتیات

سال ۸۸

■■■

انتخاباتیات، جزوِ فصولِ «جانستان کابلستان» نبود. اصلا به این سفر آمده بودم برای فراموشی... اول بار که به «انتخاباتیات» به عنوانِ یک فصل، اندیشیدم، برمی‌گشت به چند ماهی بعد از سفرِ افغانستان؛ وقتی در چله‌ی زمستان، پشتِ میزِ پذیرشِ سفارت‌خانه‌ی یک کشورِ درجه سه‌ی اروپایی منتظرِ نظرِ کنسول بودم.

وقت گرفته بودم از کنسولِ سفارتِ آن کشورِ اروپایی برای ویزا، تا حالا که در بیروت، ساحلِ شرقی دریای مدیترانه بودم، با کشتی روم به آن کشورِ اروپایی در ساحلِ روبه‌رویی. کنسول مدتی

معطل‌م کرد. بعد، ســه صفحه‌ی پایانی پاســپورت‌م را جلوِ چشم‌م ورق زد و عذرخواهی کرد.
نفهمیدم منظورش را. حســابی به‌م بر خورده بود که یک کشــورِ درجه ســه به من ویزا نداده باشد. پرسیدم‌ش دلیلِ ندادنِ ویزا را. دوبــاره گذرنامــه‌ام را ورق زد و این بار چشــمکی هم زد و گفت: «شما باید متخصصِ ریاست جمهوری باشید!»
متلک‌ش را فهمیده-نفهمیده جواب ندادم. عصبانی بیرون آمدم و پاســپورت را گذاشتم توی جیب و نشستم پشتِ اتومبیلِ کرایه‌ای و رفتم به ســمتِ اتواســترادِ جونیه، در شمالِ بیروت تا دستِ کم به کاری دیگر برسم...
در راه مدام به کنسول بد و بی‌راه می‌گفتم که به پاسپورتِ ایرانی من اشاره کرده بود و عذرخواهی کرده بود... یادِ اشاره‌اش به چند صفحه‌ی پایانی افتادم. با خود گفتم نکند منظوری داشــته باشــد. زدم بغل، کنارِ اتوبان و دوباره پاسپورت را از جیب در آوردم: صفحه‌ی آخری، ویزای لبنان بود، قبلی، ویزای عراق و قبل‌تر، ویزای افغانستان... همه در فاصله‌ی چند ماه و در یک سالِ شمسی...
متخصصِ ریاستِ جمهوری؟ ایران، افغانستان، عراق، لبنان؟!

❋ ❋ ❋

ســالِ هشتاد و هشتِ شمسی، چهار انتخاباتِ بزرگ در خاورمیانه انجــام شــد. انتخاباتِ لبنان با پیروزی گــروهِ ۱۴ مارس به رهبری ســعد حریری و انتخابــاتِ ایران با پیروزی احمدی‌نــژاد، در بهارِ

۸۸؛ انتخاباتِ افغانســـتان با پیروزی حامد کرزی در تابســـتانِ ۸۸ و انتخاباتِ عراق با پیروزی گروهِ ایاد علاوی در زمســـتانِ ۸۸. این چهار انتخاباتِ بزرگِ خاورمیانه، شـــباهتی به هم داشـــتند. در هر چهـــار انتخابات، فارغ از مســـائلِ تندِ داخلی، دو کشـــورِ خارجی، منافعی در نتیجه‌ی آرا داشـــتند. این دو کشـــورِ خارجی که در هر چهـــار انتخابـــاتِ مهمِ خاورِ میانه، منافع داشـــتند و به تبعِ منافع، نقشِ فعال، ایران و امریکا بودند.

جمهـــوری اســـلامی ایران و ایالاتِ متحده‌ی امریـــکا، در انتخاباتِ لبنـــان و عراق و افغانســـتان، از پیش از انتخابـــات، موضعِ خود را مشـــخص کرده بودند و در مـــوردِ ایران نیز پس از انتخابات، عملا رویارویی‌شان با توجه به شرایط، روشن شد.

حقیقت این است که ملت‌ها مستقل هستند و در انتخابات‌ها عملا برنده ملت‌ها هستند نه کشورهای دیگر؛ اما شاید با توجه به منافعِ طبیعی سایرِ کشورها بتوان به صورتی غیرِمذموم از برنده و بازنده شدنِ آن‌ها سخن گفت.

اگـــر به بنـــدِ بالا توجه کنیم باید منصفانـــه گفت که در این چهار انتخابات، با توجه به شـــرایطِ پیش و پس، ســـه تا را ایران باخت و تنها یکی را برد. اما حقیقتِ مکتوم این است که در آن سه تایی که باختیم، بعدتر در معادلاتِ جدیدِ سیاسی، توانستیم منفعت کسب کنیم، اما در آن که بردیم، باطنا ضررهای بسیاری نصیب‌مان شد و باختیم...

راســتی این چهار انتخابات، شــباهتِ دیگری هم داشتند. صاحبِ این قلمِ شکسته، هر چهار کشور را در دوره‌ی انتخابات، دیده بود! یکی مثلِ لبنان را چند ماه پس از انتخابات، یکی مثلِ افغانستان را یــک مــاه پس از انتخابات و یکی مثــلِ عراق را یک‌ماه پیش از انتخابــات. ایران را نیــز از بختِ خوش، هم پیش‌ش را دیده بودم، هم پس‌ش را!

البته این دقت، -و در حقیقت این فصل- مدیونِ چشمکِ کنسولِ آن کشورِ درجه سه‌ی اروپایی است!

***

لبنان، آخرین کشــوری بود از این چهارتا که در ســالِ ۸۸ دیدم. گسلِ میانِ حزب‌الله و امل، به عنوانِ دو گروهِ شیعی، بیش‌تر شده بود و این را حتا از حرفِ مردمِ عادی نیز می‌شــد دریافت. جوانانِ حزب‌الله در نقاطی از ضاحیه، محله‌ی شیعه‌نشــینِ بیروت، تصویرِ احمدی‌نــژاد را بــر دیوارها زده بودند و گاهی نیز زیرش شــعری نوشــته بودند منســوب به مولا که اتزعم انک انت جرم صغیر؟! و فیک انطوی عالم الاکبر... انصافا در کمالِ بی‌ذوقی!

واقعیت آن اســت که املی‌هــا البته از احمدی‌نــژاد فاصله گرفته بودند، اما به رقباش نزدیک نشــده بودند. دلیل‌ش هم روشن بود. در مبارزه‌های انتخاباتی، انتقادِ نادرســتِ یکی از رقبا از کمک‌های ایران به لبنان، در شبکه‌های عربی، برجسته شده بود و اصولا این نام‌زد را از چشــمِ لبنانی‌ها، حتا لبنانی‌هــای مخالفِ احمدی‌نژاد،

انداخته بود. بسیاری حتی پیروزی ائتلافِ ۱۴ مارس را ناشی از این تصویرسازی شبکه‌های عربی می‌دانستند که در آن تاکید شده بود جریانی در ایران، مایل به قطعِ هم‌کاری با مقاومت است. با پیروزی ۱۴ مارس، عملا حزب‌الله و ایران شکست خورده بودند، اما با درکِ عمیق از شرایطِ جدید، سیاستِ فعالِ جمهوری اسلامی با کمک حزب‌الله توانسته بود امتیازاتِ فراوانی از ۱۴ مارس بگیرد. چه در زمینه‌ی حفظِ سلاحِ مقاومت و چه در زمینه‌ی توسعه‌ی روابط. یعنی گروهِ ۱۴ مارس را کافرِ حربی تلقی نکردیم و با ایشان بابِ مراوده گشودیم. و اتفاقا حس می‌کنم به دلیلِ همین درایت در رفتار، نهایتا گروهِ مخالفِ ۱۴ مارس بازی را ببرد...

سعد حریری پیش از پایان کارِ لجنه التحقیق راجع به مذاکره با مخالفان، در پاسخِ خبرنگاران با عتاب فریاد کشیده بود که مذاکره؟! با قتله‌ی پدرم؟ اما عالمِ سیاست به درستی به او و همه‌ی قدرت‌های درگیر در لبنان، از جمله ایران، یاد داده بود که گفت‌وگو شاید آیین درویشی نباشد، اما آیینِ سیاست هست! یک راننده‌ی تاکسی عضوِ امل، در لبنان به من می‌گفت که شما مگر انقلاب‌تان مادر ندارد؟ چرا مثلِ دو دایه بر سرِ این نوزاد مجادله می‌کنید؟ هر دو راضی هستند به نصف شدنِ این نوزاد! بعد هم می‌گفت به ایرانی‌ها بگو جدلِ شما در ایران، یعنی ذبحِ ما در لبنان.

* * *

شورای استانِ نجف، برای هم‌فکری با اهلِ فرهنگِ ایرانی، هیاتی را دعوت کرده بود. نجف، در سالِ ۲۰۱۲ به عنوانِ پای‌تختِ فرهنگی جهانِ اسـلام انتخاب شـده بود و آن‌ها نیاز داشتند به برنامه‌ریزی فرهنگـی. هیاتـی دعوت شـده بود متشـکل از دو فیلم‌سـاز، دو نویسـنده، دو گرافیست و عکاس و دو مستندساز. دعوت را با کله قبول کردم. اولا عیدِ غدیر را می‌توانسـتم نجف باشـم و در ثانی، وقتی در ایران طبقِ رتبه‌بندی‌های ارشادِ دولتِ فعلی و قبلی، جزو پنجاه نویسـنده‌ی اول هم نبودم، مسـرور بودم از این که جزوِ دو نویسنده‌ی برترِ ایران باشم به انتخابِ عراقی‌ها!

به طورِ غیرطبیعی، دولتِ وقت، همه‌ی هیاتِ ما را به نوعی مخالف به حسـاب می‌آورد و برای همیـن تعجب نکردیم وقتی در عراق، متوجه شدیم که دعوت‌مان و عمده‌ی نشست‌هامان با برنامه‌ریزی حزب‌الدعوه اسـت. حزب الدعوه و مجلسِ اعلا، به عنوانِ دو گروهِ شیعی نزدیک به آرمان‌های ایران، بعد از انتخاباتِ ما، کاملا از هم فاصلـه گرفته بودند و عملا مثلِ امل و حزب‌الله در لبنان، گسـلِ سیاسی-اجتماعی ایران، تاثیر گذاشته بود در فاصله‌شان.

شـاید همین تفرقه‌ی صادراتی ما نیز موثر بوده باشـد در شکستِ ائتلافِ نوری المالکی که عملا قرار بوده است متحدِ مجلسِ اعلا و حزب الدعوه و صدری‌ها باشـد، در برابرِ ائتلافِ ایاد علاوی. این‌جا نیز مثلِ لبنان، که بسیاری پیروزی ۱۴ مارس را ناشی از تفرقه‌ی میـانِ شـیعیان به دلیلِ اختلافـاتِ صادراتی ایران می‌دانسـتند،

اختلافاتِ ما باعثِ شکستِ آن‌ها شده بود.

بـه هر رو بعـد از انتخابات، علی‌رغمِ شکسـت، ایران توانسـت با حرکتِ سیاسی و نزدیکی دوباره به همه‌ی گروه‌های متفرق، نقشِ سـازنده‌ای پیدا کند و عملا تشـکیلِ دولت علاوی را متوقف کند. این یعنی رفتارِ درسـتِ سیاسـی. یعنی مراوده با همه‌ی طرفینِ درگیری انتخاباتی و عدمِ تفکیک‌شان به حق و باطلِ مطلق.

***

اما برگردیم به «جانستانِ کابلستان» و انتخاباتِ اسدِ سیزده هشتاد و هشـت... واقعیت آن اسـت که جمهوری اسـلامی ایران، بعد از نزدیکِ به بیسـت سـال سیاست‌های درست و نادرستِ بخشی در افغانستان، عاقبت توانسته است، سیاستی معتدل‌تر و همه‌جانبه‌تر پی بگیرد. پیش‌ترها، فقط ما روی مسـاله‌ی مذهب حساس بودیم و در معـادلاتِ سیاسـی، گاهی به دلیلِ فقـدانِ رجالِ قدرت‌مندِ شیعه و عدمِ وجودِ نهادهای منسجم، زیان می‌کردیم. عملا بعد از درخششِ احمدشاه مسعود، دریافتیم که بازی سیاسی، بازی صفر و یکی نیسـت و بایسـتی روی جناح‌های مختلف سـرمایه‌گذاری کنیم. به همین دلیل، در انتخاباتِ اسدِ سیزده هشتاد و هشت نیز، اگر چه در میانِ ده نامزدِ نهایی به داکتر عبدالله عبدالله نزدیک‌تر بودیم، اما به حسـابِ احتمالات، راجع به پیروزی نامزدِ رقیب نیز سناریو داشتیم.

رقابتِ نامزدهای افغان، مثلِ بسـیاری از رقابت‌های جهانِ سومی،

مجموعا به نفعِ کشور نبود. در رقابت، نام‌زدها بی‌حساب و کتاب و در فقدانِ قوانینِ انتخاباتی، پرونده‌ها را رو می‌کردند و عملا سعی می‌کردند با افشاگری و تخریبِ رقیب، رای جمع کنند. شاید در ایالاتِ متحده، پرونده‌ی زردِ نوه‌ی نامشروعِ سارا پیلین از کمپینِ جمهوری‌خواهان، بتواند برای دموکرات‌ها رای جمع کند، اما نباید فراموش کرد که افکارِ عمومی، فهمِ دقیق و عمیقی از یک رقابتِ انتخاباتی دارد و عملا نام‌زدها را صفر و یکی نمی‌بیند و تندخویی در این بازی را مثلِ بازی فوتبالِ امریکایی پذیرفته است.

در کشوری که مردمان‌ش هفت سال، خشک‌سالی را به اعطای مجوزِ کشتِ کوکنار، به دستِ طالب‌ها نسبت می‌دهند، چنین افشاگری‌هایی به شدت مخرب است.

بازارِ تندِ افشاگری در فضای بازِ رسانه‌ای، پرونده‌هایی از حامد کرزی را باز کرده بود که در آن هیاهو می‌کرد او هنوز هم از طرف‌دارانِ طالب‌هاست و از آن سو برای داکتر عبدالله نیز پرونده‌ای زرد باز کرده بودند که در آن وی از هم‌کاری و فرمان‌دهی در سپاهِ احمدشاه مسعود، تنزل درجه یافته بود و متهم شده بود به هم‌دستی با بی‌گانه در قتلِ احمدشاه مسعود(از همان حرف‌های مفتِ دمِ انتخابات)! برادرانِ کرزی، یکی به قاچاقِ کوکنار متهم شده بود و ملقب به لقبِ پادشاهِ هروئین و دیگری به واسطه‌گری برای طالب‌ها و سعودی. از آن سو بعد از انتقاداتِ عبدالله عبدالله از فسادِ اداری، وزارتِ خارجه‌ی داکتر عبدالله هم لقبِ فاسدترین

وزارتِ دولـتِ کـرزی را گرفتـه بود. روشـن بود البتـه که از این خانه‌جنگی (جنگِ داخلی) جز بی‌گانه هیچ کس سود نمی‌برد، اما نزدیکِ انتخابات، هر دایه‌ای حاضر بود تا شیرخواره را از وسط به دو نیم کنند تا او سهم‌ش را ببرد.

حالا که چند ماهی از انتخابات گذشـته است، فقط نام‌های داکتر عبدالله عبدالله و حامد کرزی سـرِ زبان‌هاسـت. دیگر کسـی نامی نمی‌بـرد از سـایرِ نام‌زدهـا. اختلافاتِ سیاسـی و خانه‌جنگی‌های فراوانِ چندسـاله‌ی اخیر، باعث شـد تا پیش از انتخابات، فضای سیاسی، به شدت چهره‌ی مشاهیر و معاریفِ افغانستان را تخریب کند. البته نام‌زد شـدنِ بعضی هم دیگر نور علی نور اسـت. مثلِ زلمی خلیل‌زاد که اصالتا دوملیتی اسـت و تابعیتِ امریکا دارد، و حتا سـفیرِ امریکا بوده اسـت در افغانستان! به قولِ اهلِ هنر، این یکی خیلی سیاسـت‌مدارِ گل‌درشتی بوده است، با کلی اعتماد به نفسِ اضافی!

تکه‌ای از بخشـی از قسمتی از این نوشـته‌جاتِ روزنامه‌جات، که همان چیزکِ قدیمی‌ها باشـد، ریشه در حقیقت دارد، اما این‌گونه افشـاگری‌ها و متاسفانه پیازداغِ اضافه زدن به سنتِ شرقی، باعث می‌شود که بعدِ انتخابات سنگ روی سنگ نایستد.

چیزی که بدجور توی ذوق می‌زند، تبلیغاتِ فراوان است در دوره‌ی انتخابـات کـه البته الا زماننا هذا! باقی مانده اسـت. در همان روزِ ورود و در فاصلـه‌ی مـرزِ ایران تا هرات، یکی از نام‌زدهای محترم

که شـــکرِ خدا رای قابلی نیاورده بـــود، به‌ترین جای جاده را برای تبلیغـــات، انتخاب کرده بـــود. دقیقا روی عـــددِ کیلومترِ فاصله تا هرات! یعنی یک ۱۲۰ را به زحمت دیدیم همان اولِ جاده. بعد در جایی که باید ۱۱۰ را می‌دیدیم، عکسِ آقا چسبیده بود روی عدد و بـــه همین ترتیب روی باقی تابلوها! عاقبت من کارم این بود که تابلوهای فاصله را بشمارم و حدس بزنم چند کیلومتر مانده است. حتا یک بار هم حسبِ اتفاق روی کلمه‌ی هرات، تبلیغ نچسبانده بـــود! عدل زده بود روی عددِ کیلومتـــر! (بعدتر در جاده‌های دیگرِ افغانستان هم این شاه‌کار را از سایرِ نامزدها نیز دیدم!)

کرزی بیش‌تر شـــعارهاش از جنسِ شـــعارهای توسعه‌ای است اما شعارِ عبدالله بیش‌تر به دردِ نظامِ نسبتا فاسدِ اداری-مالی افغانستان می‌خورد:

«حرکت در مسیر شفاف موفقیت است.»

هنوز، با گذشـــتِ سه ماه از انتخابات، بیل‌بوردهای انتخاباتی جمع نشده‌اند و اتفاقا زیباترین نمادهای گرافیکی شهر هستند!

فضای تندِ افشـــاگری‌ها که با تعددِ رســـانه‌های صوتی و تصویری و نوشـــتاری، آتش‌ش داغ‌تر می‌شـــد، انتخاباتی پرشور را نوید داده بـــود و در عینِ حـــال، ناظران، همه‌گی، نگـــرانِ گرفتاری‌های بعدِ انتخابات بودند...

* * *

بلافاصلـــه پـــس از اعلامِ نتایجِ اولیه‌ی انتخابـــات و پیروزی کرزی،

داکتر عبدالله، در یک نشسـت مطبوعاتـی، به نتیجه‌ی انتخابات، اعتراض کرد و از تخلفاتِ گسترده خبر داد...

***

فضای متشـنجِ افغان، آماده‌ی یک خانه‌جنگی بسـیار هراس‌ناک اسـت؛ کرزی نام‌زدِ پیروز اسـت و طبیعتا به نظر نزدیک‌تر اسـت به نیروی مسـتقرِ خارجی و عبدالله نام‌زدِ بازنده. آستانه‌ی هیجانِ مردم به شـدت پایین است، تخریب‌های مناظره‌ها و تبلیغاتِ تندِ پیـش از انتخابـات هم مردم را عصبی کرده اسـت. از آن‌سـو در کشـوری با تضادهای قومی و مذهبی فراوان، برای هر خانواده‌ای دست‌رسـی به اسلحه، از دست‌رسـی به نان واجب‌تر است. اعلامِ بروزِ تقلب در انتخابات، جوِ شـهرها و روستاها را به شدت ملتهب می‌کند. بازارها بسـته می‌شـوند و دکان‌ها تخته. همه منتظرند تا چهل و هشـت سـاعتِ بعد، اگر عبدالله زنده مانـد، چه صحبتی خواهد کرد و آتشِ جنگ از کدام سو شعله‌ور خواهد شد.

شـعارهای مانـده بر در و دیوارها (که یـک گرته‌برداری بی‌روح و کم‌معنا اسـت از شعارهای ایران) حکایت از همان فضای هیجانی و صفر و یکی دارد.

تا خون در رگِ ماست، کرزی ره‌برِ ماست...

عبداللهِ آزاده، آماده‌ایم، آماده...

از طرفـی خوش‌حـالـم از عمقِ نفوذِ این شـعارها، چرا که فطری بودنِ آن‌ها را در زبانِ طبیعی می‌رساند و از سویی دیگر متاسفم

به خاطرِ مرجعِ ضمیرِ جدید...

شـعار به کنار، فقط بایستی تصور کرد با شروعِ شورشِ خیابانی و آشـوبِ شهری، چه خانه‌جنگی بزرگی آغاز می‌شود؟ چه قدر فضا مهیا می‌شـود برای درگیری با نیروهای مستقرِ خارجی؟ نیروهای ایسـاف، چه دسـتوری دارند برای مقابله با آشـوب و شورش؟ آیا امـکان دارد طالب‌هـا که انتخابات را تحریم کرده بودند، به عنوانِ مدافـعِ عبدالله واردِ میدان شـوند؟! ورودِ آن‌ها چه تبعاتی خواهد داشت؟ در این چهل و هشت ساعت، چه اتفاقاتی خواهد افتاد؟

* * *

به نظر می‌رسـد ایالاتِ متحده، نقشِ بازی‌گردانی‌ش را از دسـت داده است. او اگر چه انتخابات را برده است، اما گرفتارِ باختِ پس از برد شده است. پیروزی کرزی، نزدِ افکارِ عمومی دل‌نشین نیست. از آن سـو تحرکِ عبدالله عبدالله قطعا به ضررِ امریکاست... امریکا چه‌گونه بایسـتی از این بازی خارج شـود؟ آیا پذیرش یک باخت، یعنی پذیرشِ تقلب در انتخابات، شـدنی است؟ آیا با پذیرشِ این تقلب، وجهه‌ی خود را از دست نخواهد داد؟ با پذیرشِ تقلب البته جلـوِ یـک خانه‌جنگی کلان گرفته خواهد شـد و خونی بر زمین نخواهد ریخت. امریکا مشکلی با خون‌ریزی در زمانِ جنگ و اشغال نداشـته است، اما خون‌ریزی بعد از استقرار مشکلی برای‌ش ایجاد نخواهد کرد؟!

* * *

لازم اســت باز گریزی بزنم، به زمانی خارج از این چهل و هشــت ســاعت و مکانی خارج از افغانســتان... همه می‌دانند که در ایالاتِ متحده، قوانین، دستِ رئیسِ جمهور را به شدت باز گذاشته است. رئیس‌جمهور می‌تواند اعدامِ هر محکومی را به مصلحت، ملغا کند و عملا رای بالاترین قضات را نقض کند. رئیس‌جمهور می‌تواند به نظرِ سنا، در صورتِ صلاح‌دید، توجه نکند و نظرِ خود را اجرا کند. (لایه‌ای که در فیلمِ ســیصد برای مخاطبِ غربی کار شــده بود، تا حمله‌ی به عراق و افغانستان را توجیه کند. این دقتِ هوش‌مندانه را از دوســتی منتقــد وام گرفته‌ام.) رئیس‌جمهــور بالاترین مرجعِ اجرایی کشورِ امریکا است...

فقــط یک نفر و یک مقام، می‌تواند دســتورِ رئیس‌جمهور را نقض کند... نه سنا، نه دیوانِ عالیِ قضات، و نه هیچ مقامِ دیگری در داخلِ امریکا... در شرایطِ جنگی، اگر امریکا، نیرویی خارج از مرز داشته باشد، که معمولا از زمانِ بوشِ پدر به بعد، امریکا هم‌واره در چنین شــرایطی بوده است، فرمان‌دهِ نیروهای برون‌مرزی امریکا می‌تواند دستورِ مستقیمِ رئیس‌جمهور را -در موردِ مسائلِ برون‌مرزی- نقض کند. یعنی مثلا اگر رئیس‌جمهور دســتورِ پس‌نشینی یا پیش‌روی بدهد، فرمان‌دهِ ارشــد می‌تواند بــا توجیهِ موجه و عاقلانه‌ی حفظِ جانِ شهروندانِ سربازِ امریکایی، دستورِ او را نقض کند.

اسدِ سیزده هشتاد و هشت، نامِ این فرمان‌دهِ ارشد، ژنرال پترائوس بود. او نه تنها فرمان‌دهِ دو ژنرالِ بالادست‌نشــینِ مسوول در عراق

و افغانستان است، بل فرمان‌دهی ارشدِ تمامی پای‌گاه‌های نظامی امریکا در همه‌ی جهان، از اروپا تا کشـــورهای تازه‌استقلال‌یافته از اتحادِ جماهیرِ شـــوروی سابق، تا کشورهای حاشیه‌ی خلیج فارس تا شرقِ آسیا را به عهده دارد. دیوید پترائوس میانِ کهنه‌سربازان، مشـــهور اســـت به ســـنت پیتر. پیترِ مقدس... چرا؟ چون مشروب نمی‌خورد، اهلِ عیاشی نیست، هر روز پنجِ صبح از خواب برمی‌خیزد و روزی دو ساعت، ورزشِ سخت می‌کند! این نظم بالاخره تبعاتی دارد برای یک نظامی دیگر.

حالا این ســـنت پیتر، یا ســـن پترو، گرفتارِ چهل و هشـــت ساعت، مهلتِ داکتر عبدالله اســـت. او چه باید کند؟ صبر کند تا آشـــوبِ خیابانـــی راه بیافتد و منافعِ امریکا تهدید شـــود؟ نیروی نظامی را افزایش دهد؟ آماده‌باش و مانورِ خیابانی؟ دســـت‌گیری یا حتا ترورِ داکترِ عبدالله؟

❊ ❊ ❊

در خانه‌ها اســـلحه‌ها روغن می‌خورند و باز و بســـته می‌شـــوند و گـــه‌گاه صدای تک فیری شـــنیده می‌شـــود که فقط بـــرای آزمونِ اســـلحه‌ی نه چندان خاک‌گرفته اســـت. همه منتظرند تا چهل و هشـــت ســـاعت، بگذرد و صحبتِ داکتر عبدالله را بشـــنوند... شبِ اول به صبح می‌رســـد و دوازده ساعت از مصاحبه‌ی داکتر عبدالله می‌گذرد. هنوز دولتِ کرزی هیچ پاسخی آماده نکرده است.

ســـاعتِ هشتِ صبح به تمامِ رسانه‌های افغان، کاغذِ نمابری ارسال

می‌شود که دو ساعتِ بعد نماینده‌ای به میدانِ هوایی کابل بفرستند. خبر نه برای داکتر عبدالله که حتا برای کرزی نیز ناگهانی است. ژنرال پترائوس، ساعتِ دهِ صبح، برای اولین بار مقابلِ دوربینِ همه‌ی رسانه‌ها خواهد ایستاد...

راسِ ساعتِ ده، هم‌راه با اسکورتِ چندین و چند جتِ جنگی، هرکولسِ نظامی در باندِ میدانِ هوایی کابل (و نه در پای‌گاهِ نظامی بگرام مثلا) روبه‌روی لنزِ دوربین‌ها به زمین می‌نشیند. دیوید پترائوس با چهره‌ای خشم‌گین از پله‌ها پیاده می‌شود و در نمایی با پس‌زمینه‌ای از جت‌های جنگی روبه‌روی میکروفون‌ها می‌ایستد. همه منتظرند تا ببینند سنت پیترِ امریکایی‌ها چه‌گونه آغاز می‌کند و چه‌گونه ارعاب می‌کند آشوب‌گران را و چه‌گونه داکتر عبدالله را خوار می‌کند و این چهره‌ی خشم‌گین، چه‌گونه خشم‌ناک سخن خواهد راند...

سنت پیتر، خشم‌گین شروع می‌کند... اما به نوعی دیگر...

وقتی به عراق آمدیم، همه گفتند برای نفت بود... جواب‌مان را کسی نمی‌شنید... پاسخ‌مان را کسی نمی‌شنید... فریادمان را کسی نمی‌شنید... اما این‌جا راحت‌تر می‌توانیم جواب بدهیم، پاسخ بدهیم و فریاد بکشیم... شما افغان‌ها به‌تر از هر کس می‌دانید که در این سرزمین، نه نفتی بود و نه منفعتی... ما فقط برای رهایی شما از یوغِ تحجر آمده بودیم... فقط برای استقرارِ دموکراسی... و حالا شرم‌گینانه بایستی بشنویم که در اولین انتخاباتِ واقعی تاریخِ

این کشـــور، آن هم در حضورِ ما و روی خونِ ســربازانِ ما و خونِ آزادی‌خواهانِ شــما، ادعای تقلب شده اســت... (نفس‌ها در سینه حبس می‌شــود...) متاســفانه باید اقرار کنم که گزارشی از تخلفی همه‌جانبه و تقلبی گسترده، به من رسیده است. و پذیرشِ نتیجه‌ی این انتخابات، یعنی یک شکست برای ما... من همین‌جا به همه‌ی مردم افغانســتان، و خصوصا به آقای داکتر عبدالله قول می‌دهم که تا آخرین رای، حافظِ آرای مردم باشم و در حقیقت احترام بگذارم به روحِ کشــته‌گان ما و شما، کشته‌گانِ استقرار دموکراسی در این مملکت...

* * *

همین! یک سخن‌رانی چند دقیقه‌ای...

اســلحه‌های روغن‌خورده غلاف می‌شود. شعارنویس‌ها با گردنِ کج بــه خانه برمی‌گردند. کرزی، ناخــن می‌جود که کاش به نصیحتِ دوســتان گوش کرده بود و واردِ فضای انتخابات نمی‌شــد و ملقب می‌شــد به پدرِ دموکراسی تا این‌جور از امریکایی‌ها رکب نخورد و متقلب نامیده نشــود. و... داکتر عبدالله عبدالله یخ می‌کند... یخ... جوری که حتا نمی‌تواند ســرِ قول‌ش، یعنی چهل و هشــت ساعت بعد از مصاحبه‌ی اول، مصاحبه کند...

طالبان زمزمه می‌کنند که همه‌ی این‌ها دست‌شــان یکی اســت، عبدالله هم از خودشــان است. موافقانِ کرزی، عبدالله را موجودی به شــدتِ مرموز قلم‌داد می‌کنند که پشــتِ صحنه، کرزی را دور

زده است...

و من، اگر چه منافعِ امریکا را در افغانســـتان می‌شناســـم و می‌دانم در سناریوی خاورمیانه‌ی جدید، جغرافیای افغانستان از نفتِ عراق، مهم‌تر اســـت، اما دســـت مریزاد می‌گویم به پترائوسِ نامقدس که بـــازی برد-باختِ نزدیک به باخت-باخت را به باخت-بردی تبدیل کرد که برای‌شان منافعِ بیش‌تری دارد.

بازی بردِ انتخابات، باختِ آشوبِ پس از انتخابات را که نزدیک بود به باختِ معنوی در انتخابات و باختِ آشـــوبِ پس از انتخابات، با یک سخن‌رانی پنج دقیقه‌ای تبدیل کرد به باختِ انتخابات اما در عوض برد در تبعاتِ پس از انتخابات...

* * *

شـــایعاتی درز کـــرده بود کـــه بلافاصله بعد از این ســـخن‌رانی، دو هیـــاتِ مختلـــف، از دیپلمات‌ها و فرمان‌دهانی کـــه پیش‌تر امریکا در دو جناحِ سیاســـی افغانســـتان داشـــت، به رای‌زنی با دو نام‌زد گســـیل شـــدند. از داکتر عبدالله که روشـــن بود، چه می‌خواستند. بـــه او یادآور می‌شـــدند که تنها به دلیـــلِ حمایتِ امریکا، نتیجه‌ی انتخابات تصویب نشده است و حالا اگر عبدالله، طالبِ مقامِ ریاستِ جمهوری است، بایستی به خواسته‌های ایالاتِ متحده گردن نهد! خواسته‌ها به قدری سنگین بود که بعد از مدتی عبدالله از شرکت در دورِ دومِ انتخابات منصرف شد.

اما کرزی... هیاتِ گسیل‌شده به نزدِ وی نیز عملا نتیجه‌ی انتخابات

را بـــه تصمیـــمِ ایالاتِ متحده در موردِ دو نامزد موکول می‌کرد و با رای‌زنی‌های مداوم با هیاتِ دیگر که مشغولِ مذاکره با عبدالله بود، از کرزی امتیاز می‌گرفت. حتا -علی ما نُقِل- بعد از انصرافِ داکتر عبدالله، در قبالِ رو نشدنِ اسنادِ تقلبِ گسترده، سیاهه‌ای جدید از خواسته‌های امریکا به دستِ کرزی می‌رسد که بسیار سهم‌گین‌تر و کاری‌تر از خواسته‌های امریکا در دوره‌ی قبلی بوده است... همین هیـــات گویـــا به کرزی هش‌دار داده بود که در صورتِ عدمِ تمکین از این سیاهه‌ی ده خواسته‌ای که فقط یک بندش انتخابِ همه‌ی والیان ولایات، با نظرِ امریکا بود، پرونده‌ی اعتراضی عبدالله عبدالله را دوباره روان خواهد کرد... حالا امریکا مهره‌های شطرنج سیاست راجابه‌جـــا می‌کند تا رقبای سیاســـی خـــود را کِش نموده، بر فیل سیاست نشسته، تفرج هندوستان که نه، تفرج افغانستان کند!

پـــس، بازی باخت-باخت، فقط با یک ســـخن‌رانی پنج دقیقه‌ای و تاخیرِ چند ماهه، تبدیل شده بود به نتیجه‌ی برد-برد... این یعنی تغییرِ استراتژی نه تاکتیک... تغییرِ راه‌برد نه تغییرِ راه‌کار... چیزی که مدیران در تفکراتِ مدیریتی کم‌تر فهم کرده‌اند.

* * *

در میانِ این چهار انتخابات، به ایران کاری نداریم. اما یک‌بار دیگر به مدلِ افغانستان دقت کنیم:

قـــدرتِ فائقه‌ای به نامِ ایالاتِ متحده؛ پیروزی شـــک‌برانگیزِ نامزدِ حاضر در قدرت که به نظر نزدیک‌تر به قدرتِ فائقه اســـت؛ ادعای

تقلب به گفته‌ی نامزدِ بازنده؛ آماده‌گی برای آشوبِ خیابانی و البته جنگِ داخلی... و بعد در یک اقدامِ ناگهانی، تصحیحِ مسـیر توسطِ نماینـده‌ی قدرتِ فائقه...؛ حذفِ نـامزدِ بازنده در افکارِ عمومی به دلیـل حمایـت؛ محدودیت برای نامزدِ نزدیک‌تـرِ پیروز و گرفتنِ امتیاز از وی، جوری که مجبور شود گردن‌ش را بیش‌تر خم کند و رای را متعلق به خود نداند... یعنی عملا حذفِ نامزدِ دور و پیروزی بدونِ معارضِ نامزدِ حاضر در قدرت، البته در شرایطی کاملا به‌تر برای قدرتِ فائقه و حذفِ آشوب و درگیری و خون‌ریزی و بگیر و ببند؛ و شکسـتنِ ظاهری مفهومِ دور و نزدیک در افکارِ عمومی و بالاتر نشستنِ قدرتِ فائقه!

پس، بازی باخت-باخت، با یک سـخن‌رانی پنج دقیقه‌ای و تاخیرِ چند ماهه، تبدیل شده بود به نتیجه‌ی برد-برد... این یعنی تغییرِ استراتژی نه تاکتیک... تغییرِ راه‌برد نه تغییرِ راه‌کار... چیزی که ما در تفکراتِ مدیریتی‌مان فهم نکرده‌ایم.

* * *

بگذار صراحتا بگویم، پیتر مقدس نیست، که اگرچه بازی شطرنج را برد، اما بازی حقیقت را باخت!

پترائوس گفت برای اسـتقرار دموکراسـی به افغانستان آمده‌اند... مـرغِ داخـلِ پلو هم قهقهه می‌زنـد از این طـرح... طالبان، نظامِ خودسـاخته‌ی ایـالاتِ متحده‌ی امریکا بـود، در مقابلِ جمهوری اسـلامی ایران. سناریوی امریکایی، بنیادگرایی را تنها راهِ مقابله با

بنیادگرایی می‌دانست، اما طاس بازی‌گر بد نشست!

از این دروغ که بگذریم، پس افغانسـتان چه اهمیتی برای ایالاتِ حده‌ی امریکا دارد؟ معناگرا که نگاه کنیم شاید تنها کشورِ باکره‌ی جهان باشد افغانستان، و این هجمه طبیعتا برای مهاجمی تجاوزکار لذتی مضاعف دارد میانِ این همه عروسِ هزارداماد...

اما نه معناگرا که واقع‌گراتر نگاه کنیم به اهمیتِ افغانستان... چه اهمیتی دارد افغانسـتان؟ فقط این که پای‌گاهی اسـت نزدیک به ایران؟ فقط مخازن کشف‌نشده‌ی گاز و معادنِ سربسـته‌ی طلا و اورانیوم؟

فقـط این که در طرحِ خاورمیانه‌ی بزرگ، افغانسـتان جای‌گاهی ویژه دارد؟ سـناریویی قومی-مذهبی بـرای خاورمیانه وجود دارد که در آن قرار اسـت، پاکسـتان دسـتِ کم به دو بخشِ شمالی و جنوبی تقسـیم شـود. شـمالی با جنوبِ افغانسـتان، تبدیل شوند به پشتونسـتان و جنوبی با بخشـی از جنوبِ شـرقِ ایران، بشود بلوچسـتان. قسـمتِ مرکزی هم پاکستان بماند. از آن‌سو در قبالِ قسـمتی از سیستان و بلوچستان که برای بلوچستانِ مستقل از ما می‌گیرند، هرات را به ما بدهند برای خراسـان بزرگ. و افغانستان که قسـمتی را به پشتونسـتان داده است و قسمتی را به خراسان، فقـط در محدوده‌ی کابـل باقی بماند. از آن سـو، آذربایجان هم که تکلیفش روشـن اسـت، همان‌گونه که خوزستان و کردستان نیز... این یک سـناریو اسـت البته، اما در همین سناریو هم نقشِ

افغانســـتان به عنوانِ یک تهدیدِ در هم‌ســایه‌گی برای ایران جدی است.

(بایستی توضیح دهم که در افغانستان در میانِ گروه‌های سیاسی، تنها طالبان از واژه‌ی اشغال و اشغال‌گر استفاده می‌کنند و باقی بر اســاسِ پروسه‌ی بن، واژه‌های نظیر نیروهای مستقرِ خارجی را به کار می‌برند. در بندِ بعد اما چاره‌ای ندارم به جز استفاده از واژه‌ی اشغال!)

به گمانِ من هیچ‌کدامِ این مســائلی که نوشتم دلیلِ اصلی اشغال و اســتقرار نیســت. آن‌هم اســتقراری که با توجه به شــهرک‌ها و پای‌گاه‌های ساخته شده و در حالِ ساخت، روشن است برای زمانی کوتاه –مثلا چند ساله، برنامه‌ریزی نشده است.

اگر اهلِ مقالاتِ آینده‌پژوهی باشید، در شعبه‌ی جوامع و اقتصادهای فراگیر، مدام بــه اصطلاحی بر می‌خورید ظاهرا بی‌معنا... اصطلاحِ BRIC! مــن چندیــن بار این بریک را زیر ســبیلی در کرده بودم و خیــال کرده بودم فوقِ تخصصی اســت. مثــلِ اهلِ پژوهش، هر چه کرده بودم، ترجمانِ «آجر» را معنارســان نیافته بودم. از همه بدتر این بود که همه‌ی حروف هم در بعضی مقالات بزرگ نوشته می‌شــد. اصطلاح جان می‌داد که بدهی‌ش دستِ این کارشناسانِ تله‌ویزیونــی جدیدالولاده که راجع به نقشِ آجرِ ذهنی در طراحی استعماری دیروز و فردا، برنامه پر کنند!

عاقبــت به صورتی اتفاقی با آن چــه از جَفر آموخته بودم، حدس

روسیہ

چین

ھند

برزیل

● کشورهای بریک
● ایران
● افغانستان

زدم که این BRIC که طبقِ نظرِ مقالات، مهم‌ترین عنصرِ اقتصادِ آینده است، چیزی غیر از آجر باشد! تفالی زدم به گوگل و از آن‌چه همه‌گان دانند، دریافتم‌ش...

BRIC مخففِ نامِ کاملِ چهار کشور بود:

Brazil, Russia, India, China بریـــک مخفـــفِ نـــامِ برزیل، روســـیه، هند و چین بود... چهار کشـــوری که اگر یک واحد، تلقی بشـــوند، سریع‌ترین رشدِ اقتصادی را دارند و بیش‌ترین جمعیت را و بیش‌ترین مســـاحت را... همیـــن الان، ۴۳ درصدِ جمعیت و ۳۳ درصدِ تولیدِ ناخالص جهان در اختیارِ بریک است. بریک در نگاهی نیم قرنی، قطعا به یک اتحادیه بدل خواهد شـــد و می‌تواند از زیرِ ســـایه‌ی امریـــکا و اروپا به در آیـــد و حتا از اتحادِ محتملِ امریکا و اروپا نیز ســـرتر بایســـتد... (طبقِ پیش‌بینی‌هـــا در ۲۰۲۰ میلادی حجـــمِ مبـــادلاتِ تجاری بریک از مجموعِ مبـــادلاتِ اروپا و ایالاتِ متحده فراتر خواهد بود.)

و حالا این بریک چه ربطی دارد به افغانستان؟!

یادمان باشد، افغانستان تنها کشوری است که می‌تواند با سه بخشِ از بریک یعنی RIC هم‌سایه باشد! B هم که در قاره‌ای است که خودِ امریکا از شش جهت با آن هم‌سایه‌گی دارد!!

من این مطلب را مهم‌ترین دلیلِ اشـــغالِ افغانســـتان می‌دانم، اگر چه دلایل و طرح‌ها و سناریوهای دیگر به عنوانِ محصولاتِ جانبی اشغال، قابلِ بررسی‌اند.

❊ ❊ ❊

انتخاباتِ ایران و انتخاباتِ افغانستان، در بعضی موارد نزدیک بودند و در بعضی موارد دور. شـایـد پیـش از انتخابات، دو جامعه، کم‌تر به هم تشـبیه می‌شدند، اما پس از انتخابات، شباهت‌هایی دیدنی بینِ دو جامعه، پیدا شد.

افغانسـتان، جامعـه‌ای اسـت روی گسـل‌های مذهبـی و قومی. گسـل‌هایی که دخلی به انتخابات و اشـغال ندارند. این تصویر که روزی پشتون و تاجیک و هزاره و ازبک کنارِ هم بایستند و خود را افغانی بنامند، تصویری رویایی است در جامعه‌شناسی افغانستان و شاید ما امروز به ظاهر صد سال فاصله داشته باشیم با هم‌تایان‌مان در افغانستان.

امروز تـرک و ترکمـن و کرد و کرمانـج و فارس و و بلوچ و عرب، می‌توانند کنارِ هم بایسـتند و نامِ ایران را فریاد بکشـند و خود را ایرانی بدانند، دقیقا مانندهٔ شـیعه و سـنی و زرتشتی و مسیحی و یهودی.

فراموش نکنیم که این فرایند ملت‌سـازی، یک دسـت‌آوردِ بزرگِ ایرانی است.

❊ ❊ ❊

در هر انتخاباتی اگر دقت نشود، این امکان وجود دارد، که گسل‌های نیمه‌فعال و خاموش، تعمیق شـوند. در یـک رقابتِ انتخاباتی، به طورِ طبیعی، احزاب و نام‌زدها سـعی در پررنگ نمودنِ اختلافات

و تفاوت‌هـــا می‌کنند. خطِ قرمزِ این اختلافـــات، در هر جامعه‌ای، وحدتِ ملی است. در افغانستان، گسل‌های فعالِ قومی و مذهبی، با تعمیقِ گســـلِ زبانی بینِ داکتـــر عبدالله با توجه به علاقه‌اش به زبانِ دری و کرزی با توجه به تصمیمات‌ش برای گسترشِ گویشِ پشتو، عمیق‌تر شدند.

* * *

حـــالا هر کـــس از وضعِ افغانســـتان می‌پرســـد، یـــاد گرفته‌ام که مثلِ کارشناســـانِ رســـمی جـــواب دهـــم. اگر از وضـــعِ اقتصادی بپرســـند می‌گویم که با همه‌ی پس‌مانده‌گـــی، اما به دلیلِ فقدانِ زیرســـاخت‌های مخلِ پیش‌رفت و دیوان‌ســـالاری مهارنشدنی، این احتمال وجود دارد که افغان‌ها با یک مدیریتِ کارآمد و عزمِ ملی، ســـی ســـاله از ما پیش بیافتند... بعد هم کمی راجع به مســـاله‌ی ملت‌ســـازی حرف می‌زنم و توضیح می‌دهم که ما شـــاید صد سال از آن‌ها جلوتر باشیم...

امـــا این فاصله‌ی آن‌ها با ماســـت... فاصله‌ی ما بـــا آن‌ها چه‌مقدار اســـت؟! شـــاید بپرســـی مگر این دو فاصله با هم توفیر دارند؟ ۳۰ سال فاصله‌ی اقتصادی و ۱۰۰ سال فاصله‌ی اجتماعی، چه از این سو، چه از آن سو... چه تفاوتی دارد؟

بگذار ســـاده بگویم، -نه مثلِ یک کارشـــناسِ رســـمی- که شـــاید فاصلـــه‌ی آن‌هـــا با ما این‌قدر زیاد باشـــد، اما فاصلـــه‌ی ما با آن‌ها، بسیار کم است... زیرِ ۵ سال...

اگر ما مردم قدر یک‌دیگر ندانیم و قدرِ کشور ندانیم و قدر نظام ندانیم و افسارِ مملکت را بدهیم دستِ جاه‌طلبی چهار نفر قدرت‌طلبِ بی‌فرهنگِ سیاسی، یقین بدانیم که ظرفِ ۵ سال بدل خواهیم شد به نسخه‌ی برابرِ اصلِ هم‌سایه. گسل‌ها اگر تعمیق شوند و من و تو یک‌دیگر را دشمن بپنداریم، هزاران خطِ جنگِ دیگر بینِ ماهای دیگر و شماهای دیگرتر پدید خواهد آمد و... شاید دوباره در همین خانه‌ها زنده‌گی کنیم، اما کنارِ خانه‌هامان بایستی کسی با کلاشینکف راه برود... خدا کند که او از سردارانِ‌مان نباشد...

❊ ❊ ❊

در فیزیک حالتی هست در ماده به اسمِ تغییرِ فاز. مثلا تغییرِ حالتِ جامد به مایع. وقتی یخ ذوب می‌شود و به آب تبدیل می‌شود. در حالتِ تغییرِ فاز، اگر چه سیستم در حالِ گرفتن یا دادنِ انرژی است، اما دماش ثابت می‌ماند. یعنی به یخ گرما می‌دهیم، اما تا مدتی که به آب تبدیل می‌شود، دما در همان صفر درجه ثابت می‌ماند... فیزیک‌دانی که فقط به دماسنج اتکا کند، متوجهِ تغییرِ فاز نمی‌شود...

جامعه‌شناسِ بی‌توجه به تعمیقِ گسل هم، وقتی جامعه را آرام می‌یابد، مثلِ فیزیک‌دانِ دماسنجی، تصور می‌کند که همه‌چیز در سکون و آرامش است... شاید جامعه در حالِ تغییرِ فاز باشد... یعنی تبدیلِ ترک به شکاف و شکاف به گسل...

❊ ❊ ❊

گســـل‌های قومی و مذهبی در افغانســـتان باعث می‌شـــود تا وقتی امریـــکا واردِ دعوا می‌شـــد، به هیچ عنوان، مـــردم، ضدِ وی متحد نشـــوند. در یک شکافِ سیاسی، دشـــمنِ بی‌گانه، می‌تواند یکی از عوامـــلِ مهـــمِ وحدتِ ملی باشـــد. اگر ما در یک گســـلِ اجتماعی، قســـمتی از جامعه را دشمن فرض کردیم، عملا به دشمنِ بی‌گانه حق داده‌ایم برای ورود و هم‌کاری...

اگر شـــکافِ سیاسی، بدل شـــد به گسلِ قومی، مذهبی، اجتماعی، دیگـــر حنای عبارتِ دشـــمن رنگ‌ش را از دســـت می‌دهد و عملا دشمن که تا دیروز باعث و بانی وحدتِ ملی بود، تبدیل می‌شود به یکی از طرفینِ دعوا. ورودِ دشمن به دعوای دو جبهه‌ی سیاسی در طرفینِ یک شکاف، باعثِ اتحادِ دو جبهه و عملا فراموشی اختلاف و پرشـــدنِ سطحِ روئینِ شکاف می‌شود. اما اگر جامعه پذیرفت که گســـلی وجود دارد، از طرفینِ گســـل، حتا وابســـته‌گی مشروط به دشمن را می‌پذیرد.

و این خطرِ بســـیار بزرگی اســـت برای جوامعی که بخشِ بزرگی از وحدت و هویتِ ملی‌شـــان را مدیونِ دشـــمنی دشـــمنان هستند...

بلاکشِ هندوکش

مهر ماه ۸۸

■■■

صبح، بعد از نماز، تاکسی می‌گیرم برای میدانِ هوایی. آقا سید راننده‌ی تشریفاتِ سابق و دوستِ عبدالرزاق اصرار داشت که سحر بیدارش کنم، اما دل‌م نمی‌آید بیدارش کنم. تکتِ عادی گرفته‌ام برای هفتِ صبح. تکت را کاملا اتفاقی خریدم به هفتاد دلار. راضی شده بودم به صد و بیست دلار تکتِ بیزینس که یک‌هو پروازی اضاف شد برای هفتِ صبح و همان‌جا درجا تکت خریدم. از متصدی پرسیدم که چرا پرواز اضافه شده است؟ به خاطرِ این چند روز تعطیلی میدانِ هوایی هرات؟ جواب‌ش عجیب بود. شایع شده بود که مرزِ ایران را رها کرده‌اند و این فرصت هست تا افغان‌ها

از دور و برِ هرات، به صورتِ غیرقانونی به ایران بروند!

هنوز هوا تاریک روشن است که می‌رسم به میدانِ هوایی کابل. می‌خواهم از دروازه داخل شوم. عسکری از راه می‌رسد و جلوِ راه‌م را سد می‌کند. می‌گوید:

برو پشتِ قطار اِستاد شو.

روزِ آخرِ سفر است و ترس‌م ریخته است حسابی. جواب می‌دهم:

صف، مالِ شماست. من ایرانی هستم...

مانده نباشی برادر... بایستی پشتِ قطار استاد شوی تا از بی‌سیم رخصت دهند... افغانی و ایرانی و اجنبی ندارد...

می‌روم و انتهای صف می‌ایستم. تا صبح مشغولِ نوشتن بودم. حسابی خواب‌م گرفته است. کوله‌ی لپ‌تاپ و گونی نان‌کنجدی‌ها را روی زمین می‌گذارم و ایستاده، پلک‌هام را روی هم می‌گذارم. چنان پلک‌ها سنگین است که انگاری همان اولِ کار خواب‌م می‌برد. کنارِ دست‌م تیری چوبی است بینِ سیم‌خاردارهای اطرافِ میدانِ هوایی که به همان تکیه کرده‌ام. چند دقیقه‌ای در همان حال، خواب و بیدارم که یک‌هو احساس می‌کنم کسی دارد از روی کفشِ ورزشی، پای‌م را می‌خاراند. بدم هم نمی‌آید. کمی صبر می‌کنم. ول‌کن نیست. چشم باز می‌کنم... باورکردنی نیست... یک موجودِ عجیب و غریب روی پای‌م راه می‌رود. شبح نیست، از جنسِ سوسک و مارمولک هم نیست... رسما عقرب است... عقربی با دمی برافراشته روی پای‌م جا خوش کرده است. ناخودآگاه،

پنداری وســطِ صدهزار تماشاگرِ اســتادیومِ آزادی باشم، با همه‌ی توان، بلند و کشیده، عقرب را شوت می‌کنم پشتِ سیم خاردار... از این حرکتِ ورزشی، قطار به هم می‌ریزد. یکی برمی‌گردد سمتِ من:

ایرانی! همین چه کار بود کردی؟

دیگری می‌گوید:

ها... غلط کردی... غلط کردی...

حق به جانب، می‌گویم:

عقرب بودها!

باشــد... کاری به کارت نداشــت که... حالا جرار می‌شود و دود از دمــارِ یک مردکِ دیگری در مــی‌آورد... غلط کردی... حقا غلط کردی...

دومی از جلوِ قطار، با پا، آرام چیزی را تکان می‌دهد و می‌گوید:

این ترس دارد ایرانی؟ سیر کن!

نــگاه می‌کنم. یک عقربِ دیگر اســت، انصافا بــه همان جلالت و مهابت... البته کسی دیگر با آن دو عتاب می‌کند که حالا اتفاقی نیافتاده اســت و طرف مهمان است و کاری نکرده است و «چرا از ریزه نیزه می‌سازید»... عاقبت پشتِ بی‌سیم به ما رخصت می‌دهند که واردِ میدانِ هوایی شویم و قطار، آرام از کنارِ لشکری از عقرب عبــور می‌کند و من فقط دل‌نگرانِ آن عقربِ عصبانی هســتم که بلند و کشــیده فرستاده بودم‌ش در هجده قدمِ حریف و هر لحظه

امکان داشت همه را دریبل کند و بیاید سراغِ من!

* * *

داخلِ سالنِ میدانِ هوایی، قطارهای مختلفی درست شده است. قطارِ هرات از همه شلوغ‌تر است. برای کشوری که راه‌آهن ندارد، استفاده از قطار به جای صف، چندان نکته‌ی برخورنده‌ای نیست. تهِ قطار ایستاده‌ام و کنارِ قطارمان، قطارِ کم‌تعدادِ پروازِ قندهار است. مسافرانِ قندهار عمدتا ریش‌های بلندتری دارند. پشتون هستند و ندید می‌شود ربط‌شان داد به طالب‌ها. در میان‌شان، همان نویسنده‌ی انگلیسی را هم می‌بینم. از دور به هم لب‌خندی می‌زنیم. هیچ کدام سرِ صبحی حوصله‌ی حرف زدن نداریم. من، خاصه بعد از ماجرای عقرب، نه توانِ خوابیدن دارم، نه توانِ بیدار ماندن.

گه‌گداری کسی می‌آید و همین‌طور به قولِ افغان‌ها خنده خنده، قطار را به هم می‌زند و جلو می‌زند! نفرِ کنارِ دستی من، آب‌روداری می‌کند:

ایران، خیلی به‌تر و نظیف‌تر شده. مردم در قطار سرِ جای خود اِستاد می‌شوند و هیچ کسی حق دیگری ضایع نمی‌کند...

دروغکی سر تکان می‌دهم. مشغولِ صحبت‌یم که یک‌هو برقِ ترمینال قطع می‌شود! خبری از برقِ اضطراری هم نیست. همان کنارِ دستی از فرصتِ تاریکی استفاده کرده است و قطار را به هم زده است و رفته است جلوتر!

نشان به آن نشان، که حدودِ ده دقیقه مامورِ کانتر صبر می‌کند تا برق بیاید و بعد که همه با هم ناامید می‌شویم، می‌روند و از جایی توی سینی چای، شمعِ روشن می‌آورند و روی کانترها می‌گذارند! آن‌هایی که بار دارند، بارشان را می‌گذارند روی نقاله‌ی خاموش و بعد خودشـان کمک می‌کنند و بار را می‌برند تا اشـکافِ سالنِ بار! روی برگه‌ی پرواز هم با دسـت، شـماره‌ی صندلی را می‌نویسند و زیرش هم امضا می‌کنند! جلوتر، کنارِ دسـت‌گاهِ بازرسـی اشعه‌ی ایکس هم بازی به همین منوال اسـت. زیرِ نورِ شمع و چراغ‌قوه‌ی مبایـل، عسـکری، نان کنجدی‌هـا را خالی می‌کنـد روی میز و می‌گردد. بعد هم راه‌نمایی‌م می‌کند به فضای باز. خوش‌حال دری را باز می‌کنم به سمتِ شرق. به سمتِ آفتاب. کمی طول می‌کشد تا چشـمان‌م به نورِ تیزِ خورشـیدِ صبح‌گاهی عادت کند. سـر و صدایی عجیب می‌آید. به نظرم خرناسـه‌ی حیوانی باشـد! این بار عقرب نیسـت؛ قمر در عقرب اسـت!! یک سـگِ بزرگ به سـمتِ گونـی نان‌کنجدی‌ها و کوله‌ی لپ‌تاپ می‌آید. قلاده‌اش به دسـتِ یک سـیاهِ غول‌پیکر اسـت که روی لباس‌ش آرمِ شرکتی امنیتی (و مثلا خصوصی) درج شـده اسـت. سگ بو می‌کشد و دورِ کیسه راه می‌رود. انصافا شـعورش بالاسـت و پوزه نمی‌مالد به لوازم! به انگلیسـی از صاحبِ سیاه‌پوست‌ش می‌پرسـم اهلِ کجاست. اهلِ کشـوری افریقایی اسـت و برای این شـرکتِ امنیتی کار می‌کند. بعـد هـم «اُ-کی، اُ-کی» می‌کند و اجازه‌ی ورودِ دوباره به سـالن

می‌دهد به من! سگ‌ها دنبالِ موادِ مخدر بودند و این موضوعِ بازرسی برای مسافرانِ هرات، که نزدیکِ مرزِ ایران است، امری عادی تلقی می‌شود.

دوباره به تاریکی سالن برمی‌گردم. به زحمت، روی نیمکتی چوبی می‌نشینم. نیمکتی چوبی و درب و داغان. روی پشتی نیمکتِ جلوی دوباره به سه زبان حک کرده‌اند: «کمک‌های بشردوستانه‌ی فلان کشورِ اروپایی!»

سعی می‌کنم به نوشته‌ی روی پشتی صندلی نگاه نکنم... نگاهم را کمی بالاتر می‌آورم. دخترِ هفت-هشت ماهه‌ای سرش را گذاشته است روی شانه‌ی چپِ مادر، و با چادرِ رنگی مادر بازی می‌کند. مادر، سرش روی شانه‌ی راست‌ش خم شده است و پنداری خوابیده است. دخترِ هشت ماهه‌ی لچک به سر، بایستی هزاره باشد. چشمانِ موربِ زیبایی دارد؛ موهایی لخت و پوستی تیره. با لب‌هایی که هنوز قطراتِ شیر را می‌شود روی‌شان تشخیص داد... با همه‌ی تخصصی که از طریقِ بازی با لی‌جی کسب کرده‌ام و شاید هم بدل از او، شروع می‌کنم برای‌ش شکلک درآوردن. کودک، ابتدا جدی نمی‌گیرد و بعد توجه‌ش جلب می‌شود. آرام آرام شروع می‌کند به خنده خنده کردن و بعدتر قهقهه زدن. مادرش خواب و بیدار تکان‌ش می‌دهد و جلو می‌کشاندش، اما دختر، دوباره سر بلند می‌کند و خیره به من نگاه می‌کند... دوباره برای‌ش شکلک در می‌آورم...

راســتی، این دخترِ هشــت ماهه، با این چشم‌های موربِ زیبا، چه فرقی با پسرِ من دارد؟ پســرِ من، لی‌جی، تا چند ساعتِ دیگر، به

خانه می‌رسد و تا چند سالِ دیگر به مدرسه می‌رود و تا چند وقتِ بعد دانش‌گاه و... خیلی که بدبیاری بیاورد در زنده‌گی، رتبه‌اش سه رقمی می‌شود و... مسیری مملو از موفقیت‌های بزرگ و کوچک. و این دختر... چند عملیاتِ انتحاری را بایســتی از بیخِ گوش‌های کوچک‌ش رد کند... چندبار باید بترسد از این که اختطاف نشود، همه‌ی این‌ها را که رد کند، در کدام کلاسِ درس می‌تواند مطمئن باشــد که طالب‌ها خوراکی مســموم توزیع نمی‌کنند و به صورت اسید نمی‌پاشند... کم‌ترین گرفتاری خانواده‌گی‌شان عدمِ اطمینان

عکاس این عکس: Murat KARAKAŞ

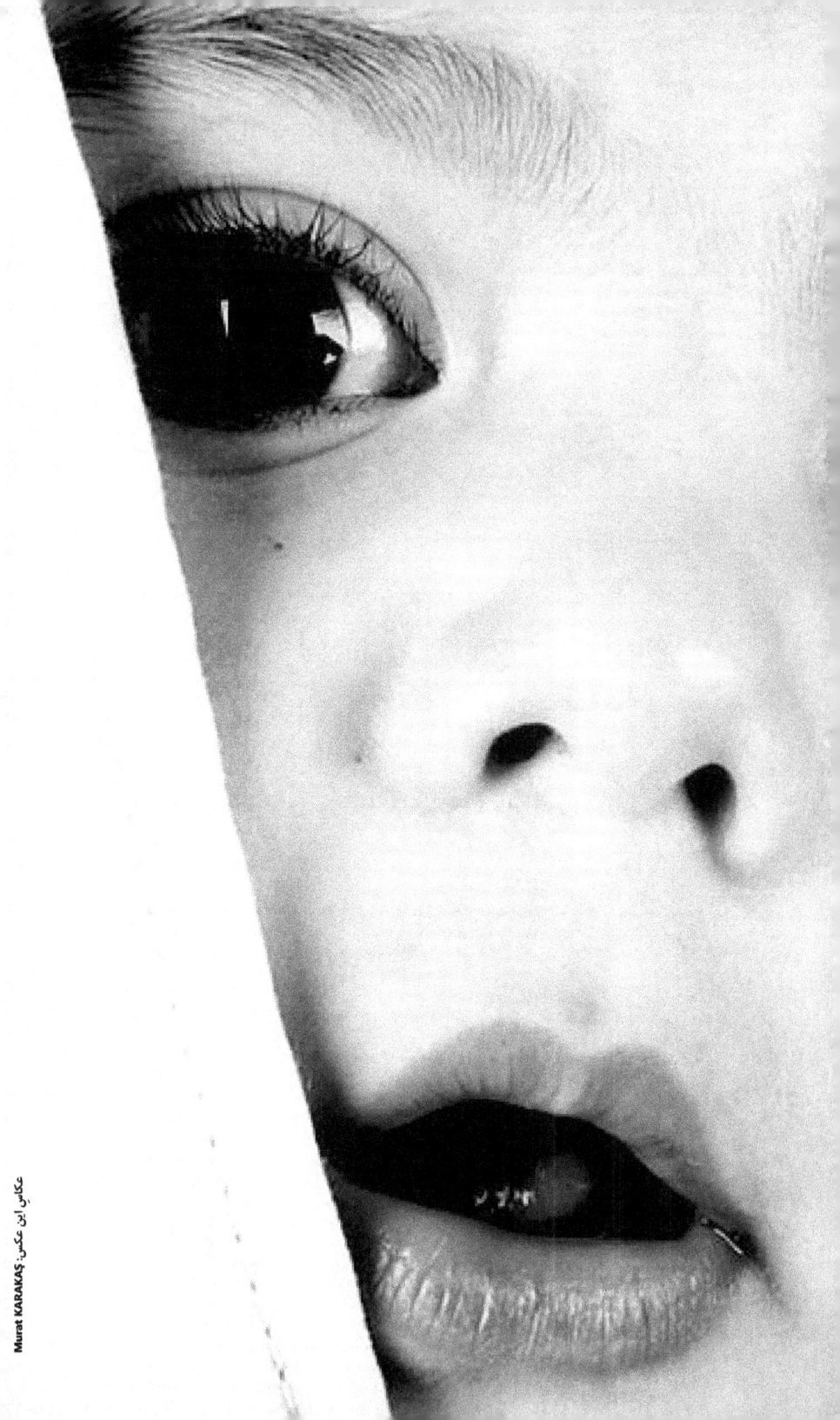

است به زنده‌گی پدری که قرار است در میدانِ هوایی مقصد بیاید دنبال‌شان. مادر حالا بیدار شده است و با کلی خواهش و تمنا از زنِ یک مولوی، گوشکِ تلفنِ مولوی را به امانت گرفته است و سعی دارد با شوهرش صحبت کند. تلفنِ شوهر، رخ نمی‌دهد... زن سرآسیمه تلفن می‌گیرد و هر از گاهی دخترِ هشت ماهه را پرت می‌کند روی نیمکت و... هیچ نمی‌گوید... این دختر در چه مسیری کلان خواهد شد؟

گریه‌ام گرفته است. اشک روی گونه‌هام روان شده است. چه تفاوتی هست بینِ این دخترِ هشت ماهه با این چشمانِ مورب و لی‌جی من؟! جز یک مرزِ موهوم... اگر پسرم علی جای او بود چه؟ اشک می‌ریزم برای این بلاکشِ هندوکش و تخیل می‌کنم مسیرِ زیستنِ او را تا کلان شدن‌ش...

متوجه نیستم انگار... چند لحظه‌ی بعد، چشمانِ موربِ دختر را می‌بینم که خیره شده است به چشمانِ من و سعی می‌کند مثلِ من گریه کند... کودکانه می‌پندارد که این هم جزوِ بازی است... بلاکشِ هندوکش...

پتو را از داخلِ کوله در می‌آورم و می‌کشم روی صورت‌م...

* * *

جا عوض می‌کنم. نمی‌توانم برقِ چشمانِ دخترک را تحمل کنم. همین‌طور که جابه‌جا می‌شوم، تعارفی می‌شنوم به فارسی. همان نویسنده‌ی انگلیسی است که خیال می‌کند به دنبالِ او می‌گشته‌ام.

کنارش می‌نشـینم و کمی گپ می‌زنم. این وسـط برق می‌آید و من زیرِ لب صلوات می‌فرسـتم. انگلیسـی از من دلیلِ گفتنِ ذکر را می‌پرسـد و برای‌ش توضیح می‌دهم. آرام آرام صحبت‌مان گرم می‌شـود. همان اولِ کار گله می‌کنم از این گدابازی اروپایی‌ها که روی نیمکت‌های دسـتِ دومِ منحوس‌شـان هم تابلوی خیرات و مبرات زده‌اند!

با همان منطقِ خشـک برای‌م شـایعاتی را نقل می‌کند که شـاید کمی موجه کند این کار را...

در دولتِ افغانسـتان فسـاد هسـت. کمک‌های بشردوستانه‌ی نقدی اروپایی‌ها، به هیچ وجه صرفِ امورِ جاری مردم نمی‌شـود و بیش‌تر می‌رود در حساب‌های شخصی بعضی مسوولانِ فاسد. برای همین نهادهای خیریه و بشردوستانه، تصمیم گرفته‌اند تنها کمکِ غیرنقـدی بکنند به افغانسـتان؛ تازه آن هم بـه صورتی غیرقابلِ فروش.

بـا همه‌ی مبالغه‌ها، قابلِ تامل اسـت حرف‌ش. نکته‌ی دقیقی که از صحبتِ او در ذهن‌م جرقه می‌خورد، این نکته اسـت که فسـاد دخلـی بـه میزانِ ثروت ندارد. دولتی فقیـر و بی‌پول هم می‌تواند فاسـد باشـد، همان‌گونه که دولتی بزرگ و پول‌دار. یحتمل، فسادِ از این دست، بیش‌تر با پس‌مانده‌گی نسبت دارد تا ثروت‌مندی...

* * *

کنارِ دسـتِ نویسـنده‌ی انگلیسی نشسته‌ام که دو فرانسوی هم به

خاطرِ شکل و شمایلِ نویسنده‌ی انگلیسی به ما نزدیک می‌شوند. مرتب و خوش‌پوش. یکی کتِ تک پوشیده است و دیگری پولیورِ یقه اسکی. همان اولِ کار شروع می‌کنند از وضعِ اقتصادی حرف زدن و اوضاعِ رکود. جالب این است که نویسنده‌ی انگلیسی هم در همان زمینه اطلاعاتی به‌شان می‌دهد از وضعِ ناخوش‌آیندِ قندهار. بعد یکی از فرانسوی‌ها اشاره می‌کند به لپ‌تاپِ روشنِ من و می‌گوید:

شما در چه بیزینسی هستید؟ از ایران چه چیزی ایمپرت می‌کنید و چه چیزی به ایران اکسپرت؟

می‌خندم. می‌گویم:

بیزینسِ من صادرات و وارداتِ کلمه است!

وُردا!

دهان‌شان از تعجب باز می‌شود و «کلمه» را فریاد می‌کشند. این‌بار نویسنده‌ی انگلیسی کمک‌م می‌کند و خیلی خوب راجع به تفاوت‌های «دری» متداول در افغانستان و «فارسی» در ایران توضیحات می‌دهد...

* * *

با دو فرانسوی تاجر و نویسنده‌ی انگلیسی خداحافظی می‌کنم و می‌روم در قطارِ پرواز هرات که اولین پروازِ آن روزِ کابل است. مدام چشم می‌دوانم در سالن به دنبالِ دخترک با آن چشمانِ مورب و به جای او فراوان پیدا می‌کنم چشمانِ دیگری را... کودکان فراوانی

کنارِ پدران و مادران، با چشمانی از جنسِ چشمانِ او... بلاکشِ هندوکش...

هر کدام از این چشمان، چه سرنوشتی خواهند داشت؟

* * *

داخلِ هواپیما مملو است از مسافرانِ پشتوزبانی که شنیده‌اند مساله‌ی باز شدن یا شل شدنِ مرز را. کنارِ دستِ من جوانِ پشتونی نشسته است که ظاهرا فارسی نمی‌فهمد. همان ابتدای کار، کفش‌ش را در می‌آورد و پای‌ش را مثلِ صندلی بلوچی جمع می‌کند توی سینه‌اش، روی صندلی هواپیما. مهمان‌دار به او تذکر می‌دهد که درست بنشیند و کمربند را ببندد. صندلی کناری‌ش جوانِ پشتونِ دیگری نشسته است که کمی فارسی بلد است. در این حد که از من می‌پرسد، ایرانی هستی و من جوابِ مثبت می‌دهم. بعد هم حالی‌م می‌کند که قرار است برای کار به کشورِ ما بیایند. توضیح می‌دهد که برای بار اول است که سوارِ هواپیما شده‌اند.

هواپیما هنوز بلند نشده است که زنگ می‌زنم به هرات و اطلاع می‌دهم آمدن‌م را. می‌خواهم زنگ بزنم به عبدالرزاق و بگویم با تاکسی بیاید دنبال‌م که می‌ترسم خواب باشد...

تلفن که تمام می‌شود، همان پسرِ پشتونِ هجده نوزده ساله، بدونِ این که چیزی بگوید، اشاره می‌کند به مبایل و آن را از دستم می‌گیرد. مبایل‌م حسابی درب و داغان است و باید دو دستی

گرفتـش بـرای صحبت. این بار با ترس و لرز کمکش می‌کنم و می‌ترسـم بزند روی دسـتم! اما چیزی نمی‌گوید و خیلی راحت، تماس می‌گیرد با کسـی و چیزی می‌گوید که سـر در نمی‌آورم. مبایل را پس می‌دهد و یک‌هو به فارسی می‌گوید:

در مملکت شما گوشک از این به‌تر پیدا نمی‌شود؟ نکند شما هم مثلِ طالب‌ها، حکومت‌تان گوشک‌های تیلفون را وارسی می‌کند؟! بابـا ای‌والله! چیزی نمی‌گویم. نگاهش می‌کنم. چشـمش می‌افتد توی چشـمم... چیزی در برقِ چشـمش هسـت... از جنسِ همان چشم... بلاکشِ هندوکش...

* * *

هرات که می‌رسـم، قصه بایسـتی تمام شده باشـد... باید تاکسی بگیرم و برگردم... و البته قبلش بایسـتی بروم سراغِ قوماندان برای پس گرفتنِ تذکره الاولیا و چاقوی جیبی! چه تجانسی! نـامِ قومانـدان را به خاطر دارم، عبدالکریم، اما فامیلـش را هر چه می‌کنم به یاد نمی‌آورم. عاقبت به عسـکری، مشخصاتِ قوماندان عبدالکریم را می‌گویم و با دست می‌زنم به شکمم و می‌گویم تن‌مند بود! می‌خندد و راهم می‌اندازد به سمتِ دفترِ قوماندانی. هم‌کارش کشـویی را بیرون می‌کشد و چاقوی جیبی را پس می‌دهد. دنبال کتـاب می‌گـردد. می‌گوید کتاب هم همین جا بود و در این مدت هر روز می‌خواند و گاهی هم برای سلامتی من که قرار بوده است دو روزه برگردم، دعا می‌خوانده است. عجیب مردمی هستند مردمِ

این دیار. قوماندانِ هم کار می‌گوید:

عبدالکریم برای‌ت فاتحه گرفته بود دیگر... گفته بودی زود برمی‌گردی... البته میدانِ هوایی بسته شده بود دیگر... شهر هم که شلوغ بود... می‌دانی که... طالب‌ها یکی را اختطاف کرده بودند از خانواده‌ی ملاک. پول نداده بودند و پری‌روز سرِ بریده‌ی پسرک را انداخته بودند وسطِ چوک. دی‌روز بازار تعطیل بود دیگر...

«عجب، عجب»ی می‌گویم و می‌دانم که این حرف‌ها برای من کتاب نمی‌شود! قوماندانِ هم‌کار زنگ می‌زند به هم‌راهِ عبدالکریم. عبدالکریم به من می‌گوید:

همان‌جا استاد شو، تا یک ساعتِ دیگر می‌آیم و کتاب را پس می‌آورم... عجب کتاب خوبی است...

نه می‌آورم در کار و او نیز اصرار که:

نی... نی... کجای هرات می‌روی، هر جا باشی، می‌آورم کتاب را...

این کتاب هدیه‌ی من است به قوماندان عبدالکریم خانِ کتاب‌خوان...

نی... نی... به خدا نمی‌شود...

می‌شود... می‌خواهی خط بدهم به هم‌کارت و سند بزنم!

خداحافظی می‌کنم و چاقوی جیبی را می‌گذارم در جیبِ شش‌جیب و می‌روم بیرون. کنارِ درِ میدانِ هوایی، تاکسی می‌گیرم، برای هتل. تاکسی، فرمان‌ش سمتِ راست است و انگلیسی. شاید برای همین ارزان‌تر حساب می‌کند از دو تای دیگر. در راه از من می‌پرسد که

ایرانی هســـتم و من هم بدونِ ترس ســـر تکان می‌دهم. بعد از من می‌پرســـد که کی به افغانســـتان آمده‌ام. تاریـــخ را دقیق به خاطر ندارم، اما همان‌جا در حالِ عبور هستیم از کنارِ کانتینرِ سوخته‌ای که در مسیرِ اسماعیل خان منفجر شده بود. برای همین می‌گویم:

همان روزِ ترورِ امیرصاحب اسماعیل خان...

حـــرف می‌زنیم و به‌ش خوب می‌گویم از مهمان‌نوازی افغان‌ها و او تشکر می‌کند. جاده، حالتِ عادی ندارد. صد متر به صد متر، پلیس و عسکر ایستاده است. بعضی‌جاها ایستِ بازرسی گذاشته‌اند. پشتِ چند ماشین می‌ایستیم که یک‌هو از درِ عقب کسی سوار می‌شود. خلیفه‌ی تیزرو هم برمی‌گردد و گرم با او ســـلام و علیک می‌کند. جوانی چاق، با لباسِ سفید و دست‌مالی قرمز بر سر و سبیلِ کوتاه و ریشِ بلند... خلیفه به من می‌گوید:

او از دوستان است...

کمی ترسیده‌ام. بیش‌تر برای شکستنِ فضا می‌گویم:

ما هم از دوستان شما هستیم...

خلیفه سر تکان می‌دهد اما جوانِ صندلی پشتی، چیزی به مخالفت می‌گوید به زبانِ پشتو. برمی‌گردم و کج می‌نشینم تا هم چهره‌اش را ببینم و هم مراقب باشـــم. به‌ش سلامٌ علیکمِ غلیظی می‌گویم و جوابِ سردی می‌دهد. به او می‌گویم:

شما باید اهلِ درس باشید...

بدونِ حرف، سر تکان می‌دهد. می‌گویم:

ما برادرانِ هم هستیم و...

نه می‌گذارد و نه برمی‌دارد. خشن جواب می‌دهد:

مَ با تو هرگز برادر نیستم...

اما در کتابِ خدا گفته‌اند انما المومنون اخوه...

به جای این که با من حرف بزند، با خلیفه به پشتو حرف می‌زند. چیزی می‌گوید و چیزی می‌شنود. دوباره چیزی می‌پرسد و این بار در صحبت‌های خلیفه، کلمات انفلاق و اسماعیل خان را تشخیص می‌دهم. می‌فهمم که در موردِ مدتِ اقامتم در افغانسـتان چیزی پرسیده است. طالبِ چاق، سری تکان می‌دهد و به من رو می‌کند و می‌گوید:

قدمِ نحس!

چیـزی نمی‌گویم. اوضاع خراب‌تر از این حرف‌هاسـت. از دسـتِ خودم شـاکـی‌م که چرا زنگ نزدم به عبدالرزاق. الکی با مبایل ور می‌روم. صدای زنگـش را در می‌آورم و دروغی صحبت می‌کنم.

سـلام عبدالرزاق... بله... من در جـاده‌ی میدانِ هوایی به هرات هسـتم. انجیل را رد کرده‌ام... تاکسـی نیسـت... فرمان‌ش سمتِ راست است... چراغ بزنی من باید ببینم...

یک‌هـو خلیفه فرمان را کج می‌کند به سـمتِ یک جاده‌ی فرعی. می‌گوید:

نگاه کن... جلو بند آمده است... از این سرک زودتر می‌رسیم.

دست می‌کنم توی جیبِ شلوارم. خوش‌حال‌م که اگر تذکره الاولیا

نرسید، چاقوی جیبی برگشت! به خلیفه می‌گویم:

نی! من همین جا باید پیاده شوم...

برمی‌گردم به سمت جلو و درست می‌نشینم. می‌خواهم همان‌جور که راننده در حال رفتن به سمتِ سرکِ فرعی است در را باز کنم. در، دست‌گیره ندارد. یقین پیدا می‌کنم که کلکم کنده است. دستم را از پنجره بیرون می‌کنم. در را باز می‌کنم. خلیفه می‌زند روی ترمز.

باشد... از همان راهِ صاف می‌رویم... خواستم زودتر برسانمت...

بدونِ این که چیزی بگویم، پیاده می‌شوم. طالب باز هم چیزی به خلیفه می‌گوید. تقریبا از ترسِ جان، بی‌خیالِ گونی نان کنجدی شده‌ام، اما خلیفه اشاره می‌کند که آن را روی صندلی پشت جا گذاشته‌ام. موقعِ برداشتنِ گونی به طالب می‌گویم:

رسول‌الله صلوات الله علیه به ما یاد نداده است که هم دیگر را نحس بخوانیم...

باز هم بد و بی‌راه می‌گوید. می‌گوید شما ایرانی‌ها به افغان‌ها ظلم می‌کنید و از مردانِ ما بیگاری می‌کشید و اهلِ سنت را آزار می‌دهید و... حسابی ترسم ریخته است. دیگر زانوهام نمی‌لرزد. به‌ش می‌گویم:

هر کاری اگر بکنیم، با مهمان مثلِ تو رفتار نمی‌کنیم... مهمان را حبیبِ خدا می‌دانیم... چه شیعه باشد چه سنی، چه حتا مسیحی و یهودی...

ایــن را کــه می‌گویم، یک‌هو خلیفه پیاده می‌شــود. در عقب را از
آن ســو باز می‌کند و به طالب به تندی چیزی می‌گوید. طالب با
عصبانیت پیاده می‌شود. بعد به من می‌گوید:

من عهد کرده بودم که شــما را برسانم به سرکِ خواجه عبدالله.
این آقا بعدتر از شما سوار شد. سوار شو تا برسانمت...

نه... خودم می‌روم...

نی... نی... عهد کرده بودم...

حالا دوباره بایستی تصمیم بگیرم. این‌بار ترس‌م ریخته اســت. به
نظرم نمی‌رسد خلیفه نقش بازی کرده باشد. واقعا طالب را پایین
انداخت. سوار می‌شوم و در را می‌بندم.

تــا خودِ هــرات و هتل، خلیفه مدام از مــن عذرخواهی می‌کند و
از طالــب و از آن‌چــه در مــدارسِ دینی در مغزشــان می‌ریزند بد
می‌گویــد. بعــد می‌گوید مدتــی در ایران کار کرده اســت و مثلِ
بسیاری از افغان‌ها، به‌ترین خاطره‌اش، سفره‌های غذای گرم است
در هیات‌هــا و مساجد، خاصه در ماهِ مبارک... من هم در دل از
او عذرخــواهم که او را هم‌دستِ طالب فــرض کرده بودم و خیال
می‌کردم قرار است مرا در مسیرِ فرعی سر به نیست کنند!

***

حالا که این سطور را می‌نویسم، یک سال از سفرِ من به افغانستان
گذشــته است. دقیقا شــبِ عیدِ فطرِ ۸۹ اســت. یعنی دوازده ماهِ
قمری و به قولِ کسبه یک سالِ خمســی گذشــته است از آن

سفر. جسته و گریخته، پاره‌هایی از این خاطرات را برای آشنایان‌م تعریف کرده‌ام و بعضی‌ها نیز از زبان‌م در رفته است.

وقتی بعد از بازگشت، همه از خطراتِ این سفر می‌گفتند، مادرم آرام به من گفت:

هیچ‌وقت نگرانِ شما سه تا نشدم... یادت هست... من به کارگرانِ افغانی‌مان، هم‌واره دیسِ خورش معطر و برنجِ مزعفر می‌دادم، از همان که خودمان می‌خوردیم... من در چشمانِ آن‌ها برقِ تشکر را دیده بودم... برای همین مطمئن بودم به شما و علی‌جی‌تان گزندی نمی‌رسد...

من، از روابطِ علّی و آثار وضعی جمله‌ی بالا که در نظرِ مادرم به شدت معقول و منطقی است، سر در نمی‌آورم. اما سال‌هاست که مثلِ بسیاری از فرزندان غبطه می‌خورم به یقینِ مومنانه‌ی او...

حالا که این سطور را می‌نویسم، یک سال خمسی، گذشته است از این سفر. اما هنوز به یاد دارم، ناهاری را که همان روز با عبدالرزاق و خانواده‌اش خوردیم. کچیری خوش‌طعمِ خانه‌گی با روغنِ حیوانی... به یاد دارم که عبدالرزاق پرسید آیا در ایران هنوز از این روغن‌ها داریم و سر تکان دادم. بعد که نگاهِ هم‌سرم را دیدم که سلامتِ آن روغن را در قیاس با روغن‌های تقلبی‌مان، به من یادآور می‌شد، ادامه دادم:

البته از این روغن‌ها داریم، اما پنج هزار کیلومتر باید عوض کنیم...

خندیدیم.

یادم هست که مدتی کوتاه در عیدِ نوروزِ ۸۹ میزبان رفیقِ ادیبِ گم‌نامِ افغانی‌م بودیم که مهمانانی از هرات داشت. یادم هست که دو دخترِ دوگانه‌گی مهمانِ هراتی‌مان، از سر و صدای ترقه‌بازی چهارشنبه سوری حسابی بدشان آمده بود و یادم هست که فرداش با هم به اصفهان رفتیم تا نقشِ جهان را ببینند در شهری که عدل هرات بود...

و باز یادم هست که دوستِ قدیمی‌م، مهندس زنگ زد و این‌بار کمی آب‌روداری کرد و نگفت «راننده‌ی گروه‌های کوه‌نوردی» که گفت، «تورلیدرِ گروه‌های خارجی» شده‌ای! برای‌ش توضیح دادم که چرا رفتیم اصفهان. گفتم که ابتدا مقداری در تهران چرخ زدیم و نقشِ جهانِ ایرانی را نیافتیم... شاید بایستی می‌رفتیم میدانِ پاستور و نرده‌ای را به ایشان نشان می‌دادیم که این سوش کارمندان و کارگرانِ همیشه معترض صف کشیده بودند و آن‌سوش مدیرانِ یقه‌بسته و مسوولانِ همیشه پاسخ‌گو. من این تصویر را نقشِ جهانِ ایرانی نمی‌دانستم. برای همین با خانواده‌ی دوستِ ادیب‌م و مهمانان‌شان به اصفهان رفتیم و میدانی را دیدیم که یک‌سوش مسجد بود و یک سوش سلطان و یک سوش مدرسه و سوی بی‌انتهاش هم بازار... این به نقشِ جهانِ ایرانی نزدیک‌تر بود...

و باز یادم هست که صبح وقتی کنارِ زاینده‌رود در عمارتی قاجاری

از خواب بیدار شدیم، مردمانِ سحرخیزِ اصفهانی آمده بودند برای ورزشِ صبح‌گاهی روی چمن‌ها و مهمان می‌گفت در چوکِ شهر نوِ هرات هم پارکی هست... اما صبح‌ها ناامن است...

و باز یادم هست که فهمیدیم در همان چند ماه پسرِ برادر مهمان را اختطاف کرده بودند تا صد هزار دلار ازشان بستانند...

و باز یادم هست که وقتِ خروج از اصفهان، یکی از دو دخترِ دوگانه‌گی مهمانِ هراتی، که در اتومبیلِ ما بود، سر برگرداند به سمتِ پرهیبِ شهر و آه کشید و گفت:

عجب طالعِ بلندی دارند آن‌ها که در این شهر زنده‌گی می‌کنند...

و من یادم هست که همان‌جا دوباره برقِ چشمانِ دخترکِ هشت‌ماهه را دیدم... برقِ چشمانِ بلاکشِ هندوکش...

و برگردیم... یادم هست تا این بار نخواستم گرفتارِ هول و ولای موترِ خلیفه‌ای ناشناس شوم. برای همین بعد از ناهار مزاحمِ عبدالرزاق شدیم دوباره و او ما را رساند تا مرز. و در راه هم چای به من داد با شیرپره... و باز یادم هست که عبدالرزاق وقتی مرا در آغوش کشید کنارِ مرزِ اسلام‌قلعه، گفت:

قدر بدانید ایران را... ایران پاریس است به خدا... در مشهد امام رضا(ع) مرا دعا کنی‌ها...

و من میانِ گریه‌ی او چه‌قدر خندیدم از این پاریس گفتن‌ش!

و باز یادم هست در ورودِ به ایران، مثلِ همیشه نبودم... هر بار وقتی از سفری به ایران برمی‌گردم، دوست دارم سر فرو بیافکنم و

بر خاکِ سرزمین‌م بوسه‌ای بیافشانم... این اولین بار بود که چنین حسی نداشتم... برعکس، پاره‌ای از تن‌م را به جا گذاشته بودم پشتِ خطوطِ مرزی، خطوطِ بی‌راه و بی‌روحِ مرزی... خطوطِ «مید این بریطانیای کبیر»! پاره‌ای از نگاهِ من، مانده بود در نگاهِ دخترِ هشت ماهه... بلاکشِ هندوکش...

❋ ❋ ❋

و باز یادم هست تصویرِ پایانی این سفر را... وقتی شب، در خیابانِ امام رضا(ع) می‌رفتیم به سمتِ حرمِ رضوی، نگینِ خراسانِ بزرگ و همان‌جا گوشکِ هم‌راه زنگ خورد و صدا به زحمت می‌رسید... عبدالرزاق بود:

گوشکِ شما خیلی وضع‌ش خراب است... یادت هست قول‌ت را... مرا دعا می‌کنی در حرمِ امام رضا(ع) یا نی؟! البته الان که بایستی دیرهنگام باشد برای زیارت...

نگاه می‌کنم به گنبدِ طلایی حرمِ امام رضا(ع) و می‌بینم ساعتی از نیمه شب گذشته است و انبوهی از عاشقان‌ند که به سمتِ حرم می‌روند و ما و کالسکه‌ی لی‌جی هم بینِ آن‌ها... هم‌سر و هم‌سفرِ اول مرا یادِ هرات می‌اندازد و غروب‌ها که باید پس می‌گشتیم به سوی هتل...

نگاه می‌کنم به جانستانِ عالم، حرمِ امام رضا(ع) و برای عبدالرزاق، سلطانِ راننده‌ها دعا می‌کنم، برای میزبانان‌م، مدیره‌ی هتل... برای نادرِ مزاری و آقا سیدِ کابل، برای قهوه‌چیِ کتل سنگی... برای

مســتخدمِ هتلِ تجارت که انعام را پس داد و گفت «به ایران که رفتی، از جاده‌ی اســلام‌قلعه می‌روید دیگر، در مشــهدِ امام رضا، من را، ســید یاســین را به اســم دعا کن... به من ویزا نمی‌دهند کنسول‌گری... پولِ زیاد می‌خواهند... هر چه می‌گویم برای زیارت باور نمی‌کنند...» برای همه دعا می‌کنم... برای برقِ چشمانِ دخترِ هشت ماهه‌ی میدانِ هوایی کابل... برای بلاکشِ هندوکش... و برای هندوکش دعا می‌کنم...

روبه‌روی حرمِ امام رضا(ع)، جانســتانِ عالم می‌ایســتیم و ســلام می‌دهیــم و برای چشــمانِ بلاکشِ هندوکش، برای انســانِ ایرانِ بزرگ دعا می‌کنیم.

افق از مجموعه‌ی سیاست امروز منتشر کرده است:

نفحات نفت

رضا امیرخانی

سیاست امروز / ۴

نفت همان دولت است و دولت همان نفت

رضا امیرخانی نویسنده‌ای پایبند به اصول خود است. با این همه، آثار داستانی و حتی غیرداستانی او با استقبال شگفت اقشار گوناگون خوانندگان روبه‌رو شده‌اند. شاید راز علاقه‌ی مردم، در صداقتی باشد که با قلم هنرمندانه‌ی او عجین است.

نگاه انتقادی به سیاست آمریکا

گفت‌وگو با نوام چامسکی

دنیس رابرت و ورونیکا زاراکویز ● ترجمه‌ی خجسته کیهان

سیاست امروز / ۲

در برابر جریان‌های رسانه‌ای به ظاهر بی‌طرفانه‌ی خبری، صدای فردی تنها و سازش‌ناپذیر مقاومت می‌کند: نوام چامسکی، اندیشمندی تندرو که در سن ۷۳ سالگی نماد مقاومت فرهنگی به شمار می‌رود و از دوران جنگ ویتنام دست به افشاگری زده است. نوام چامسکی در این گفت‌وگوهای آزادانه و جسورانه، ساز و کار جامعه‌ی مبتنی بر اقتصاد آزاد، اقتصاد نادیدنی و مراکز قدرت را ترسیم می‌کند.

دولت‌های فرومانده

نوام چامسکی ● ترجمه‌ی اکرم پدرام‌نیا

سیاست امروز/ ۳

«دولت متجاوز، مستبد، ستمگر یا دیکتاتور هم از جهتی "فرومایه" به شمار می‌آید، دست کم براساس معیارهای حقوق بین‌الملل مدرن امروز.»

گفته‌ی دانیل ترر منطقی است. «آلمان نازی» و «شوروی استالینیستی» براساس هیچ معیاری ضعیف نبودند، اما در تاریخ به تمام و کمال، شایسته‌ی عنوان دولت‌های فرومانده‌اند. می‌توان گفت شاخصه‌ی دولت‌های فرومانده، درماندگی در فراهم آوردن امنیت برای مردم خود، تضمین حقوق در وطن و خارج از آن یا حفظ نهادهای دموکراتیک کارآمد (نه صرفاً قراردادی) است. این مفهوم شامل دولت‌های قانون‌شکن هم می‌شود، دولت‌هایی که قوانین بین‌الملل را که طی سال‌ها، با دقت وضع شده اما در اثر بدعت‌گذاری‌های ایالات متحده در هم شکسته شده‌اند، نادیده می‌گیرند.

آثار منتشرشده رضا امیرخانی:

در دست انتشار: